Die Haftung für Hilfspersonen
im spanischen Recht

Schriften der Deutsch-Spanischen Juristenvereinigung

Schriftleitung:
Rechtsanwalt und Fachanwalt
für Arbeitsrecht
Marc André Gimmy
(Vorstandsmitglied der DSJV)

Band 5

PETER LANG
Frankfurt am Main · Berlin · Bern · Bruxelles · New York · Oxford · Wien

Miguel Félix Rodríguez y Rowinski

Die Haftung für Hilfspersonen im spanischen Recht

PETER LANG
Europäischer Verlag der Wissenschaften

Die Deutsche Bibliothek - CIP-Einheitsaufnahme

Rodríguez y Rowinski, Miguel Félix:

Die Haftung für Hilfspersonen im spanischen Recht / Miguel Félix Rodríguez y Rowinski. - Frankfurt am Main ; Berlin ; Bern ; Bruxelles ; New York ; Oxford ; Wien : Lang, 2001
(Schriften der Deutsch-Spanischen Juristenvereinigung ; Bd. 5)
Zugl.: Köln, Univ., Diss., 2001
ISBN 3-631-38021-6

D 38
ISSN 1433-884X
ISBN 3-631-38021-6

www.peterlang.de

Meinen Eltern

Vorwort

Die Arbeit hat der Universität zu Köln im Wintersemester 2000/2001 als Dissertation vorgelegen. Das Manuskript für die vorliegende Veröffentlichung wurde im Februar 2001 abgeschlossen. Rechtsprechung und Schrifttum fanden bis zu diesem Zeitpunkt Berücksichtigung.

Für das Zustandekommen der Arbeit habe ich vielfachen Dank auszusprechen. Ganz besonderen Dank schulde ich Herrn Prof. Dr. iur. Dr. h.c. Wacke, LLD h.c. für die Hilfe bei der Auswahl des Themas und die fachliche und persönliche Betreuung. Herrn Prof. Dr. Mansel danke ich für die zügige Erstellung des Zweitgutachtens. Zu Dank verpflichtet bin ich auch Herrn Wiss. Ass. Dr. iur. Christian Baldus, der bereits während meiner Studienzeit aber auch im Laufe der Promotion stets die Zeit für ein wissenschaftliches Gespräch fand, das mir oft Denkanstöße geben konnte. An der Universität Sevilla danke ich Herrn Prof. Dr. Fernando Betancourt, der mir dort als Ansprechpartner für fachliche und organisatorische Fragen zur Verfügung stand. Dank sage ich auch Herrn Dr. iur. Michael E. Reichel für den langjährigen wissenschaftlichen Austausch während des Studiums, des Referendariats und der Promotion. Nicht zuletzt danke ich auch Herrn Dipl.-Volksw. Dirk Möller, Herrn William Wahl und insbesondere Frau Dipl. Reg.-Wiss. Ostasien/Schwerpunkt China Corinna Bremer für die wertvolle und kompetente Hilfe bei der Durchsicht des Manuskripts. Frau Dr. iur. Anna Zabeck danke ich für Ihre Unterstützung bei der Formatierung.

Der Deutsch-Spanischen Juristenvereinigung habe ich für die Aufnahme dieser Arbeit in ihre Schriftenreihe zu danken.

Meinen Freunden möchte ich an dieser Stelle Dank aussprechen für den steten Zuspruch und die Ermunterung bei der Verwirklichung dieser Arbeit. Insbesondere möchte ich Frau Victoria Noguero Iglesias sowie Ihrer Familie ganz herzlich dafür danken, daß Sie während meiner Forschungsaufenthalte in Spanien stets für mich da waren.

Köln, im Mai 2001 — Miguel Rodríguez y Rowinski

INHALTSVERZEICHNIS

ABKÜRZUNGSVERZEICHNIS:

aaO.	am angegebenen Ort
Abs.	Absatz
ADC	Anuario de Derecho Civil
a.F.	alte Fassung
Art.	Artikel
Bd.	Band
BGH	Bundesgerichtshof
BGHZ	Entscheidungen des Bundesgerichtshofs in Zivilsachen
bzw.	beziehungsweise
Cc.	Código civil
CCJC	Cuadernos Civitas de Jurisprudencia Civil
Cp.	Código penal
C. Com.	Código de Comercio
CE.	Constitución Española
d.h.	das heißt
f.	folgende Seite
ff.	fortfolgende Seiten
iVm.	in Verbindung mit
JA	Juristische Ausbildung
JuS	Juristische Schulung
JZ	Juristenzeitung
n.F.	neue Fassung
Nr.	Nummer
RabelsZ	Zeitschrift für ausländisches und internationales Privatrecht, begründet von Ernst Rabel
RCDI	Revista Crítica de Derecho Inmobiliario
RdA	Recht der Arbeit
RDP	Revista de Derecho Privado
RdP	Revista de Derecho Penal
REDT	Revista Española de Derecho de Trabajo
RGLJ	Revista General de Legislacion y Jurisprudencia
RGD	Revista General de Derecho
RIDC	Devista del Instituto de Derecho Comparado
RJC	Revista Jurídica de Cataluña
RTDC	Revue Trimestrielle de Droit Civil
S.	Satz/ Seite
STS	Sentencia del Tribunal Supremo
SZ	Zeitschrift der Savigny Stiftung

TS	Tribunal Supremo
u.a.	und andere
vgl.	vergleiche
z.B.	zum Beispiel
ZEuP	Zeitschrift für das Europäische Privatrecht
ZfRV	Zeitschrift für Rechtsvergleichung

LITERATURVERZEICHNIS:

Adomeit, Klaus/ Frühbeck, Guillermo	Einführung in das spanische Recht München 1993 (zit.: Adomeit/ Frühbeck, Spanisches Recht)
Albaladejo García, Manuel	Derecho Civil II Band 1; Derecho de obligaciones 10. Auflage Barcelona 1997 (zit.: Albaladejo, Derecho Civil II, Bd. 1)
Albaladejo García, Manuel	Derecho Civil II Band 2; Derecho de obligaciones 10. Auflage Barcelona 1997 (zit.: Albaladejo, Derecho Civil II, Bd. 2)
Alonso Olea, Manuel	La responsabilidad del empresario frente a terceros por actos del trabajador a su servicio Madrid 1990 (zit.: Alonso Olea, Responsabilidad del empresario)
derselbe	Jurisprudencia sobre responsabilidad civil del empresario ante terceros por actos del trabajador in: Revista Española de Derecho de Trabajo, 1984, S. 137 ff. (zit.: Alonso Olea, in: REDT 1984)
Alonso Olea, Manuel/ Casas Baamonde, María Emilia	Derecho del Trabajo 18. Auflage Madrid 2000 (zit.: Alonso Olea/ Casas Baamonde, Derecho del Trabajo)
Alonso Pérez, Mariano	La responsabilidad Precontractual in: Revista Crítica de Derecho Inmobiliario 1971, S. 859 ff. (zit.: Alonso Pérez, in: RCDI 1971)
Angel Yágüez, Ricardo de	La responsabilidad civil Bilbao 1988 (zit.: Angel Yágüez, Responsabilidad civil)
derselbe	Tratado de responsabilidad civil Madrid 1993 (zit.: Angel Yágüez, Tratado de responsabilidad civil)

derselbe
La doctrina del "levantamiento del velo"
de la persona jurídica en la jurisprudencia
4. Auflage
Madrid 1997
(zit.: Angel Yagüez, Levantamiento del velo)

derselbe
Otra vez sobre el problema de la responsabilidad o irresponsabilidad del comitente por daños causados por empleados del contratista
Urteilsbesprechung zu STS 31.10.1984
in: Revista Crítica de Derecho Inmobiliario 1985, S. 839 ff.
(zit.: Angel Yágüez, in: RCDI 1985)

Antras Badía, José María
Comentarios a la normativa reguladora de la relación laboral especial del personal de alta dirección
in: Revista Jurídica de Cataluña 1986, S. 127 ff.
(zit.: Antrás Badía, in: RJC 1986)

Arroyo Amayuelas, Esther/ González Beilfuss, Christina
Die katalanische Rechtsordnung und das Zivilrecht Kataloniens
in: Zeitschrift für das Europäische Privatrecht 1995, S. 564 ff.
(zit.: Arroyo Amayuelas/ González Beilfuss, in: ZEuP 1995)

Asociación de Profesores de Derecho Civil (Hrsg.)
Centenario del Código Civil
Band 1
Madrid 1990
(zit.: Verfasser, in: Centenario, Bd. 1)

dieselben
Centenario del Código Civil
Band 2
Madrid 1990
(zit.: Verfasser, in: Centenario, Bd. 2)

Asúa González, Clara I.
La culpa in contrahendo
(Tratamiento en el Derecho alemán y presencia en otros ordenamientos)
Bilbao 1989
(zit.: Asúa González, Culpa in contrahendo)

Ataz López, Joaquin
Los médicos y la responsabilidad civil
Madrid 1985
(zit.: Ataz López, Médicos y responsabilidad)

Atienza, Manuel
Sobre la analogía en el Derecho
Ensayo de un análisis de un razonamiento jurídico
Madrid 1986
(zit.: Atienza, Analogía en derecho)

Badosa Coll, Ferran
La diligencia y la culpa del deudor en la obligación civil
Bolonia, Zaragoza 1987
(zit.: Badosa Coll, Diligencia del deudor)

Bajo Fernández, M.
Fundamento de la responsabilidad civil subsidiaria del artículo 22 del Código Penal
in: Revista de Derecho Penal, 1978, S. 707 ff
(zit.: Bajo Fernández, in: RdP 1978)

von Bar, Christian
Gemeineuropäisches Deliktsrecht
Band 1
München 1996
(zit.: v. Bar, Gemeineuropäisches Deliktsrecht, Bd. 1)

derselbe
Gemeineuropäisches Deliktsrecht
Band 2
München 1999
(zit.: v. Bar, Gemeineuropäisches Deliktsrecht, Bd. 2)

derselbe
Deliktsrecht in Europa
Landesberichte: Spanien
Köln, Berlin, Bonn München 1993
(zit.: Bearbeiter, in: Deliktsrecht in Europa/ Spanien)

Barceló Doménech, Javier
Responsabilidad extracontractual del empresario por actividades de sus dependientes
Madrid 1995
(zit.: Bareceló Doménech, Responsabilidad del empresario)

derselbe
Jurisprudencia del Tribunal Supremo
in: Anuario de Derecho Civil 1991, S. 159 ff.
(zit.: Barcelo Domenech, in: ADC 1991)

Baylos, Antonio/ Terradillos, Juan
Derecho penal del Trabajo
2. Auflage
Madrid 1997
(zit.: Baylos/Terradillos, Derecho Penal del Trabajo)

Becker, Rainer
Foralrechte und Kodifikation im Spanischen Privatrecht
Bettenfeld 1996
(zit.: Becker, Foralrechte)

derselbe
Der Ursprung der Rechtsspaltung im spanischen Privatrecht
- eine historische Betrachtung der Foralrechte
in: Zeitschrift für Europäisches Privatrecht 1996, S. 88 ff.
(zit.: Becker, in ZEuP)

Beltrán de Heredia y Castaño, José	Estudio de Derecho Civil en homenaje al Profesor J. Beltrán de Heredia y Castaño Salamanca 1984 (zit.: Verfasser, in: Homenaje Beltrán de Heredia y Castaño)
Beltrán de Heredia de Onís, Pablo	El buen padre de familia siehe: Beltrán de Heredia y Castaño, José
Bequé, Émile	De la responsabilité du fait d'autrui en matière contractuelle in: Revue Trimestrielle de Droit Civil 1914 (13), S. 251 ff. (zit: Bequé, in: RTDC (13) 1914)
Bercovitz, Rodrigo	Comentario a STS 14.10.1983 in: Cuadernos Civitas de Jurisprudencia Civil 1983, S. 993 ff. (zit.: Bercovitz, in: CCJC 1983, S. 993 ff.)
Blanco Giraldo, Fernando Luis/ Roldan Montaud, Francisco Javier	Codigo de Comercio Band 2; Artt. 116 bis 572 Madrid 1992 (zit.: Verfasser, in: Blanco Giraldo u.a., Cod. Com)
Blanco Gómez, Juan José	La concurrencia de responsabilidad civil contractual y extracontractual en un mismo hecho dañoso. Problemática en derecho sustantivo español. Madrid 1996 (zit.: Blanco Gómez, Concurrencia de esponsabilidad)
Caballero Gea, José Alfredo	Responsabilidad por el hecho de otro en materia civil in: Revista General de Derecho 1980, S. 18 ff. (zit.: Caballero Gea, in: RGD 1980)
v. Caemmerer, Ernst	Das Verschuldensprinzip in rechtsvergleichender Sicht in: Rabels Zeitschrift 42 (1978), S. 5 ff. (zit.: v. Caemmerer, in: RabelsZ 42 (1978))
derselbe	Reformprobleme der Haftung für Hilfspersonen in: Zeitschrift für Rechtsvergleichung 1973, S. 241 ff. (zit.: v. Caemmerer, in: ZfRV 1973)
Capilla Roncero, Francisco	La persona jurídica: funciones y disfunciones Madrid 1993 (zit.: Capilla Roncero, La persona jurídica)

Castán Tobeñas, José	Derecho Civil Español, Cómun y Foral Band 4 14. Auflage Madrid 1988 (zit.: Castán Tobeñas, Derecho Civil, Bd. 4)
Cavanillas Múgica, Santiago	La transformación de la responsabilidad civil en la jurisprudencia Pamplona 1987 (zit.: Cavanillas Múgica, Transformación de responsabilidad)
derselbe	Comentario a la STS de 26 de junio de 1990 in: Cuadernos Civitas de Jurisprudencia Civil 1990, S. 761 ff. (zit.: Cavanillas Múgica, in: CCJC 1990)
derselbe	Comentario a la STS de 30.10.1990 in: Cuadernos Civitas de Jurisprudencia Civil 1990, S.1143 ff. (zit.: Cavanillas Múgica, in: CCJC 1990)
derselbe	Comentario a la STS 29.11.1988 (das Datum des Urteils wird falsch angegeben: richtig ist der 12.12.1988) in: Cuadernos Civitas de la Jurisprudencia Civil, 1989, S. 37 ff. (zit.: Cavanillas Múgica, in: CCJC 1989)
Cavanillas Múgica, Santiago/ Tapia Fernández, Isabel	La concurrencia de responsabilidad contractual y extracontractual Tratamiento sustantivo y procesal Madrid 1992 (zit.: Cavanillas Múgica/ Tapia Fernández,
Cristóbal Montes, Angel	La responsabilidad del deudor por sus auxiliares in: Anuario de Derecho Civil 1989, S. 5 ff. (zit.: Cristóbal Montes, in: ADC 1989)
De Castro y Bravo, Federico	La persona jurídica Madrid 1981 (zit.: De Castro y Bravo, Persona jurídica)

Del Molino y Nuñez, María del Carmen	La responsabilidad civil del empresario por el hecho de otro: en la vía civil y penal. Consideración especial del titular o director de un taller de reparaciones de automóvil y del de un garage in: Revista de Derecho Privado, 1991, S. 709 ff. (zit.: Del Molino y Nuñez, in: RDP 1991)
Diaz Alabart, Silvia	Un apunte histórico para la determinación de la responsabilidad de los maestros en el art. 1.903 del Código civil siehe: Asociación de Profesores
Díez-Picazo, Luis	La representación en el derecho privado Madrid 1979 Nachdruck: Madrid 1992 (zit.: Díez-Picazo, Representación)
derselbe	Fundamentos de derecho civil patrimonial Band 2 5. Auflage Madrid 1996
derselbe	Estudios sobre la jurisprudencia civil Band 1 Madrid 1966 (zit.: Díez-Picazo, Estudios, Bd. 1)
derselbe	El problema de la acumulación de la responsabilidad contractual y la responsabilidad delictiva en el derecho español in: Revista del Instituto de Derecho Comparado1962, S. 59 ff. (zit.: Díez-Picazo, in: RIDC 1962)
Díez-Picazo, Luis/ Gullón, Antonio	Sistema de Derecho Civil Band 2; 8. Auflage Madrid 1999 (zit.: Díez-Picazo/ Gullón, Sistema, Bd. 2)
dieselben	Instituciones de Derecho Civil Band I/1 2. Auflage Madrid 1998 (zit.: Díez-Picazo/ Gullón, Instituciones, Bd. 2/1)
Ehrenzweig, Albert	Psychoanalytische Rechtswissenschaft Berlin1973 (zit.: Ehrenzweig, Psychoanalytische Rechtswissenschaft)

Enneccerus, Ludwig/ Lehmann, Heinrich	Derecho de Obligaciones Band 2, Teil 2 Spanische Übersetzung von Blas Pérez Gonzales und José Alguer; akutalisiert von Eduardo Valenti Fiol 3. Auflage Barcelona1966 (zit.: Ennecerus/ Lehmann, Derecho de Obligaciones, Bd. 2/ 2)
Fenoy Picón, Nieves	Responsabilidad de empresario por la actución del comité de empresa Anmerkungen zu STS 26.11.87 in : Anuario de Derecho Civil 1988, S. 619 ff. (zit.: Fenoy Picón, in: ADC 1988)
Ferrand, Frédérique	Deliktische Haftung für Dritte in Frankreich in: Zeitschrift für das Europäische Privatrecht 1993, S. 132 ff. (zit.: Ferrand, in: ZEuP 1993)
Fernández Hierro, José Manuel	Responsabilidad civil médico-sanitaria Pamplona 1983 (zit.: Fernández Hierro, Responsabilidad médico- sanitaria)
García Gil, Francisco	El daño extracontactual y su reparación Madrid 2000 (zit.: García Gil, Daño extracontractual)
García Laraña, Rafael	La responsabilidad civil ex delicto en el Anteproyecto de Código Penal de 1992 in: La Ley 1992, S. 1048 ff. (zit.: García Laraña, in: La Ley 1992)
García Rubio, María Paz	La responsabilidad precontractual en el Derecho español Madrid 1991 (zit.: García Rubio, Responsabilidad precontractual)
García Valdecasas, Guillermo	El problema de la acumulación de la responsabilidad contractual y delictual en el derecho español in: Revista de Derecho Privado 1962, S. 831 ff. (zit.: García Valdecasas, in: RDP 1962)
Gómez Calero, Juan	La responsabilidad civil derivada de acto ilícito penal in: Revista General de Derecho 1960, S. 506 ff., 602 ff. , 778 ff., 874 ff. (zit.: Gómez Calero, in: RGD 1960)

Gómez Orbaneja, Emilio — La acción civil de delito
in: Revista de Derecho Privado 1949, S. 185 ff.
(zit.: Gómez Orbaneja, in: RDP 1949)

Gordillo Cañas, Antonio — Urteilsbesprechung zu STS 22.6.89
in: Cuadernos Civitas de Jurisprudencia Civil 1989,
S. 583-594
(zit.: Gordillo Cañas, in: CCJC 1989)

Hanau, Peter — Analogie und Restriktion im Betriebsverfassungsrecht
in: Arbeitsleben und Rechtspflege
Festschrift für Gerhard Müller
München 1981
(zit.: Hanau, in: Festschrift Müller)

Hübner, Ulrich — Die Haftung des Gardien für durch Sachen angerichteten Schaden im Französischen Recht
Köln 1972
(zit.: Hübner, Gardien-Haftung)

Igartua Arregui, Fernando — Comentario a STS 13.12.1984
in: Cuadernos Civitas de Jurisprudencia Civil 1985,
S. 2235 ff.
(zit.: Igartua Arregui, in: CCJC 1985)

International Encyclopedia of comparative law — Band 11, Teil 4
Private and gouvernmental liability
for the torts of employees and organs
The Hague, Tübingen 1975
(zit.: Verfasser, in: Enyclopedia of comparative law, Bd. 11/ 4)

Jakobs, Horst Heinrich/ Schubert, Werner (Herausgeber) — Die Beratungen des Bürgerlichen Gesetzbuchs
in systematischer Zusammenstellung der
unveröffentlichen Quellen
Recht der Schuldverhältnisse I, §§ 241 bis 432
Berlin, New York 1978
(zit.: Jakobs/ Schubert, Beratungen des BGB, Schuldverhältnisse I)

von Jhering, Rudolf — Vermischte Schriften juristischen Inhalts
Neudruck der Ausgabe Leipzig 1879
Aalen 1968
(zit.: v. Jehring, Aufsatztitel, in: Vermischte Schriften)

Jordano Fraga, Francisco — La responsabilidad del deudor por los auxiliares
que utiliza en el cumplimiento
Madrid 1994
(zit.: Jordano Fraga, Responsabilidad por auxiliares)

derselbe — La responsabilidad contractual
1. Auflage
Madrid 1987
(zit.: Jordano Fraga, Responsabilidad contractual)

derselbe — Sobre la no aplicación efectiva de un principio general de responsabilidad contractual por los auxiliares de cumplimento del deudor
in: Anuario de Derecho Civil 1993, S. 915 ff
(zit.: Jordano Fraga, in: ADC 1993)

Knütel, Rolf — Die Haftung für Hilfspersonen im Römischen Recht
in.: Zeitschrift der Savigny Stiftung 100 (1983), S. 340 ff.
(zit.: Knütel, in: SZ 100 (1983))

Krebs, Peter — Sonderverbindung und außerdeliktische Schutzpflichten
München 2000
(zit.: Krebs, Sonderverbindung)

Kötz, Hein — Deliktsrecht
8. Auflage
Neuwied 1998
(zit.: Kötz, Deliktsrecht)

Lacruz Berdejo, José Luis u.a. — Elementos de Derecho Civil II
Band 1; Parte general. Teoría general del contrato
2. Auflage
Madrid 2000
(zit: Lacruz Berdejo u.a., Elementos II, Bd.1

dieselben — Elementos de Derecho Civil II
Band 2
Madrid 1999
(zit: Lacruz Berdejo u.a., Elementos II, Bd. 2)

Landecho Velasco, Carlos María/ Molina Blázquez, Concepción — Derecho penal español
Parte General
5. Auflage
Madrid 1996
(zit.: Landecho Velasco/ Molina Blázquez, Derecho Penal)

Larenz, Karl/ Canaris, Claus-Wilhelm — Lehrbuch des Schuldrechts
Band 2; Halbband 2
Besonderer Teil
München 1994
(zit.: Larenz, Schuldrecht, Bd. 2/ 2)

Liebs, Detlef	Lateinische Rechtsregeln und Rechtssprichwörter 6. Auflage München 1998 (zit.: Liebs, Rechtsregeln)
López, A./ Montés, V.L. (Herausgeber)	Derecho Civil Parte general 2. Auflage Valencia 1995 (zit.: López/ Montés, Derecho Civil)
Llamas Pombo, Eugenio	La responsabilidad civil del médico: aspectos tradicionales y modernos Madrid 1988 (zit.: Llamas Pombo, Responsabilidad del médico)
Llamas Valbuena, Eugenio	Influencia de la legislación laboral en algunos casos de responsabilidad civil subsidiaria in: Revista General de Legislacion y Jurisprudencia 1972, S. 251 ff. (zit.: LLamas Valbuena, in: RGLJ 1972)
Manrique López, Fernando	La responsabilidad civil y penal del médico en el ejercicio de sus funciones in: Revista de Trabajo 1981, S. 313 ff. (zit.: Manrique López, in: RT 1981)
Martín-Retortillo, Sebastián	El Derecho Civil en la genesis del Derecho Administrativo y sus instituciones Madrid 1996 (zit.: Martín-Retortillo, Derecho Civil en el Derecho Administrativo)
derselbe	Überlegungen zur „Flucht" aus dem Verwaltungsrecht (übersetzt von Miguel Rodríguez und Andreas Wacke) in: Verfassungsstaat Festschrift für Klaus Stern München 1997 (zit: Martín-Retortillo, in: Festschrift Stern)
Miquel, José Maria	Observaciones en torno a la responsabilidad extracontractual por el hecho de un contratante independiente in: Anuario de Derecho Civil 1983, S. 1501 ff. (zit.: Miquel, in: ADC 1983 (36), 1501 ff.)
Montoya Melgar, Alfredo	Derecho del Trabajo 21. Auflage Madrid 2000 (zit.: Montoya Melgar, Derecho del Trabajo)

derselbe (Herausgeber) — Enciclopedia jurídica básica
Band 4
Madrid 1995
(zit.: Verfasser, in: Enciclopedia, Stichwort)

Moreno Martínez, Juan Antonio — Responsabilidad de centros docentes y profesorado por daños causados por sus alumnos
Madrid 1996
(zit.: Moreno Martínez, Responsabilidad de centros docentes)

Mugdan, B. — Die gesammten Materialien zum Bürgerlichen Gesetzbuch für das deutsche Reich
Band 1
Berlin 1899
(zit.: Mugdan, Materialien, Bd.1)

derselbe — Die gesammten Materialien zum Bürgerlichen Gesetzbuch für das deutsche Reich
Band 2
Berlin 1899
(zit.: Mugdan, Materialien, Bd.2)

Mullerat Balmaña, Ramón María — La responsabilidad del fabricante
Tarragona 1976
(zit.: Mullerat Balmaña, Responsabilidad del fabricante)

Münchener Kommentar zum Bürgerlichen Gesetzbuch — Band 2
Schuldrecht, Allgemeiner Teil (§§ 241-432)
3. Auflage
München 1994
(zit.: Bearbeiter, in: MünchKomm, Bd. 2)

Münchener Kommentar zum Bürgerlichen Gesetzbuch — Band 5
Schuldrecht, Besonderer Teil (§§ 705-853)
3. Auflage
München 1997
(zit.: Bearbeiter, in: MünchKomm, Bd. 5)

Palandt, Otto — Bürgerliches Gesetzbuch
59. Auflage
München 2000
(zit.: Bearbeiter, in: Palandt)

Palomeque López, Manuel-Carlos/ Alvarez de la Rosa, Manuel — Derecho del Trabajo
8. Auflage
Madrid 2000
(zit.: Palomeque López/ Alvarez de la Rosa, Derecho del Trabajo)

Pantaleón Prieto, Fernando	Responsabilidad civil: conflictos de jurisdicción Madrid 1985 (zit.: Pantaleón Prieto, Conflictos de jurisdicción)
derselbe	Comentario a la STS de 28.1.1983 in: Cuadernos Civitas de Jurisprudencia Civil 1983, S. 103 ff. (zit.: Pantaleón Prieto, in: CCJC 1983)
derselbe	Comentario a la STS de 26.1.1984 in: Cuadernos Civitas de Jurisprudencia Civil 1983, S. 1257 ff. (zit.: Pantaleón Prieto, in: CCJC 1983)
derselbe	Comentario a la STS de 6.5.1985 in: Cuadernos Civitas de Jurisprudencia Civil, 1985, S. 2609 ff. (zit.: Pantaleón Prieto, in: CCJC 1985)
derselbe	El sistema de la responsabilidad contractual (Materiales para un debate) in: Anuario de Derecho Civil 1991, S. 1019 ff. (zit.: Pantaleón Prieto, in: ADC 1991)
Pascual Estevill, Luis	La responsabilidad contractual Barcelona 1989 (zit.: Pascual Estevill, Responsabilidad contractual)
derselbe	La responsabilidad extracontractual, aquiliana o delictual Band 2; Teil 2 Barcelona 1990 (zit.: Pascual Estevill, Responsabilidad extracontractual, Bd. 2/2)
Paz-Ares Rodríguez, Candido/ Díez-Picazo, Luis/ Bercovitz, Rodrigo/ Salvador Coderch, Pablo (Herausgeber)	Comentario del Código Civil Band 2 2. Auflage Madrid 1993 (zit.: Verfasser, in: Paz-Ares u.a., Com. del Cc.)
Peuster, Witold	Das spanische Zivilgesetzbuch Köln 1979 (zit.: Peuster, Spanisches Zivilgesetzbuch)
Puig Brutau, José	Fundamentos de Derecho Civil Band 2; Teil 3 Barcelona 1983 (zit.: Puig Brutau, Fundamentos, Bd.2/ 3)

Puig I Ferriol, Lluís/ Gete-Alonso y Calera, María del Carmen/ Gil Rodríguez, Jacinto/ Hualde Sánchez, José Javier	Manual de Derecho Civil Band 2 Madrid 1996 (zit.: Verfasser, in: Puig I Ferriol u.a., Derecho Civil, Bd. 2)
Puig Peña, Federico	Compendio de Derecho Civil Español Band 3, Teil 2 Barcelona 1966 (zit.: Puig Peña, Derecho Civil)
Quiñoro Cervantes, Enrique	Comentario a la STS de 23 febrero 1976 sobre culpa extracontractual derivada de accidente de circulación. Aplicacación analógica del art. 1.903 del Código civil in: Anales de Derecho Revista de la Facultad de Derecho Universidad de Murcia 1978, Heft 2, S. 71 ff. (zit.: Quiñoro Cervantes, in: Anales de Derecho 1978)
Reglero Campos, Fernando	Accidentes de circulación: Responsabilidad Civil y Seguro Madrid 1990 (zit.: Reglero Campos, Accidentes de circulación)
derselbe	Comentario a la STS de 23 septiembre 1988 in: Cuadernos Civitas de Jurisprudencia Civil 1988, S. 845 ff. (zit.: Reglero Campos, in: CCJC 1988)
Roca i Trías, Encarna	La acción de repetición prevista en el artículo 1904 del Código civil in: ADC 1998, 7 ff. (zit.: Roca i Trías, in: ADC 1998)
Rodríguez Morata, Federico	Comentario a STS 1.3.1990 in: Cuadernos Civitas de Jurisprudencia Civil 1990, S. 319 ff. (zit.: Rodríguez Morata, in: CCJC 1990)
Rogel Vide, Carlos	La responsabilidad civil extracontractual: Introducción al estudio jurisprudencial Madrid 1977 (zit.: Rogel Vide, Responsabilidad extracontractual)
Rojo y Fernández-Río, Ángel	La responsabilidad civil del fabricante Bolonia 1974 (zit.: Rojo y Fernández-Río, Responsabilidad del fabricante)

Romeo Casabona, Carlos Maria — El médico ante el Derecho.
La responsabilidad penal y civil del médico
Madrid 1985
(zit.: Romeo Casabona, El médico ante el Derecho)

Rubio García-Mina, Jesús — La responsabilidad civil del empresario
Madrid 1971
(zit.: Rubio García-Mina, Responsabilidad del empresario)

Sánchez Vazquez, Juan — La denominada acumulación de responsabilidades contractual y aquiliana
in: Revista de Derecho Privado 1972, S. 963 ff.
(zit.: Sánchez Vazquez, in: RDP 1972)

Santos Briz, Jaime — La responsabilidad civil
Derecho sustantivo y derecho procesal
Band 1
7. Auflage
Madrid 1993
(zit.: Santos Briz, Responsabilidad civil, Bd. 1)

derselbe — La responsabilidad civil
Derecho sustantivo y derecho procesal
Band 2
7. Auflage
Madrid 1993
(zit.: Santos Briz, Responsabilidad civil, Bd. 2)

derselbe — Responsabilidad civil de los administradores y representantes de empresas y sociedades mercantiles
in: Revista de Derecho Privado 1995, S. 315 ff.
(zit.: Santos Briz, in: RDP 1995)

Seiler, Hans Hermann — Die deliktische Gehilfenhaftung in historischer Sicht
in.: Juristenzeitung 1967, S. 525 ff.
(zit.: Seiler, in: JZ 1967)

Sierra Pérez, Isabel — Responsabilidad del empresario y relación de dependencia
Madrid 1997
(zit.: Sierra Pérez, Responsabilidad del empresario)

Silva Melero, Valentín — En torno a las consequencias civiles del delito
in: Revista de Derecho Privado 1966, S. 1065 ff.
(zit.: Silva Melero, in: RDP 1966)

Torralba Soriano, Orencio Vicente — La responsabilidad por los auxiliares en el cumplimiento de las obligaciones
in: Anuario de Derecho Civil 1971, S. 1143 ff.
(zit: Torralba Soriano, in: ADC 1971)

derselbe	Los vicios del suelo: Reflexiones sobre el artículo 1.591 del Código civil in: Anuario de Derecho Civil 1970, S. 123 ff. (zit: Torralba Soriano, in: ADC 1970)
Uría González, Rodrigo	Derecho Mercantil 27. Auflage Madrid 2000 (zit.: Uría Gonzales, Derecho Mercantíl)
Vila Ribas, María del Carmen	Comentario al STS de 16.12.1986 in: Cuadernos Civitas de Jurisprudencia Civil, 1987, S. 4297 ff. (zit.: Vila Ribas, in: CCJC)
Wacke, Andreas	Ursprung der eingeschränkten Arbeitnehmerhaftung in: Recht der Arbeit 1987, S. 321. (zit.: Wacke, in: RdA 1987)
derselbe	Audiatur et altera pars in: Juristische Ausbildung 1980, S. 594 f. (zit.: Wacke, in JA 1980)
derselbe	Das Rechtssprichwort Crimen extinguitur mortalitate in: Juristische Ausbildung 1987, S. 191 ff. (zit.: Wacke, in JA 1987)
derselbe	Audiatur et altera pars. Zum rechtlichen Gehr im römischen Zivil- und Strafprozeß in: Ars boni et aequi Festschrift für Wolfgang Waldstein, S. 369 ff. Stuttgart 1993 (zit.: Wacke, in: Festschrift Waldstein)
derselbe	Zur Aktiv- und Passivlegitimation des gutgläubigen Sklavenbesitzers in: Festschrift für Erwin Seidl, S. 179 ff. Köln 1975 (zit.: Wacke, in: Festschrift Seidl)
derselbe	Vom Hermaphroditen zum Transsexuellen Zur Stellung von Zwittern in der Rechtsgeschichte in: Festschrift für Kurt Rebmann München 1989 (zit.: Wacke, in: Festschrift Rebmann)

Westermann, Harry — Haftung für fremdes Handeln
in: Juristische Schulung 1961, S. 333 ff. und S. 382 ff.
(zit.: Westermann, in: JuS 1961)

Wicke, Hartmut — Respondeat Superior
Haftung für Verrichtungsgehilfen im römischen, römisch -holländischen und südafrikanischen Recht
Berlin 2000
(zit.: Wicke, Respondeat Superior)

Witz, Claude/ Wolter, Gerhard — Vertragliche oder deliktische Haftung im Rahmen von „Vertragsgruppen“ (groupes de contrats) in Frankreich?
in: Zeitschrift für das Europäische Privatrecht 1993, S. 592 ff.
(zit.: Witz/ Wolter, in: ZEuP 1993)

Woellert, Kai — Die außervertragliche Gehilfenhaftung im nordischen Recht
in: Rabels Zeitschrift 39 (1975), S. 304 ff.
(zit.: Woellert, in: RabelsZ 39 (1975))

Wolf, Manfred — Schuldnerhaftung bei Automatenversagen
in: Juristische Schulung 1989, S. 899 ff.
(zit.: Wolf, in: JuS 1989)

Yzquierdo Tolsada, Mariano — La responsabilidad civil del profesional liberal
Madrid 1989
(zit.: Yzquierdo Tolsada, Responsabilidad del profesional liberal)

derselbe — La zona fronteriza entre la responsabilidad contractual y la aquiliana. Razones para una moderada unificación.
in: Revista Crítica de Derecho Inmobiliario 1991, S. 443 ff.
(zit.: Yzquierdo Tolsada, in: RCDI 1991)

Zelaya Etchegaray, Pedro — La responsabilidad civil del empresario por los daños causados por su dependiente
Pamplona 1995
(zit.: Zelaya Etchegaray, Responsabilidad del empresario)

Zippelius, Reinhold — Juristische Methodenlehre
6. Auflage
München 1994
(zit.: Zippelius, Methodenlehre)

Zurita Martín, Isabel — La responsabilidad del contratista por sus auxiliares: estudio jurisprudencial del artículo 1.596 del Código Civil en relación con la responsabilidad decenal
in: Revista General del Derecho 1995, S. 3161 ff.
(zit.: Zurita Martín, in: RGD 1995)

Die Haftung für Hilfspersonen im spanischen Recht

A. Einleitung

I. Bedeutung der Fragestellung

Die Haftung für Hilfspersonen ist in zwei Erscheinungsformen denkbar. Einmal kann sie im Zusammenhang vertraglicher Beziehungen des Geschäftsherrn zu einem Dritten zum Tragen kommen. Zu dieser Kategorie zählen auch vor- sowie nachvertragliche Schädigungen. Zum zweiten können Schädigungen durch Hilfspersonen auch außerhalb vertraglicher Beziehungen geschehen.

Der Einsatz von Hilfspersonen ist in einer modernen Wirtschaftsgesellschaft der Regelfall. In nahezu allen Bereichen wirtschaftlicher Aktivität bedient sich ein Unternehmer der Hilfe Dritter, um seine Ziele zu verwirklichen. Die Bedeutung der sich hieraus ergebenden Haftungsfragen ist daher erheblich.[1]

Ein wesentlicher Bereich, in dem sich die Frage nach der Haftung für Hilfspersonen stellt, ist das Deliktsrecht, welches von jeher in allen Rechtsordnungen eine zentrale Stellung einnimmt. Die deliktische Gehilfenhaftung ist im spanischen Recht in Art. 1903 *Código civil* ausdrücklich geregelt. Obschon die deutsche und die spanische Regelung in der Praxis aufgrund einer opferfreundlichen Rechtsprechung zu ähnlichen Ergebnissen führen, wirft ein Vergleich der Regelungen Fragen auf.

Im Rahmen von Vertragsbeziehungen hingegen ist eine abstrakte Regelung der Haftung für Hilfspersonen, wie sie § 278 BGB enthält, der spanischen Rechtsordnung fremd. Zwar wird die Schädigung des anderen im Rahmen einer Vertragsbeziehung in der Regel auch die Anforderungen an die Voraussetzungen der deliktischen Haftungsgrundlage erfüllen. Zwingend ist dies jedoch nicht[2], wie die folgenden Ausführungen zeigen werden. Auch läßt sich nicht leugnen, daß die Beziehung zwischen zwei Vertragspartnern sich von dem Verhältnis unterscheidet, welches für einen Schädiger erst durch die Schädigung entsteht. Mit dem Geschädigten wird diesen in der Regel nichts verbinden, die Parteien treffen erst aufgrund des Schadensereignisses aufeinander[3].

Die Haftungsregelungen des § 831 BGB und des Art. 1903 *Código civil* stellen zudem ein Kuriosum dar, wenn man sie den Systemen deliktischer Gehilfenhaftung anderer europäischer Rechtsordnungen gegenüberstellt. Denn zahlreiche eu-

---

1 JORDANO FRAGA, Responsabilidad por auxiliares (1994), S. 48 ff.

2 Vgl. etwa ATAZ LÓPEZ, Médicos y responsabilidad (1985), S. 371 f.

3 YZQUIERO TOLSADA, in: RCDI 1991, 443 (444); CAVANILLAS MÚGICA/ TAPIA FERNÁNDEZ, Concurrencia de responsabilidad (1992), S. 32.

ropäische Rechtsordnung sehen heute eine verschuldensunabhängige Haftung des Geschäftsherrn für seine Hilfspersonen vor[4]. Genannt seien insoweit etwa die Rechtsordnungen von Frankreich, Belgien, Luxemburg, Griechenland, Italien, Portugal[5], Schweden und Finnland[6]. Das System einer verschuldensunabhängigen Geschäftsherrnhaftung entspricht auch den historischen Vorläufern der heutigen europäischen Rechtsordnungen. Der Gedanke, daß wer Vorteil aus fremder Tätigkeit zieht, auch den damit verbundenen Nachteil tragen soll, findet sich verschiedentlich bereits in den römischen Digesten[7]. Andererseits ist zu beachten, daß das klassische römische Recht allgemeine Grundsätze über die Gehilfenhaftung -unseren §§ 278 und 831 BGB vergleichbar- nicht enthält. Allerdings kannten die Römer in einer ganzen Reihe von Tatbeständen die Haftung für fremdes Handeln.[8] Im kanonischen Recht wurde jenes Haftungsprinzip verallgemeinert, das in der Rechtsparömie „*qui facit per alium, facit per se*“[9] seinen Ausdruck findet.

Dennoch verlangen sowohl der spanische *Código civil* als auch das BGB im Deliktsrecht ein eigenes Verschulden des Geschäftsherrn, wenngleich dieses vermutetet wird. Dies verwundert um so mehr, als das spanische Zivilgesetzbuch sich an den französischen *Code Civil* anlehnt, in welchem die Haftung des Geschäftsherrn verschuldensunabhängig verstanden wird[10].

Die spanische Rechtsprechung zur Gehilfenhaftung befindet sich in einem Prozeß fortlaufender Entwicklungen. Mehr als um die Beschreibung eines Ist-Zustandes in der Judikatur muß es deshalb darum gehen, eine Bestandsaufnahme für den gegenwärtigen Zeitpunkt zu leisten und die Tendenzen der Rechtsprechung aufzuzeigen.[11]

---

4 Vgl. Wicke, Resondeat Superior (2000), S. 25.

5 Vgl. hierzu v. BAR, Gemeineuropäisches Deliktsrecht (1996), Bd. 1, Rdn. 180.

6 Vgl. hierzu WOELLERT, in: RabelsZ 39 (1975), 304 ff. sowie v. BAR, Gemeineuropäisches Deliktsrecht (1996), Bd. 1, Rdn. 339.

7 Dig. 50,17,149 „ex qua persona quis lucrum capit, eius factum praestare debet“. Hierzu WACKE, in: Festschrift Seidl (1975), S. 179 ff. Vgl. allgemein KNÜTEL, in: SZ 100 (1983), 340 (442 f.).

8 SEILER, in: JZ 1967, 525 (526). Vgl. zu einer Auswertung den relevanten Quellen KNÜTEL, in: SZ 100 (1983), 340 ff.

9 Vgl. Corpus Iuris Canonici, Liber sextus decretalium 5.12. De regulis iuris 72 (Bonifacius VIII), ed. Friedberg 2, 1124. Ähnliche Formulierung findet sich auch in den römischen Digesten: vgl. D. 26.7.5.3 Ulpianus 35 ed. sowie D. 11.6.1.2. Ulpianus 24 ed. Siehe auch LIEBS (1998), Rechtsregeln, S. 172 f.

10 Vgl. v. BAR, Gemeineuropäisches Deliktsrecht (1996), Bd. 1, Rdn. 180.

11 Vgl. auch ZELAYA ETCHEGARAY, Responsabilidad del empresario (1995), S. 643.

Im Hinblick auf diese Haftungsfragen über die Grenzen des eigenen nationalen Rechtssystems hinaus zu blicken, ist nicht nur von akademischem Interesse, sondern auch von praktischer Relevanz. Der europäische Prozeß mit der Tendenz zur Angleichung der nationalen Rechtsordnungen erfordert die Kenntnis und Auseinandersetzung mit der Rechtstradition und Rechtswirklichkeit der Nachbarstaaten. Dies gilt, weitblickend, sowohl in bezug auf ein mögliches gemeineuropäisches Privatrecht, als auch gegenwärtig im Hinblick auf den grenzüberschreitenden Rechts- und Wirtschaftverkehr und das geltende Internationale Privatrecht.

Aber auch für die einzelnen am Wirtschaftsleben Beteiligten genügt es oft nicht mehr, den Blick auf das eigene nationale Recht zu beschränken. Für Großunternehmen ohnehin, aber auch für mittelständische und kleine Unternehmer ist der Handel mit ausländischen Märkten eine Selbstverständlichkeit geworden. Wo Handel getrieben wird, wo Unternehmen produzieren, überall dort besteht die Gefahr, Dritte zu schädigen. Diese Schädigungen werden nahezu ausnahmslos nicht von den Unternehmern unmittelbar, sondern von Hilfspersonen verursacht.

Die Bedeutung der vertraglichen Haftung ist auch und gerade in grenzübergreifenden Konstellationen von Gewicht. Grenzüberschreitender Handel und Dienstleistungsverkehr sind aus dem modernen Wirtschaftsverkehr nicht hinwegzudenken. Aber auch die Wichtigkeit des Deliktsrechts auf gesamteuropäischer Ebene steht außer Streit[12].

II. Gang der Darstellung

Der bereits erwähnten Unterteilung in die vertragliche und die deliktische Haftung folgt auch der Gang der Darstellung. Hierbei wird sich der Blick zunächst auf die deliktische Haftung für Hilfspersonen richten. Diese hat sowohl im deutschen BGB, § 831, als auch im spanischen *Código civil*, Art. 1903, eine positivrechtliche Ausprägung erfahren. Der zweite Teil der Arbeit konzentriert sich auf den Bereich der vertraglichen Gehilfenhaftung, der in der spanischen Rechtsordnung keine generelle Regelung erfahren hat. Der Schwerpunkt liegt in der Fragestellung, wie sich das Fehlen einer derartige Regelung auswirkt und ob eine besondere Behandlung vertraglicher Haftungskonstellationen auch ohne ausdrückliche gesetzliche Regelung möglich und erstrebenswert ist.

Ziel der vorliegenden Arbeit ist vorrangig die kritische Darstellung und Bewertung des spanischen Rechts. Das deutsche Schrifttum wurde nur in dem Maße berücksichtigt, in dem es sich mit der einschlägigen spanischen Thematik auseinandersetzt oder zu grundsätzlichen Fragen des Schadensrechts Stellung nimmt.

---

[12] Vgl. nur das umfassende Werk von CHRISTIAN VON BAR, Gemeineuropäisches Deliktsrecht, Bd. 1 und 2.

Die Besonderheiten der Haftung von Erfüllungs- und Verrichtungsgehilfen nach deutschem Recht werden in der vorliegenden Arbeit als bekannt vorausgesetzt. Auf das deutsche Recht wir deshalb nur punktuell Bezug genommen, dort wo dies zum besseren Verständnis des spanischen Rechts geboten oder dogmatisch von besonderem Interesse erscheint. Eine knappe systematische Gegenüberstellung der Lösungen beider Rechtsordnungen findet sich, insbesondere zum besseren Verständnis der spanischen Ansätze, in der Zusammenfassung der Gesamtergebnisse am Schluß der vorliegenden Arbeit.

III. Abgrenzung des Themas

Der Begriff der Hilfspersonen beschränkt sich im Rahmen der vorliegenden Arbeit auf natürliche und juristische Personen. Sonderfragen der Art, ob auch Automaten- und Maschinenversagen unter die Haftungsnormen zur Gehilfenhaftung subsumiert werden können, bleiben ausgeklammert[13].

Ausgeklammert aus der vorliegenden Untersuchung sind im Hinblick auf den Terminus der „Hilfspersonen" zunächst diejenigen natürlichen Personen, die der Begriff schon bei grammatikalischer Auslegung nicht umfaßt. Dies sei insbesondere im Hinblick auf die spanische Regelung für die deliktische Haftung Dritter, Art. 1903 *Código civil* erwähnt. Soweit dort die Haftung der Eltern für ihre Kinder, der Betreuer für die Betreuten, der Lehrer für ihre Schüler ausdrücklich geregelt ist, bleibt diese außen vor. Die Untersuchung des Art. 1903 *Código civil* reduziert sich hinsichtlich der ausdrücklich genannten Personengruppen damit auf den dortigen Absatz 4, Haftung der Unternehmer für ihre Mitarbeiter, sowie die Exkulpationsmöglichkeit in Abs. 6, welche allgemeinen Charakter hat.

Auch im Bereich der Staatshaftung stellt sich die klassische Frage nach der Haftung für Beamte und andere Hilfspersonen. Bis zur Reform des Art. 1903 Cc. im Jahre 1991[14] war die Staatshaftung in Abs. 5 der Norm geregelt. Durch die seit Mitte des zwanzigsten Jahrhunderts hinzugekommenen Verwaltungsgesetze sowie die spanische Verfassung wurde die praktische Bedeutung der Regelung im *Código civil* immer geringer, was schließlich zur Abschaffung der Regelung durch den Gesetzgeber führte[15]. Da es sich bei Fragen der Staatshaftung traditionell um das Terrain des Öffentlichen Rechts handelt, wird dieser Bereich vorliegend ausgeklammert, soweit der Staat sich nicht privatrechtlicher Handlungsfor-

---

[13] Zu diesen Spezialfragen vgl. etwa JORDANO FRAGA, Responsabilidad por auxiliares (1994), S. 152 ff. Zum deutschen Recht vgl. HANAU, in: MünchKom. (1994), § 278, Rz. 25; HEINRICHS, in: Palandt (2000), § 278, Rz. 11, WOLF, in: JuS 1989, S. 899 ff.

[14] Ley 1/1991, vom 7.1.1991.

[15] Vgl. ANGEL YÁGÜEZ, in: Paz-Arez u.a., Com. del Cc. (1993), zu Art. 1903, S. 2004.

men bedient[16] und damit auch dem allgemeinen zivilistischen Haftungsregime untersteht[17].

Dennoch kann die Untersuchung nicht streng auf den Bereich des Privatrechts beschränkt werden. Denn anders als die deutsche Rechtsordnung enthält auch das spanische Strafgesetzbuch, der *Código penal*, Regelungen zur Gehilfenhaftung, deren Bedeutung für die vorliegende Fragestellung zu untersuchen sein wird[18]. Insbesondere sollen die Unterschiede und Gemeinsamkeiten in der Rechtsprechung des Zivilsenats des *Tribunal Supremo* (*sala* 1) und des Strafsenats (*sala* 2) beleuchtet werden.

Letztlich ist auf eine Besonderheit des spanischen Rechtssystems hinzuweisen. Spanien ist ein Mehrrechtsstaat. Neben dem spanischen Zivilgesetzbuch, dem *Código civil*, wird das spanische Zivilrecht in einzelnen Autonomien, die etwa den deutschen Bundesländern vergleichbar sind[19], durch sogenanntes Foralrecht bestimmt[20]. Die überwiegende Bedeutung des Foralrechts liegt heute im Erb- und Familienrecht[21]. Dennoch enthält beispielsweise das Recht von Navarra[22] ein Äquivalent zu Art. 1902 Cc., dem Grundtatbestand der deliktischen Haftung. Ob den Foralrechten auch hinsichtlich der vorliegende Fragestellung Bedeutung zukommt und gegebenenfalls welche, soll offen bleiben. Aus europäischer Perspektive kommt der gesamtspanischen Regelung des *Código civil* weit größere Bedeutung zu.

---

16 Zu den besonderen Problemen des Verwaltungsprivatrechts in Spanien vgl. MARTÍN-RETORTILLO, in: Verfassungsstaatlichkeit, Festschrift Stern (1997), S. 659 ff. (aus dem Spanischen von mir gemeinschaftlich mit A. Wacke übersetzt). Ausführlicher MARTÍN-RETORTILLO, Derecho Civil en el Derecho Administrativo (1996), insb. S. 199 ff.

17 Eine wichtige Fallgruppe bezieht sich auf die Haftung im Gesundheitswesen. Die Haftung des *INSALUD* als Träger von Krankenhäusern und anderen medizinischen Einrichtungen weist zudem Besonderheiten auf, auf welche noch detailliert einzugehen sein wird. Siehe S. 81.

18 Siehe unten, Seite 105.

19 ARROYO AMAYUELAS/ GONZÁLEZ BEILFUSS, in: ZEuP 1993, S. 545 (565), Fn. 2.

20 Vgl. allgemein zu den Foralrechten: BECKER, Foralrechte (1996); zur historischen Entwickung ebenfalls Becker, in: ZEuP 1996, 88 ff. Ausdrückliche zivilrechtliche Gesetzgebungszuständigkeiten bestehen in den Autonomien Aragonien, Balearen, Teilen des Baskenslandes, Galizien, Katalonien und Navarra; vgl. SANTDIUMENGE, in: Deliktsrecht in Europa/ Spanien (1993), S. 20.

21 BECKER, Foralrechte (1996), S. 16.

22 Vgl. hierzu SANTDIUMENGE, in: Deliktsrecht in Europa/ Spanien (1993), S. 26.

B. Außervertragliche Haftung

IV. Die grundsätzliche Rechtfertigung einer Haftung für Dritte

Die grundsätzliche Berechtigung einer Haftung nicht nur für eigenes Handeln, sondern auch für das Tun Dritter ist ganz überwiegend anerkannt. Die Erklärungsansätze für dieses als selbstverständlich verstandene Haftungsmodell sind verschieden.

Teilweise wird vertreten, wer sich einer Hilfsperson bediene, verlängere im Ergebnis seine eigene Aktivität, so daß die Hilfsperson nicht anderes sei als ein Werkzeug in seiner Hand[23]. ROGEL VIDE[24] spricht im Hinblick auf das spanische Recht von einer Verlängerung des Grundtatbestandes der Haftung für eigenes Handeln aus Art. 1902 Cc. Es handele sich nicht um eine Haftung für fremdes Tun, sondern für eigenes Handeln, das darin besteht, die Schädigung nicht verhindert zu haben. Das Tribunal Supremo sieht die Einstandpflicht des Geschäftsherrn naturrechtlich fundiert. Es sei ein „Prinzip des Naturrechts, daß derjenige, der Vorteile aus einem Geschäft zieht, das er durch einen Dritten besorgen läßt, auch für die Schäden aus diesem Geschäft einstehen muß“. [25]

Die Gründe, aus denen die Existenz einer Haftung für das Verhalten Dritter als unverzichtbar erscheint, gelten für alle Rechtsordnungen gleichermaßen. Im Mittelpunkt stehen sicherlich wirtschaftliche und damit pragmatische Gründe. Der Geschädigte soll einen solventen Schuldner erhalten, der eher in dem Geschäftsherrn als in der Hilfsperson zu finden ist.[26] Unmißverständlich bringt diesen Aspekt der amerikanische Jurist WILLIAM PROSSER zum Ausdruck, indem er feststellt: „*It is more frankly that the 'deep pocket' should pay*“[27].

---

[23] Vgl. CAVANILLAS MÚGICA, in: CCJC 1990, 761 (770) und ZELAYA ETCHEGARAY, Responsabilidad del empresario (1995), S. 167 zu diesem vornehmlich in Frankreich von Mazeaud/ Tunc vertretenen Ansatz. In Spanien vertritt diese Sichtweise PASCUAL ESTEVILL, Responsabilidad extracontractual (1990), Bd. 2/ 2, Seite 206, der von der Hilfsperson als „*longa manus del comitente*“ spricht.

[24] ROGEL VIDE, Responsabilidad extratontractual (1977), S. 126.

[25] Vgl. STS (sala 2) 18.6.1985 (RJ 3022).

[26] Vgl. ANGEL YÁGÜEZ, in: Paz-Arez u.a., Com. del Cc. (1993), zu Art. 1903, S. 2005, der sich die Argumentation aus den Vorabeiten zu Art. 1384 des französischen *Code Civile* zu eigen macht, die ebenso für die vergleichbare spanische Regelung gälten.

[27] Vgl hierzu WOELLERT: in RabelsZ 39 (1975), S. 306. Zuzustimmen ist WICKE darin, daß Wohlstand für sich genommen kein Argument für die Zurechnung deliktischer Haftung sein kann. Vgl. Wicke, Respondeat Superior (2000), S. 311 f. Dies erscheint indes selbstverständlich und wird wohl auch von den Vertretern des sog. „*deep pocket principle*“ nicht verfochten.

Die Regreßregelung des Art. 1904 Cc. scheint es sogar nahezulegen, für den Sinn der Regelung des Art. 1903 Cc. nur auf Solvenzgesichtspunkte abzustellen. Denn im Wege des Innenausgleichs kann sich der Geschäftsherr an die Hilfsperson als unmittelbaren Schadensverursacher halten. Somit entscheidet sich der Gesetzgeber gerade nicht wertend für eine endgültige Haftung des Geschäftsherrn.

Traditionelle Haftungsgrundsätze werden gegenwärtig von moderneren Konzepten eingeholt, bzw. durch diese modifiziert. In das Blickfeld des modernen Betrachters rückt das Prinzip sozialer Schadensaufteilung. Danach ist zu fragen, wer die besten Möglichkeiten hat, die wirtschaftlichen Folgen eines Schadens umzulegen. Damit sind namentlich die Aspekte der Versicherbarkeit und der Umlegung dieser Schadensvorsorge sowie potentieller Schäden auf die Preispolitik und damit auf die Gesamtheit der Konsumenten angesprochen[28].

II. Aufbau und Systematik der spanischen Haftungsnorm, Art. 1903 Cc.

Die deliktische Haftung im spanischen Zivilrecht baut auf einer generalklauselartigen Norm auf. Art. 1902 Cc. bestimmt allgemein, daß derjenige der einen anderen durch Tun oder Unterlassen, vorsätzlich oder fahrlässig schädigt, zum Ersatz des verursachten Schadens verpflichtet ist. Systemtisch gleicht sich das spanische Recht damit an die Regelung des französischen *Code civil* an, das den Gesetzesabschnitt zu Delikten und Quasidelikten (*Des délits et des quasi-délits*) ebenfalls mit einer Generalklausel beginnt, Art. 1382 des französischen *Code civil.*

An die deliktische Generalklausel des Art. 1902 des spanischen *Código civil* schließt sich in Art. 1903 Cc. eine kasuistische Aufzählung von Konstellationen an, in denen über die Haftung für eigenes Fehlverhalten hinaus auch für das deliktische Verhalten Dritter eingestanden werden muß. Innerhalb des Art. 1903 Cc. stellt der spanische Gesetzgeber zunächst in Absatz 1 klar, daß eine Schadensersatzpflicht nicht nur aus eigenen Handlungen resultieren kann, sondern auch aus dem Tun und Unterlassen Dritter, für die man einzustehen hat. Auch insoweit wird den nachfolgenden Detailregelungen eine Generalklausel vorangestellt. In den Absätzen 2 bis 5 werden jeweils einzelne Gruppen von Verantwortungsträgern aufgelistet. Art. 1903 Cc. Abs. 2 nennt die Haftung der Eltern für ihre Kinder. Ferner haften die Sorgeberechtigten (*tutores*) für die Minderjährigen oder Betreuten (*incapacitados*), die unter ihrer Aufsicht (*autoridad*) stehen und mit ihnen gemeinsam leben, gemäß Absatz 3 der Vorschrift. Die Inhaber (*empresari-*

[28] ZELAYA ETCHEGARAY, Responsabilidad del empresario (1995), S. 624 f. Fn. 703, weist darauf hin, daß der Grundsatz „*cuius commoda, eius incommoda*“ heute nicht mehr die alleinige Rechtfertigung einer verschuldensunabhängigen Haftung des Geschäftsherrn darstellt. Kritisch zur Verknüpfung von Haftpflicht und Versicherbarkeit: ANGEL YÁGÜEZ, Tratado de responsabilidad civil (1993), S. 1030 ff.

os) und Direktoren (*directores*) eines Unternehmens haften gemäß Abs. 4 für ihre Mitarbeiter. Schließlich haften die Träger bestimmter Schuleinrichtungen für die von ihren minderjährigen Schülern verursachten Schäden gemäß Abs. 5 der Norm.

Auch insoweit hat der spanische Gesetzgeber sich an das französische Vorbild angelehnt. Art. 1384 Code civil weist im Grundsatz eine vergleichbare Struktur auf. Dennoch ahmt der spanische *Código civil* die französischen Regelungen nicht sklavisch nach. Der wohl bedeutsamste Unterschied ist, daß der spanische Gesetzgeber auf die Einführung einer sog. *Gardien*-Haftung nach französischem Vorbild verzichtet hat[29].

III. Einordnung des Art. 1903 Cc. als Anspruchsgrundlage

1. Bewertung des Art. 1903 Abs. 4 Cc.

Man kann daran zweifeln, ob in Art. 1903 Abs. 4 Cc.[30] eine eigenständige Anspruchgrundlage zur Gehilfenhaftung zu erblicken ist, obschon die Norm zumeist als solche angewandt wird. Es könnte sich bei Art. 1903 Abs. 4 iVm. Abs. 6 Cc. um eine bloße Beweislastregelung handeln, die ihre Bedeutung allein im Zusammenhang mit Art. 1902 Cc. entfaltet[31]. Hierfür könnte sprechen, daß Art. 1903 Abs. 1 Cc. auf die deliktische Grundnorm des Art. 1902 Cc. Bezug nimmt. Die Haftung des Geschäftsherrn setzt sowohl gemäß Art. 1903 Abs. 4 Cc. als auch gemäß Art. 1902 Cc. dessen Verschulden voraus. Es könnte Art. 1903 Abs. 4 Cc. somit an einem eigenständigen Regelungsbereich fehlen, was die Voraussetzung dafür wäre, die Norm als Anspruchsgrundlage zu qualifizieren.

Hiergegen spricht jedoch, daß das eigene Verschulden des Geschäftsherrn gemäß Art. 1902 Cc. im Regelfall nicht genügt, um eine Haftpflicht für das Verhalten Dritter zu begründen[32]. Der Geschäftsherr haftet nur, wenn darüber hinaus zusätzlich ein eigenes Verschulden der Hilfsperson vorliegt. SIERRA PÉREZ[33] weist zudem darauf hin, daß das Verschulden der Hilfsperson und des Geschäftsherrn verschiedenartig sind und unterschiedliche Rechtsfolgen haben. Das Verschulden

---

[29] Ausführlicher zur *Gardien*-Haftung und deren Bedeutung für das spanische Haftungssystem unten, S. 52.

[30] Die gleiche Frage stellt sich auch im Hinblick auf die Absätze 2, 3 und 5 des Art. 1903 Cc. Allerdings werden diese vorliegend ausgeklammert, da es sich nicht um Tatbestände einer Gehilfenhaftung handelt.

[31] In diesem Sinne ZELAYA ETCHEGARAY, Responsabilidad del empresario (1995), S. 155.

[32] Eine Ausnahme ergibt sich in den Fällen des Organisationsverschuldens. Hierzu unten, S. 86.

[33] SIERRA PÉREZ, Responsabilidad del empresario (1997), S. 126 und S. 138.

der Hilfsperson bestehe in einer *culpa in operando*[34], der Vorwurf gegen den Geschäftsherrn hingegen auf dessen *culpa in eligendo vel vigilando.* Dies untermauere die Eigenständigkeit des Art. 1903 Cc. Dem Verschulden des Geschäftsherrn und der Hilfsperson kämen insofern unterschiedliche Funktionen zu, als sich für die Hilfsperson als unmittelbaren Schadensverursacher eine Schadensersatzpflicht ergebe. Der Geschäftsherr werde hingegen in der Folge seines Verhaltens zum Garanten für die Haftung des Gehilfen[35]. Die eigenständige Bedeutung des Regelung aus Art. 1903 Cc. zeigt sich auch daran, daß bei der Haftung für Hilfspersonen ein Drei-Personen-Verhältnis zugrunde liegt. Hieraus ergeben sich unterschiedliche Haftungsbeziehungen der Beteiligten untereinander und damit in Zusammenhang stehende Regreßfragen[36].

Mithin kommt Art. 1903 Cc. zwar die Aufgabe einer spezifischen Verteilung der Beweislast zu. Hierin erschöpft sich die Regelung jedoch nicht. Denn die Norm weist einen eigenen Anwendungsbereich auf. Im Hinblick auf die Gehilfenhaftung, die sich auf ein Auswahl- oder Überwachungsverschulden des Geschäftsherrn stützt, stellt Art. 1903 Abs. 4 Cc. eine spezielle Regelung dar, deren Ergebnis nicht schon über die deliktische Grundnorm des Art. 1902 Cc. erreicht werden kann.

2. Bedeutung des Art. 1903 Abs. 1 Cc. im Lichte des französischen Rechts

Die aktuellen Entwicklungen in der französischen Rechtsprechung zur Gehilfenhaftung, namentlich im Hinblick auf Art. 1384 *Code civil,* könnten auch auf die Auslegung von Art. 1903 des spanischen *Código civil* ein neues Licht werfen[37]. Die Bedeutung des französischen Rechts für die vorliegende Fragestellung liegt in der vergleichbaren Normstruktur. Sowohl die französische als auch die spanische Haftungsnorm enthalten zunächst einen Einleitungssatz allgemeiner Art, woran sich konkrete Fallgruppen anschließen.

Art. 1903 Cc. bestimmt in Abs. 1, daß die Haftung des vorhergehenden Artikels sich nicht auf eigenes Tun oder Unterlassen beschränkt, sondern auch auf das Verhalten derjenigen Personen erstreckt, für die man einzustehen hat.

---

34 Zum Begriff der „*culpa in operando*", ZELAYA ETCHEGARAY, Responsabilidad del empresario (1995), S. 553 ff.

35 SIERRA PÉREZ, Responsabilidad del empresario (1997), S. 140.

36 Vgl. hierzu JORDANO FRAGA, Responsabilidad por auxiliares (1994), S. 20 ff.

37 Das im folgenden angesproche Urteil der *Cour de Cassation* kann auch für die Frage eines Verschuldenserfordernisses innerhalb des Art. 1903 Cc. fruchtbar gemacht werden. Vgl. hierzu unten, S. 52.

Für die Rechtslage in Frankreich ist davon auszugehen, daß dem vergleichbaren Einleitungssatz des Art. 1.384 *Code civil* zum Zeitpunkt seiner Entstehung allein eine klarstellende Funktion zukommen sollte[38].

Im Rahmen der Haftung aus Art. 1.384 *Code civil* hat die französische *Cour de Cassation*[39] 1991 erstmalig anerkannt, daß Absatz 1 der Norm im Hinblick auf die Haftung für Personen[40] nicht lediglich eine Einleitungsformel, sondern ein allgemeines Prinzip der Haftung für Dritte enthält[41]. Art. 1.384 Abs. 1 Cc. wurde damit der Charakter einer Anspruchsgrundlage zugesprochen. Der Entscheidung zugrunde lag ein Sachverhalt, der zwar nicht dem engen Begriff der Haftung für Hilfspersonen zuzuordnen ist, aber auf diese Fragestellung übertragen werden kann. Es stellte sich die Frage nach der Haftung eines Vereins zur Betreuung geistig Behinderter, nach deren Erziehungskonzept den Behinderten vollständige Bewegungsfreiheit zugestanden wurde. Ein unbeaufsichtigter Behinderter hatte dabei einen Wald in Brand gesteckt.

Damit drängt sich die Frage auf, ob auch dem Art. 1903 Abs. 1 Cc. der Charakter einer Anspruchsgrundlage zugesprochen werden kann[42]. Dagegen spricht, daß Art. 1903 Abs. 1 Cc. keine eigenständigen Voraussetzungen für die Haftung enthält. Etwa die Existenz eines Abhängigkeitsverhältnisses, das nach ganz überwiegender Ansicht für die deliktische Gehilfenhaftung nach Art. 1903 Abs. 4 *Código civil* unabdingbar ist[43], läßt sich Art. 1903 Abs. 1 Cc. allein nicht entnehmen. Es würde aber nicht einleuchten, etwa ein Abhängigkeitsverhältnis in der speziellen Konstellation des Abs. 4 zu fordern und in allen anderen Fällen für entbehrlich zu halten. Dies käme einer Haftungsprivilegierung der in den Absätzen 2-5 aufgeführten Haftungssubjekte gleich, die dem Willen des Gesetzgebers sicher nicht entspricht.

---

38 HÜBNER, *Gardien*-Haftung (1972), S. 4 f.; V. Bar, Gemeineuropäisches Deliktsrecht (1996), Bd. 1, Rn 107.

39 Cass.ass.plén. 29.3.1991, D. 1991 Jur. 324. Vgl. hierzu V. BAR, Gemeineuropäisches Deliktsrecht (1996), Bd. 1, Rdn. 115; zur Entwicklung der französischen Rechtsprechung vgl. außerdem FERRAND, in: ZEuP 1993, 132 ff.

40 Bezüglich der Haftung für Sachen (*choses que l'on a sous sa garde*) hat die französische Rechtsprechung Art. 1384 Abs. 1 *Code civil* schon viel früher als eigenständige Anspruchsgrundlage anerkannt. Vgl. hierzu unten, S. 51.

41 Vgl. FERRAND, in: ZEuP 1993, 132 (138).

42 In diese Richtung weist etwa STS (sala 1) 24.11.1980 (RJ 4211). Vgl. hierzu auch V. BAR, Gemeineuropäisches Deliktsrecht (1996), Bd. 1, Rz. 117.

43 Anderer Auffassung MIQUEL, in: ADC 1983, 1501 (1505 ff.); vgl. hierzu ausführlicher unten S. 25.

MIQUEL[44] wendet ein, man könne das Abhängigkeitsverhältnis als lediglich eine von mehreren möglichen Grundlagen einer Schadensabwendungspflicht werten. Hierfür spreche der Wortlaut des Art. 1903 Abs. 1 Cc., der sich lediglich auf „Personen, für die man einzustehen hat" (*aquellas personas de quienes se debe responder*) bezieht. Woraus diese Einstandspflicht sich ergibt, sei Art. 1903 Abs. 1 Cc. nicht zu entnehmen. Vielmehr zählten die nachfolgenden Absätze 2 -5 mögliche Gründe für eine Einstandspflicht auf, die als lediglich exemplarisch gewertet werden müßten.

An der Auffassung von MIQUEL bestehen Zweifel. Die in Art 1903 Cc. aufgeführten Fälle sind zu spezifisch und ausdifferenziert, um sie als lediglich exemplarisch abzutun. Dahinter steht vielmehr eine Wertung des Gesetzgebers und eine Abwägung unter dem Kriterium der Schutzwürdigkeit. Somit erscheint es überzeugender, Art. 1903 Abs. 1 Cc. in seiner allgemeinen und einleitenden Art als bloßen Programmsatz zu verstehen. Es ginge zu weit, Art. 1903 Abs. 1 Cc. als Positivierung eines allgemeinen Rechtsgrundsatzes oder gar als eigenständige Anspruchsgrundlage zu werten. Die Vorschrift ist so allgemein gehalten, daß sie weder als Anspruchsgrundlage noch als Positivierung eines allgemeinen Rechtssatzes gewertet werden kann.

IV. Voraussetzungen des Art. 1903 Cc.

Im Unterschied zu der abstrakt gehaltenenen Regelung des § 831 BGB, weist Art. 1903 Cc. eine kasuistische Natur auf. Unmittelbar aus dem Wortlaut ergeben sich folgende Voraussetzungen[45]. Erstens nennt das Gesetz konkrete Personengruppen, die grundsätzlich für das Verhalten Dritter einstehen müssen. Diese werden im folgenden allgemein als „Haftungssubjekte" bezeichnet. Zum zweiten muß gegenüber dem einzelnen Haftungssubjekt ein Vorsatz oder Fahrlässigkeitsvorwuf zu erheben sein (*culpa o negligencia*). Dies ergibt sich daraus, daß innerhalb der Norm auf Art. 1902 Cc. verwiesen wird[46]. Der Verschuldensvorwurf bezieht sich, soweit die Haftung für Hilfspersonen in Rede steht, allgemein auf die Aufgaben der Auswahl, Überwachung oder Anleitung derselben[47]. Dieses Verschulden der aufgezählten Haftungssubjekte wird zudem widerleglich vermutet, vgl. Art. 1903 Abs. 6 *Código civil*[48].

---

44 In diesem Sinne MIQUEL, in: ADC 1983, 1501 (1505 ff.).

45 Vgl. hierzu ANGEL YÁGÜEZ, in: Paz-Arez u.a., Com. del Cc. (1993), zu Art. 1903, S. 2005.

46 Dies wird wegen des eindeutigen Gesetzwortlauts nur sehr vereinzelt bestritten. Vgl. ausführlich hierzu unten, S. 50 ff.

47 ANGEL YÁGÜEZ, in: Paz-Arez u.a., Com. del Cc. (1993), zu Art. 1903, S. 2005.

48 ANGEL YÁGÜEZ, in: Paz-Arez u.a., Com. del Cc. (1993), zu Art. 1903, S. 2005.

Weitere Voraussetzungen der Haftung lassen sich nicht ohne weiteres aus dem Wortlaut ableiten, sondern erfordern dogmatischen und argumentativen Aufwand. Im einzelnen sind die Voraussetzungen der Haftung und die Reichweite der einzelnen Merkmale umstritten. Der Wortlaut der Norm ist zwischenzeitlich, insbesondere durch die Rechtsprechung des *Tribunal Supremo*, in den Hintergrund getreten. Das Verständnis der Norm ist geprägt von den unterschiedlichen Standpunkten und Auseinandersetzungen über die einzelnen Tatbestandsvoraussetzungen in Rechtsprechung und Lehre.

1. Subjekte der Haftung in Art. 1903 Cc.

Von den in Art. 1903 Cc. aufgezählten Haftungssubjekten ist für die vorliegende Fragestellung im wesentlichen die in Abs. 4 normierte Unternehmerhaftung von Bedeutung, da nur insoweit terminologisch von einer Haftung für Hilfspersonen die Rede sein kann[49]. Haftungssubjekte sind nach dem Wortlaut der Norm Inhaber und Direktoren[50] von *Einrichtungen* oder Unternehmen (*dueños o directores de un establecimiento o empresa*).

a) Allgemeines

Bezüglich der in Art. 1903 Cc. aufgeführten Haftungssubjekte ist von einem weiten Begriffsverständnis auszugehen.

So ist der Begriff des *dueño de empresa* im Hinblick auf dessen Unternehmen nicht eigentumsrechtlich gemeint. Unter den Begriff fallen vielmehr alle Unternehmer, unabhängig von der sachenrechtlichen Beziehung, welche sie zu ihren Produktionsmitteln aufweisen. Insoweit umfaßt der Begriff des *dueño* sowohl Eigentümer als auch Mieter, Nießbraucher, etc.[51]. Im folgenden sollen die Haftungssubjekte des Art. 1903 Abs. 4 Cc. (*dueños* und *directores*) deshalb als „Unternehmer" bezeichnet werden, um der Weite des Tatbestandes nach der Intention des Gesetzes gerecht zu werden. URÍA definiert den Begriff des Unternehmers (*empresario*) als „natürliche oder juristische Person, welche allein oder vermittels ihrer Hilfspersonen (*delegados*) im eigenen Namen eine grundlegende Aktivität des Unternehmens (*actividad constitutiva de empresa*) ausübt und entwickelt,

---

[49] Vgl. bereits oben, S. 3; in diesem Sinne auch ENNECERUS/ LEHMANN, Derecho de Obligaciones (1966), Bd. 2/ 2, S. 1121 f. Eine gewissen Bedeutung kommt auch der Haftung der Träger von Lehranstalten gemäß Art. 1903 Abs. 5 Cc. zu. Hierzu noch ausführlich, S. 98.

[50] Es sei im folgenden der Begriff „Direktor" verwandt um den spanischen Gesetzeswortlaut möglichst exakt zu übermitteln und durch die Verwendung dieses in der deutschen Rechtsterminologie nicht gebräuchlichen Ausdrucks, keine Wertungen vorwegzunehmen.

[51] ASÚA GONZÁLEZ, in: Puig I Ferriol u.a. (1996), Derecho Civil, Bd. 2, S. 484.

wobei sie Träger von Rechten und Pflichten wird, die sich aus dieser Aktivität ergeben"[52].

Auch beschränkt sich die Regelung, trotz des insoweit mißverständlichen Wortlauts, nicht auf den Bereich von Handel und Wirtschaft. Zu den Haftungssubjekten des Art. 1903 Cc. zählt auch die Öffentliche Verwaltung.[53]

Außer der Haftung der Unternehmer im weitesten Sinne (*dueños*) erwähnt Art. 1903 Cc. auch die Haftung der Direktoren (*directores*)[54]. Allein aus dem Begriff folgt, daß somit nur Personen mit gewissen Führungsaufgaben innerhalb eines Unternehmens von der Haftung erfaßt sein sollen.

Hinsichtlich des Verhältnisses der Haftung von Inhabern und Direktoren sei auf eine Entscheidung hingewiesen, in welcher sich das *Tribunal Supremo* mit der Haftung eines Hoteldirektors für die einem Gast entstandenen Körperschäden auseinandersetzt[55]. In dem zu entscheidenden Fall, hatte sich ein junges Mädchen erhebliche Verletzungen zugeogen, als es in dem Hotel eine Glastüre übersah und in diese hineinlief. Die Glastüre war nicht hinreichend gekennzeichnet worden und barg daher ein erhöhtes Verletzungsrisiko. Zwar nimmt das Gericht in der angesprochenen Entscheidung nicht unmittelbar zur Auslegung des Art. 1903 Cc. Stellung, weil sich die Haftung des Hoteldirektors nach der vom Senat für richtig erachteten Auffassung der Vorinstanz schon unmittelbar aus Art. 1902 Cc. ergab. Dennoch sind die Einlassungen des Revisionsklägers (Hoteldirektor) von Interesse. Hier wird darauf hingewiesen, daß der Gesetzeswortlaut von einer Haftung der „Inhaber oder Direktoren" (*dueños o directores*) spricht. Das Gesetz sieht also keine kumulative, sondern eine alternative Haftung von Inhaber und Direktor vor[56]. Zwar waren die Ausführungen des Revisionsklägers für die konkrete Entscheidung unerheblich. Dennoch weist der Revisionskläger grundsätzlich zu Recht darauf hin, daß der Direktor (*director*) dann nicht haftet, wenn der Unternehmer (*dueño*) zur Haftung herangezogen wurde. Vorliegend hatte die Vorin-

---

[52] URÍA, Derecho Mercantil (1999), S. 33.

[53] ASÚA GONZÁLEZ, in: Puig I Ferriol u.a. (1996), Derecho Civil, Bd. 2, S. 484; BARCELO DOMENECH, Responsabilidad del empresario (1995), S. 205.

[54] Eine dem deutschen Rechtsverständnis möglicherweise gewohntere Übersetzung könnte leicht zu Mißverständnissen führen. Im folgenden sei deshalb in Anlehnung an den Gesetzeswortlaut von „Direktor" im Sinne einer leitenden Führungskraft die Rede.

[55] STS (sala 1) 4.11.1991 (RJ 8141).

[56] Dagegen STS (sala 1) 22.4.1992 (RJ 3317) worin das Gericht für den Fall der Haftung eines Direktors einer Tageszeitung im Verhältnis zum Inhaber derselben von einer „alternativen oder kumulativen" Verurteilungsmöglichkeit spricht („*Art. 1903 Cc. permite que se demande y se condene electiva o cuvmulativamente tanto al director ... como a la empresa proietaria...*").

stanz auch bereits die Betreibergesellschaft des Hotels als *dueño* im Sinne des Art. 1903 Abs. 4 Cc. zur Haftung verurteilt.

Hiervon unberührt, zudem in der Sache unproblematisch, bleiben die Fälle, in denen sich die Funktionen des Unternehmers (*dueño*) und des Direktors in einer einzigen Person vereinigen[57].

b) Abgrenzung von Direktoren (*directores*) zu sonstigen Mitarbeitern (*empleados*)

Schwierig gestaltet sich indes die Abgrenzung der Direktoren (*directores*) zu den gewöhnlichen Mitarbeitern (*dependientes*). Es stellt sich das Problem, daß Mitarbeiter in gehobener Stellung sowohl unter den Begriff des *dependiente* als auch unter den des *director* fallen könnten[58]. Daraus ergeben sich verschiedene Fragestellungen. Zum einen ist fraglich, nach welchen Kriterien die genannten Personengruppen abzugrenzen sind. Ferner ist zu bedenken, ob eine Zwitterstellung[59] im Unternehmen möglich und zulässig ist, so daß ein Mitarbeiter zugleich beiden Personengruppen zuzurechnen wäre.

Eine solche Zwitterstellung, in der eine Person zugleich die Voraussetzung von *dependiente* und *director* erfüllt, läßt sich indes mit dem Normwortlaut nicht in Einklang bringen. Art. 1903 Abs. 4 Cc. spricht von der Haftung der „Direktoren für ihre Mitarbeiter" („*directores...por sus dependientes*"), geht also von verschiedenen Rechtssubjekten aus, die in Beziehung zueinander gesetzt werden. Es ist schon sinnlogisch ausgeschlossen, daß jemand sein eigener Mitarbeiter sein kann um dann für sich zu haften. Folglich stehen die Begriffe des Mitarbeiters und des Direktors in einem Ausschließlichkeitsverhältnis zueinander. Niemand kann zugleich *dependiente* und *director* im Sinne des Art. 1903 Abs. 4 Cc. sein.

Hieran schließt sich die Frage an, wie und nach welchen Kriterien die Gruppen differenziert werden können. Ein Hinweis auf die Reichweite des Begriffs „Direktor" könnte sich aus den Regelungen des spanischen Arbeitsgesetzbuchs (*Estatuto de los Trabajadores*=ET) über die Führungskräfte (*altos cargos)* ergeben. Noch im Rahmen der gesetzlichen Vorgängerregelung, dem spanischen Arbeitsvertragsgesetz (*Ley de Contrato de Trabajo*), waren die *altos cargos* aus dem Anwendungsbereich des Gesetzes ausgegrenzt (vgl. Art. 7 *Ley de Contrato*

[57] Vgl. BARCELO DOMENECH, Responsabilidad del empresario (1995), S. 198.

[58] Vgl. ASÚA GONZÁLEZ, in: Puig I Ferriol u.a. (1996), Derecho Civil, Bd. 2, S. 484; BARCELO DOMENECH, Responsabilidad del empresario (1995), S. 198.

[59] Zum Zwitterbegriff als Modell für die juristische Einordnung von Tatbeständen, vgl. HANAU, in: Festschrift Müller (1981), S. 169 (179 f.) sowie WACKE, in: Festschrift Rebmann (1989), S. 861 (901 f.).

de Trabajo). Hingegen schließt der *Estatuto de los Trabajadores* von 1980 Führungskräfte (*personal de alta dirección*) ausdrücklich ein. Der unterschiedlichen Benennung als „*altos cargos*" einerseits bzw. „*personal de alta dirección*" andererseits ist keine inhaltliche Bedeutung beizumessen. Art. 2 ET iVm. mit der konkretisierenden Verordnung RD 1.382/1985[60] definiert die *altos cargos* sinngemäß als Arbeitnehmer (*trabajadores*) mit Entscheidungsfreiheit und voller Verantwortung, die nur den Vorgaben und unmittelbaren Anweisungen der Unternehmensführung, etwa des Vorstandes, unterstehen.[61] Es handelt sich bei den *altos cargos* damit zwar um Arbeitnehmer, aber um solche mit einem Sonderstatus, auf die auch die arbeitsrechtlichen Normen des ET nur bei ausdrücklicher Verweisung in der zuvor erwähnten Verordnung oder im Arbeitsvertrag anwendbar sind[62]. Folglich sind die *altos cargos* nicht als *dependientes* im Sinne des Art. 1903 Cc., sondern als *directores* einzustufen. Dies ergibt sich, um es noch einmal zu unterstreichen, insbesondere aus der vollen Verantwortlichkeit (*plena responsabilidad*) und weitgehenden Weisungsfreiheit (*autonomía*), die dem *dependiente* iS. des Art. 1903 Cc. typischerweise fehlen.

Es liegt somit nahe, die Gruppe der *altos cargos* nach dem *Estatuto de los Trabajadores* als Direktoren iS. des Art. 1903 Cc. anzusehen. Welche Positionen innerhalb eines Unternehmens von der genannte Gruppe umfaßt sind, ist weitgehend unbestritten. Der Personenkreis der *altos cargos* beschränkt sich auf die Spitze der Unternehmensführung, beispielsweise Geschäftsführer (*gerente*), leitendes oder geschäftsführendes Vorstandsmitglied (*consejero-delegado*), Generaldirektor (*director general*), Verwaltungschef (*administrador general*)[63]. Hingegen fallen die Ebenen des sog. mittleren Managements heraus, als Beispiel seien genannt die Handlungsbevollmächtigten (*apoderados*), Verwaltungsleiter (*director administrativo*), kaufmännischer Leiter (*director comercial*), etc. Bei der

---

60 Die Verordnung ist in Kraft seit dem 1.1.1986 und regelt die Sonderverhältnisse der *altos cargos* aufgrund eines Regelungsauftrags des Gesetzgebers zunächst im ET von 1980 und anschließend, nachdem dieser nicht fristgerecht erfüllt worden war, aufgrund des Gesetzes 32/1984 vom 4.8.1984, das eine neue Frist von zwölf Monaten zum Erlaß der in Rede stehenden Verordnung bestimmte. Vgl. ANTRÁS BADÍA, in: RJC 1986, 127 (128).

61 Vgl. zum Ganzen ANTRÁS BADÍA, in: RJC 1986, 127 (128).

62 ANTRÁS BADÍA, in: RJC 1986, 127 (129). Bemerkenswert ist jedoch, daß den *altos cargos* das Streikrecht gewährleistet ist. Vgl. ANTRÁS BADÍA, aaO., S. 148. Obschon dies gerade ein typisches Arbeitnehmerrecht ist, kann hierin aber kein Indiz dafür gesehen werden, die *altos cargos* in die Gruppe der *dependientes* mit einzubeziehen. Vielmehr ist die Gewährung des Streikrechts schlicht ein Fremdkörper im Rahmen der rechtlichen Ausgestaltung der *altos cargos*. In diesem Sinne auch ANTRÁS BADÍA, aaO. Hingegen kann sich die Gruppe der altos cargos nicht gewerkschaftlich betätigen, Art. 16 RD 1.382/1985.

63 Vgl. ANTRÁS BADÍA, in: RJC 1986, 127 (128).

letztgenannten Gruppe handelt es sich um Arbeitnehmer im engeren Sinne[64]. Mithin sind sie auch im Rahmen des Art. 1903 Cc. als *dependientes*, nicht etwa als *directores* anzusehen.

Die Ausklammerung des mittleren Managements aus der Gruppe der Direktoren erscheint andererseits bedenklich. Nach den bisherigen Ausführungen kann diese Gruppe nicht unter die sog. *altos cargos* gefaßt werden, vielmehr handelt es sich um gewöhnliche Mitarbeiter i.S. des Art. 1903 Abs. 4 Cc. (*empleados*). Hierbei bleibt jedoch unberücksichtigt, daß auch auf der Ebene des mittleren Managements bedeutende Entscheidungsbefugnisse liegen und die Unternehmer Verantwortung in nicht unerheblichem Maße auf diese Gruppe übertragen. Damit ist dem Unternehmer einerseits die Möglichkeit gegeben, sich auch hinsichtlich von ihm eingesetzter Verantwortungsträger im Wege der Exkulpation der Haftung zu entziehen. Der Geschädigte kann sich andererseits nicht mittels des Art. 1903 Cc. an den unmittelbaren Schädiger halten, da dieser nicht als Direktor im Sinne der Norm anzusehen ist.

Die beschriebenen Nachteile wirken sich jedoch *in praxi* weit weniger schwer aus. Denn zum einen gelingt die Exkulpation nach der gegenwärtigen Rechtsprechung des *Tribunal Supremo* praktisch nie. Zum anderen kann sowohl gegen Direktoren als auch gegen sonstige leitende Mitarbeiter ein deliktischer Anspruch auch unmittelbar auf Art. 1902 Cc. gestützt werden[65].

c) Ausdehnung auf nicht in Art. 1903 Cc. genannte Haftungssubjekte

Fraglich ist, ob durch eine analoge Anwendung des Art. 1903 Cc. eine Ausweitung der Haftung auch auf andere Personengruppen möglich ist. Diese Auseinandersetzung innerhalb der spanischen Rechtswissenschaft wird als klassisch bezeichnet[66]. Hinter der Diskussion um eine Haftungsausdehnung in diesem Sinne steht letztlich das weit verbreitete Bestreben, dem Geschädigten möglichst umfassenden Schutz angedeihen zu lassen, was auch in den Entwicklungen der Rechtsprechung Ausdruck findet[67].

Hier ist zunächst zu differenzieren. Wie zuvor gesehen, handelt es sich bei Art. 1903 Cc. auch um eine Beweislastregel[68]. Genau betrachtet geht es also um die Frage, ob die Umkehr der Beweislast sich auch auf andere als die genannten Sub-

---

64 ANTRÁS BADÍA, in: RJC 1986, 127 (129).

65 STS (sala 1) 4.11.1991 (RJ 8141).

66 SIERRA PÉREZ, Responsabilidad del empresario (1997), S. 104.

67 SIERRA PÉREZ, Responsabilidad del empresario (1997), S. 104 f.

68 Siehe oben, S. 8.

jekte bezieht[69]. *De facto* entscheidet allerdings die Verteilung der Beweislast zumeist auch über die Haftung. Denn die Rechtsprechung des *Tribunal Supremo* hat die Anforderungen an den Entlastungsbeweis so weit gesteigert, daß es praktisch keine aktuellen Beispiele für erfolgreiche Exkulpationen mehr gibt[70]. Soweit im folgenden in Rede steht, ob der enumerative Tatbestand des Art. 1903 Cc. als abgeschlossen oder offen, d.h. exemplarisch zu werten ist, bezieht sich dies auch wesentlich auf den Aspekt der Beweislast. Gelingt es dem Geschädigten, das Verschulden des Unternehmers positiv zu beweisen, kann dieser in die Haftung genommen werden, ohne daß es auf die Aufzählung des Art. 1903 Cc. ankäme. Hierzu genügt, wie bereits gesehen, der Grundtatbestand des Art. 1902 Cc. Insoweit ist die Vorschrift des Art. 1903 Cc. also keineswegs als Negativkatalog im Hinblick auf die Haftung für das Verhalten Dritter zu werten in dem Sinne, daß außerhalb der genannten Personengruppen eine Haftung für Dritte grundsätzlich ausgeschlossen wäre.

Die ganz überwiegende Auffassung lehnt eine Ausdehnung des Art. 1903 Cc. auf andere als die dort genannten Personengruppen ab[71]. Begründet wird dies unter anderem mit der sehr konkreten und genauen Aufzählung der Haftungssubjekte innerhalb der Norm. Dies lasse darauf schließen, daß grundsätzlich keine Analogie möglich sei[72].

Nach Auffassung von SIERRA PÉREZ soll zu berücksichtigen sein, daß auch bei Anerkennung eines *numerus clausus* der in Art. 1903 Cc. aufgeführten Fallgruppen, jedenfalls die Begriffe des *empresario* bzw. *dependiente* höchst unpräzise und daher einer weiten Auslegung zugänglich sind[73]. SIERRA PÉREZ sieht die Grenzen der Auslegung dort, wo die Existenz eines *empresario* oder *dependiente* im Sinne eines hierarchischen Verhältnisses nicht mehr auszumachen sei. Es sei allerdings kein Unternehmen (*empresa*) nach strengem juristischen oder wirtschaftlichen Begriffsverständnis zu fordern. Vielmehr komme es darauf an, daß zwischen mindestens zwei Personen ein Abhängigkeitsverhältnis im Sinne einer

---

69 Vgl. ZELAYA ETCHEGARAY, Responsabilidad del empresario (1995), S. 155, Fn. 213.

70 ZELAYA ETCHEGARAY, Responsabilidad del empresario (1995), S. 186.

71 SIERRA PÉREZ, Responsabilidad del empresario (1997), S. 106; ANGEL YÁGÜEZ, in: Paz-Ares u.a., Com. del Cc. (1993), zu Art. 1903, S. 2006; derselbe, Tratado de responsabilidad civil (1993), S. 329; PUIG BRUTAU, Fundamentos (1983), Bd. 2/ 3, S. 106; PUIG PEÑA, Derecho Civil (1966), Bd. 3/ 2, S. 1177; CASTÁN TOBEÑAS, Derecho Civil (1988), Bd. 4, S. 962.

72 LACRUZ BERDEJO u.a., Elementos II (1999), Bd. 2, S. 523.

73 SIERRA PÉREZ, Responsabilidad del empresario (1997), S. 107; eine weite Auslegung verteidigt auch BARCELO DOMENECH, Responsabilidad del empresario (1995), S. 203 ff., der sich *de lege ferenda* dafür ausspricht, den Wortlaut allgemeiner zu fassen.

hierarchischen Beziehung bestehe. Dies sei bei Unternehmen im engeren Sinne zwar regelmäßig der Fall, komme aber auch in anderen Bereichen vor[74].

Ähnlich äußert sich eine noch weiter reichendere Auffassung[75], die in der spanischen Rechtswissenschaft zunehmend an Bedeutung gewinnt[76]. Diese Ansicht geht über das zuvor dargelegte Verständnis insoweit hinaus, als angenommen wird, der Kasuistik des Art. 1903 Cc. liege ein allgemeines Haftungsprinzip zugrunde. Charakteristisch für die Haftung aus Art. 1903 Cc. sei, daß in den genannten Fallgruppen ein hierarchisches Verhältnis bzw. ein Unterordnungsverhältnis vorliege, das es erlaube, Handlungsanweisungen und -anleitungen zu geben. Unter der Voraussetzung, daß diese Hierarchien und Weisungsgebundenheiten vorlägen, könne eine Haftung auch außerhalb der in Art. 1903 Cc. ausdrücklich aufgeführten Fälle in Betracht kommen[77]. DÍEZ-PICAZO/ GULLÓN[78] nennen als Beispiel die Haftung des Hausherrn (*amo*) für seine Hausangestellte (*criada*) sowie die Haftung eines Unternehmens für ein anderes Unternehmen, wenn diesem Aufgaben übertragen worden seien, wobei sich der Auftraggeber Einflußnahme (*injerencia*) oder Überwachung (*vigilancia*) vorbehalten habe.

MIQUEL[79] geht ebenfalls von der Existenz eines allgemeinen Haftungsprinzips aus, begründet seine Auffassung jedoch in abweichender Weise. MIQUEL sieht das Abhängigkeitsverhältnis nur als eine von zahlreichen denkbaren Rechtfertigungen einer Haftung für Dritte. Es handele sich lediglich um die konkrete Erscheinungsform einer allgemeineren Schadensabwendungspflicht[80]. Schadensabwendungspflichten könnten sich jedoch auch aus anderen Umständen ergeben.

Die Rechtsprechung weist hier, wie auch andernorts, keine einheitliche Linie auf. Einzelne Urteile liegen jedenfalls im Einklang mit der zuvor dargelegten Argumentationslinie. So stellt das *Tribunal Supremo* in unterschiedlichen Entscheidungen ausdrücklich fest, daß Art. 1903 Cc. auch andere Fälle als diejenigen er-

---

74 SIERRA PÉREZ, Responsabilidad del empresario (1997), S. 112 f.

75 MIQUEL, in: ADC 1983, 1501 ff.; DÍEZ-PICAZO/ GULLÓN, Sistema (1999), Bd. 2, S. 557; SANTOS BRIZ, Responsabilidad civil (1993), Bd. 1, S. 481 ff.

76 Vgl. SIERRA PÉREZ, Responsabilidad del empresario (1997), S. 113.

77 Vgl. SIERRA PÉREZ, Responsabilidad del empresario (1997), S. 112 f., die bei Zugrundelegung einer weiten Auslegung der Begriffe des Art. 1904 Abs. 4 Cc. das Abstellen auf ein hierarchisches Verhältnis als von der Norm gedeckt ansieht.

78 DÍEZ-PICAZO/ GULLÓN, Sistema (1999), Bd. 2, S. 557.

79 MIQUEL, in: ADC 1983, 1501 (1505 f.).

80 Auch nach SIERRA PÉREZ, Responsabilidad del empresario (1997), S. 210, sind die Schadensabwendungspflichten des Unternehmers vom allgemeinen Grundsatz des *alterum non laedere* abzugrenzen.

faßt, die in den Abs. 2 ff. exemplarisch aufgeführt sind[81]. Als besonders bemerkenswertes Urteil sei die Entscheidung des *Tribunal Supremo* vom 23.2.1976 genannt[82]. Hierbei ging es um die Haftung einer Fahrzeughalterin für die Folgen eines Verkehrsunfalls, welchen ihr Verlobter mit ihrem KFZ verursacht hatte. Das Gericht ging davon aus, daß zwischen den genannten Personen ein Abhängigkeitsverhältnis bestanden habe, welches inhaltlich den in Art. 1903 Cc. aufgeführten Fällen gleichkomme. Vom Wortlaut der Norm ist die genannte Fallkonstelation jedenfalls nicht umfaßt[83]. Darüber hinaus erscheint auch höchst zweifelhaft, ob zumindest das Minimalerfordernis eines Abhängigkeitsverhältnisses gegeben ist. Dies muß bei einer bloßen Verlobtenbeziehung und einer Kfz-Überlassung als Gefälligkeitsverhältnis verneint werden[84]. Die Entscheidung ist mithin im Verhältnis zur übrigen höchstrichterlichen Rechtsprechung als systemfremd und rein ergebnisorientiert zu werten.

Obschon der Wortlaut des Art. 1903 Cc. zu Recht weit gedeutet wird, darf der Wille des Gesetzgebers, der in einer Aufzählung konkreter Haftungskonstellationen zum Ausdruck kommt, nicht außer acht gelassen werden. Es genügt nicht, jedes hierarchische Verhältnis in den Haftungstatbestand einzubeziehen, vielmehr muß der fragliche Lebenssachverhalt eine hinreichende Nähe zu einem der aufgeführten Fälle aufweisen. Etwas anderes dürfte nur dann angenommen werden, wenn der Gesetzgeber die genannten Fälle ausdrücklich als Regelbeispiele gekennzeichnet hätte. Da dies nicht der Fall ist, kann nur von einer wertenden Entscheidung des Gesetzgebers ausgegangen werden, nach der ein bloßes Hierachieverhältnis irgendeiner Prägung der Haftung nicht genügt.

d) Haftung juristischer Personen

Es besteht grundsätzlich Einigkeit, daß juristische Personen auch im außervertraglichen Bereich haften können[85]. Der Wortlaut des Art. 1903 Abs. 4 Cc. nennt die Haftung der Inhaber und Direktoren. Dabei muß davon ausgegangen werden, daß es sich bei den letztgenannten um Führungspersonen in einem Unternehmen handelt, mithin regelmäßig um natürliche Personen. Folglich ist für die Frage nach

---

81 Vgl. SIERRA PÉREZ, Responsabilidad del empresario (1997), S. 123 (mitte) unter Hinweis auf STS (sala 1) 23.2.1976. Vgl. ferner STS (sala 1) 24.11.1980 (RJ 4211).

82 (RJ 880). Vgl. zu diesem Fall ausführlicher unten, S. 36.

83 Vgl. hierzu SIERRA PÉREZ, Responsabilidad del empresario (1997), S. 117, Fn. 72 mit weiteren Beispielen.

84 Ebenso SIERRA PÉREZ, Responsabilidad del empresario (1997), S. 123 f.

85 Vgl. DÍEZ-PICAZO/ GULLÓN, Sistema (1999), Bd. 2, S. 544 f.; ZELAYA ETCHEGARAY, Responsabilidad del empresario (1995), S. 240 und S. 248; SANTOS BRIZ, in: RDP 1995, 315 (316).

einer Haftung juristischer Personen auf den gesetzlichen Begriff der Inhaber (*dueños*) abzustellen.

Hierzu erscheint es auch nicht notwendig, mit SANTOS BRIZ[86] den Begriff des *dueño* erst im Wege der Analogie auf juristische Personen zu erweitern. Denn juristische Personen können unstreitig Träger von Rechten und Pflichten sein[87], dies ergibt sich bereits aus dem Wortlaut des Art. 38 Abs. 1 Cc. Damit können diese auch Inhaber (*dueños*) eines Unternehmens sein und in dieser Funktion haften, ohne daß es einer künstlichen Ausdehnung des Begriffs bedürfte.

Die dogmatischen Grundlagen einer Haftung der juristischen Person selbst sind indes umstritten. Im wesentlichen lassen sich hinsichtlich der Haftung juristischer Personen in Spanien zwei extreme Grundpositionen unterscheiden, die im einzelnen zahlreiche Unterdifferenzierungen erfahren haben. Nach der sog. „*doctrina de la realidad*" stehen juristische Personen den natürlichen Personen gleich. Sie sind insbesondere fähig, einen eigenen Willen zu bilden, und können selbst schuldhaft handeln[88]. Im Gegensatz hierzu steht die sog. „*doctrina de la ficción*", die im wesentlichen auf dem Gedanken der Zurechnung beruht[89].

Für den Bereich der deliktischen Gehilfenhaftung führt dies zu folgender Konsequenz. Nach der erstgenannten Theorie können juristische Personen, den natürlichen Personen wesensgleich, ohne weiteres schuldhaft deliktisch handeln. Dies ist nach der letztgenannten Auffassung ausgeschlossen. Denn nach der *doctrina de la ficción* setzt jede Haftung die Zurechnung einer Handlung voraus. Dies geschieht unter Rückgriff auf die Regeln des Stellvertretungsrechts. Eine Vollmacht erstreckt sich aber regelmäßig nur auf rechtmäßige Handlungen. Unter Zugrundelegung des Stellvertretungsrechts dürfen also die Organe und sonstige Dritte, die für die juristische Person auftreten, keine unerlaubten Handlungen vornehmen, andernfalls ist der Bereich zulässiger Stellvertretung überschritten. Folglich scheidet eine Haftung juristischer Personen für unerlaubte Handlungen nach der sog. „*doctrina de la ficción*" grundsätzlich aus.

---

86 SANTOS BRIZ, Responsabilidad civil (1993), Bd. 1, S. 481.

87 DE CASTRO Y BRAVO, Persona jurídica (1981), S. 272.

88 Diese Auffassung geht zurück auf OTTO VON GIERKE. Vgl. DE CASTRO Y BRAVO, Persona jurídica (1981), S. 263 f.; ZELAYA ETCHEGARAY, Responsabilidad del empresario (1995), S. 239 f.

89 Wesentlich geprägt wurde diese Auffassung von SAVIGNY. Vgl. DE CASTRO Y BRAVO, Persona jurídica (1981), S. 263; ZELAYA ETCHEGARAY, Responsabilidad del empresario (1995), S. 239. Vgl. zu den Theorien im einzelnen ZELAYA ETCHEGARAY, Responsabilidad del empresario (1995), S. 238 ff.

Diese Auseinandersetzungen sind jedoch heute von geringer praktischer Relevanz[90], insoweit braucht dies vorliegend nicht vertieft zu werden[91]. Die Rechtsprechung favorisiert einen Zurechnungsgedanken, der zwar auf die Handlung einer natürlichen Person abstellt, die Vermögenshaftung der juristischen Person aber nicht berührt[92]. Für die Haftung der juristischen Person sei es auch nicht erforderlich, eine natürliche Person als unmittelbaren Schadensverursacher mitzuverklagen. Die Klage könne vielmehr unmittelbar und allein gegen die juristische Person gerichtet sein[93].

Bedeutender ist die Frage, welche Normen für die Haftung der juristischen Person bezüglich der Schädigungen Dritter zugrunde zu legen sind.

Unstreitig ist allein der Fall der Haftung für Organe der juristischen Person. Auf diese Konstellation paßt Art. 1903 Abs. 4 Cc. weder nach seinem Wortlaut noch nach Sinn und Zweck der Vorschrift. Hier kommt allein Art. 1902 Cc. als Anspruchsgrundlage in Betracht[94]. Die handelnde Organperson und die juristsche Person werden als Einheit gesehen; eine gesetzliche normierte Repräsentationshaftung wie etwa § 31 BGB[95] enthält der spanische *Código civil* nicht.

Weniger eindeutig stellt sich die Sachlage im Hinblick auf Schädigungshandlungen sonstiger Dritter dar. In der Literatur wird vorgeschlagen, zwischen der unmittelbaren Schadensverursachung durch ein Organ und einem bloßen Repräsentanten zu differenzieren[96]. Im ersten Fall solle die juristische Person aus Art. 1902 Cc. unmittelbar haften, im zweiten Fall hingegen komme die Geschäftsherrenhaftung nach Art. 1903 Abs. 4 Cc. zur Anwendung[97].

---

90 Vgl. DE CASTRO Y BRAVO, Persona jurídica (1981), S. 264, der von einem lediglich „terminologischen" Problem spricht.

91 Ausführlicher beschäftigen sich mit dieser Thematik etwa: DE CASTRO Y BRAVO, Persona jurídica (1981); CAPILLA RONCERO, Persona jurídica (1993).

92 STS (sala 1) 29.4.1988 (RJ 3326).

93 STS (sala 1) 29.4.1964 (RJ 4097) unter Anwendung des Art. 1902 Cc.

94 BARCELO DOMENECH, Responsabilidad del empresario (1995), S. 207 mit weiteren Nachweisen; SANTOS BRIZ, in: RDP 1995, 315 (316).

95 Allerdings ist mit HARRY WESTERMANN davon auszugehen, daß die Haftungsausdehnung des § 31 BGB so nahe liegt, daß die Rechtsfolge der Norm, auch „ohne ausdrückliche Regelung geltendes Recht wäre". Vgl. WESTERMANN, in JuS 1961, 333 (335). Das Fehlen einr ausdrücklich geregelten Repräsentationshaftung in Spanien erscheint auch insoweit unproblematisch. Das österreichische ABGB kennt ebenfalls keine dem § 31 BGB vergleichbare Regelung. Dennoch läßt die Rechtsprechung die juristische Person für ihre Organe haften. Vgl. WESTERMANN, aaO (S. 336).

96 SANTOS BRIZ, in: RDP 1995, 315 (316).

97 SANTOS BRIZ, in: RDP 1995, 315 (316).

Die obergerichtliche Rechtsprechung bietet ein uneinheitliches Bild. Teilweise geht das *Tribunal Supremo* davon aus, daß für die Haftung der juristischen Person kein Rückgriff auf Art. 1903 Cc. erforderlich sei; diese würde vielmehr unmittelbar aus Art. 1902 Cc. haften.[98]. In seiner Entscheidung vom 23.1.1986 unterstreicht der oberste spanische Gerichtshof, daß die Haftung auf einem Unterlassen der juristischen Person selbst beruhe und nicht auf dem Verhalten eines Mitarbeiters[99].

Andere Urteile legen für die Haftung der juristischen Person Art. 1903 Abs. 4 Cc. zugrunde[100]. Dabei fällt auf, daß die Voraussetzungen des Art. 1903 nicht exakt eingehalten werden, sondern allein das Ergebnis im Vordergrund zu stehen scheint. Zwar wird die Haftung auf Art. 1903 Cc. gestützt, dennoch wird die juristische Person so behandelt, als habe sie unmittelbar einen Schaden verursacht. Auf die Hilfsperson als unmittelbaren Schadensverursacher und dessen Verschulden wird in der Regel nicht eingegangen[101]. Der Grund für diese dogmatischen Unklarheiten in der Rechtsprechung des *Tribunal Supremo* liegt in der praktischen Schwierigkeit, klar zwischen den einzelnen Haftungsvarianten zu differenzieren, namentlich zwischen Gefährdungshaftung, Haftung für eigenes bzw. (auch) fremdes Verschulden[102].

Die Konsequenz aus dieser Rechtsprechung, welche die Einzelfallgerechtigkeit mit dem Preis der Unbestimmtheit und Vernebelung der vorgegebenen Haftungskonzepte bezahlt, ist einerseits eine erhöhte Rechtsunsicherheit. Zum anderen ergibt sich daraus auch eine erhöhte Belastung der Gerichte durch die Zunahme an Rechtsstreitigkeiten[103].

e) Haftung von Vereinigungen ohne eigene Rechtspersönlichkeit

Außer der Haftung juristischer Personen kommt auch eine deliktische Verantwortlichkeit solcher Vereinigungen in Betracht, denen kein Status eigener Rechtspersönlichkeit zusteht[104]. Ein typisches Beispiel bieten Gewerbetreibenden, die sich ohne die Festlegung einer gesetzlich vorgegebenen Rechtsform zusammenschließen. Auch hier steht allein die wirtschaftliche Verantwortlichkeit im Blickfeld der Rechtsprechung. Vereinigungen, die keine juristischen Personen sind, können dennoch eigenständig vermögensrechtlich haften.

---

98 STS (sala 1) 23.1.1986 (RJ 113); STS (sala 1) 19.2.1985 (RJ 1985, 561).

99 STS (sala 1) 23.1.1986 (RJ 113); vgl. ebenso STS 19.2.1985 (sala 1) (RJ 561).

100 STS (sala 1) 29.6.1984 (RJ 3443).

101 ZELAYA ETCHEGARAY, Responsabilidad del empresario (1995), S. 259.

102 ZELAYA ETCHEGARAY, Responsabilidad del empresario (1995), S. 259.

103 CAVANILLAS MÚGICA, in: CCJC 1990, 1143 (1155).

104 STS (sala 1) 29.4.1988 (RJ 3326).

2. Personen, für die nach Art. 1903 Cc. gehaftet wird

Klärungsbedürftig ist weiter, für wessen Verhalten der Unternehmer Dritten gegenüber einzustehen hat. Der Wortlaut des Art. 1903 Abs. 4 Cc. spricht von *dependientes*. Die adäquate Übersetzung des Begriffs erscheint problematisch. Eine Übersetzung, die sich an das Adjektiv *dependiente* (= abhängig) anlehnt, wäre mißverständlich. Andererseits stellt gerade die Existenz eines Abhängigkeitsverhältnisses eine Grundvoraussetzung der Haftung für die Hilfsperson dar[105], wie im folgenden noch zu zeigen sein wird.

Eine Übersetzung mit den deutschen Begriffen „Arbeiter", „Angestellter" oder „Arbeitnehmer" würde gleichfalls in die Irre führen, da diesen Begriffen in der deutschen Rechtsterminologie bereits eindeutige Bedeutungen zugewiesen sind. Im folgenden soll daher der wertungsneutrale Begriff des „Mitarbeiters" verwendet werden.

a) Definition des *dependiente*

SIERRA PÉREZ[106] definiert den *dependiente* als jemanden, „der einer Weisungsbefugnis unterworfen ist, im Fall also der Weisungsbefugnis eines Unternehmers". Die Gruppe derer, die als *dependientes* die Haftung des Unternehmers aus Art. 1903 Cc. auslösen können, muß weit bestimmt werden. Dies entspricht bereits dem Willen des historischen Gesetzgebers. Entgegen dem ursprünglichen Gesetzesentwurf von 1851 wurde die letztlich in Kraft getretene Regelung weiter gefaßt. Ursprünglich erstreckte sich die Haftung allein auf Hausangestellte (*domésticos*). Der Wortlaut der Norm wurde anschließend aber auf den Begriff des Mitarbeiters (*dependiente*) ausgeweitet[107]. Art. 1903 Cc. erfaßt als Normalfall Arbeitnehmer, also natürliche Personen, die weisungsgebunden und somit abhängig von ihrem Unternehmer sind. Dies gilt zunächst für den Fall, daß der Unternehmer eine natürliche Person ist. Wie zuvor dargelegt, erstreckt sich der Begriff des Unternehmers jedoch auch auf juristische Personen, so daß auch diese für das Verhalten ihrer Angestellten einzustehen haben[108].

Probleme bereitet die Haftung von Mitarbeitern in gehobenen Positionen, die mit Führungsaufgaben betraut sind. Insbesondere im Hinblick auf die Einordnung derartiger Grenzfälle haben sich in der Rechtsprechung die heute maßgebliche Kriterien herauskristallisiert, auf die im folgenden einzugehen sein wird.

---

105 Die Verquickung der Eigenschaft als *dependiente* mit der Existenz eines Abhängigkeitsverhältnisses unterstreicht SIERRA PÉREZ, Responsabilidad del empresario (1997), S. 130.

106 SIERRA PÉREZ, Responsabilidad del empresario (1997), S. 130.

107 ZELAYA ETCHEGARAY, Responsabilidad del empresario (1995), S. 142.

108 DÍEZ-PICAZO/ GULLÓN, Sistema (1999), Bd. 2, S. 544.

b) Abhängigkeitsverhältnis

Das Schlüsselkriterium zur Feststellung, ob es sich um eine Hilfsperson im Sinne des Art. 1903 Cc. handelt, ist die Existenz eines Abhängigkeitsverhältnisses zum Unternehmer[109]. Unabhängig davon, wie weitgehend Art. 1903 Cc. durch die Rechtsprechung ausgestaltet werden mag, insbesondere unbesehen der Entwicklung des Verschuldenserfordernisses, wird jedenfalls das Abhängigkeitsverhältnis weitgehend für unverzichtbar gehalten[110].

Nach überwiegender Auffassung ist das Abhängigkeitsverhältnis zwischen dem unmittelbaren Schadensverursacher und dem Entschädigungspflichtigen die Grundlage sämtlicher in Art. 1903 Cc. aufgeführter Haftungsvarianten [111]. Teilweise scheint es, als genüge *in praxi* das Vorliegen eines Abhängigkeitsverhältnisses zur Bejahung einer Haftung. Das *Tribunal Supremo* hat ausgeführt, das Abhängigkeitsverhältnis sei „eine unverzichtbare und ausreichende Voraussetzung" für die Anwendung des Art. 1903 Abs. 4 Cc[112].

aa. Begriffsbestimmung

Eine abstrakte und abschließende Definition des Begriffs eines Abhängigkeitsverhältnisses ist dem Wortlaut des Art. 1903 Cc. nicht zu entnehmen[113]. Nach BARCELO DOMENECH besteht ein Abhängigkeitsverhältnis, wenn eine Person der Kontrolle, Weisung oder Überwachung eines Dritten untersteht[114].

Dieser positiven Begriffsbestimmung läßt sich eine negative gegenüberstellen. Auszugrenzen aus dem Bereich des Abhängigkeitsverhältnisses und damit keine Hilfspersonen sind diejenigen, die eine übertragene Aufgabe selbständig und nach freiem Ermessen, im Einklang mit ihrem Fachwissen (*pericia*) und ihrer Erfahrung ausführen und dabei Arbeitsinhalt und Arbeitszeit selbst festlegen[115].

---

109 Vgl. PANTALEÓN PRIETO, in: Enciclopedia (1995), Responsabilidad por hecho ajeno, S. 5956.

110 ANGEL YAGÜEZ, Responsabilidad civil (1988), S. 136; Vgl. SIERRA PÉREZ, Responsabilidad del empresario (1997), S. 121; BARCELO DOMENECH, Responsabilidad del empresario (1995), S. 210; a.A. MIQUEL, in: ADC 1983, 1501 (1505 ff.).

111 Vgl. SIERRA PÉREZ, Responsabilidad del empresario (1997), S. 112.

112 STS (sala 1) 26.06.1984 (RJ 3265). Vgl. hierzu SIERRA PÉREZ, Responsabilidad del empresario (1997), S. 122.

113 BARCELO DOMENECH, Responsabilidad del empresario (1995), S. 210.

114 BARCELO DOMENECH, Responsabilidad del empresario (1995), S. 216.

115 PANTALEÓN PRIETO, Responsabilidad por hecho ajeno, in: Enciclopedia (1995), S. 5957.

bb. Maßgeblichkeit des Abhängigkeitsverhältnisses

Für das Erfordernis eines Abhängigkeitsverhältnisses läßt sich zunächst der Normwortlaut fruchtbar machen. Der vom Gesetzgeber gewählte Begriff des *dependiente* leitet sich, wie zuvor bereits erläutert, von dem Adjektiv „abhängig" (*dependiente*) ab. Mithin ist schon aus der bloßen Bezeichnung einer Person als *dependiente* ein Rückschluß auf das erforderliche Verhältnis zum Unternehmer zu ziehen. Eine Haftung besteht danach für das Verhalten derjenigen, die in einem Abhängigkeitsverhältnis zum Unternehmer stehen.

SIERRA PÉREZ[116] schränkt dies dahingehend ein, daß es Abhängigkeitsverhältnisse absoluter Natur nicht gibt. Folglich bestimmten die Grenzen des Abhängigkeitsverhältnisses, bzw. die Frage, ob sich der unmittelbare Schädiger noch im Rahmen der Weisungen bewegt, auch seine Eigenschaft als *dependiente.* Nach dieser Auffassung verliert die Hilfsperson ihre Eigenschaft als *dependiente* im Sinne des Art. 1903 Abs. 4 Cc. durch die Überschreitung des vorgegebenen Handlungsrahmens.

Die Gegenauffassung wird von MIQUEL vertreten[117]. Für diesen ist das Abhängigkeitsverhältnis keine zwingende Voraussetzung der Haftung für Hilfspersonen, sondern allein die spezifische Erscheinung einer Schadensabwendungspflicht. Nach dieser Auffassung stellt Art. 1903 Cc. exemplarisch spezifische Sorgfaltspflichten bestimmter Personengruppen im Hinblick auf konkrete Dritte auf. Zwar könnten auch aus einem Abhängigkeitsverhältnis Sorgfaltspflichten resultieren. Da aber auch andere Quellen für die Entstehung solcher Sorgfaltspflichten in Betracht kommen, sei ein Abhängigkeitsverhältnis nicht unabdingbar vorauszusetzen. Zusammenfassend stellt das Abhängigkeitsverhältnis nach dieser Auffassung zwar keine notwendige, jedoch eine hinreichende Bedingung für die Haftung dar.

Die Auffassung MIQUELS entfernt sich vom Wortlaut der Norm. Die Bezeichnung als „*dependiente*" beschreibt die Art des Verhältnisses zwischen Geschäftsherrn und Hilfsperson. Entscheidend ist damit nicht die Schadensabwendungspflicht des Geschäftsherrn im Außenverhältnis, sondern das Innenverhältnis zur Hilfsperson, das eine hierarchische Struktur aufweisen muß.

Auch kann die Qualifizierung als *dependiente* und damit die Begründung der Haftung des Geschäftsherrn aus Art. 1903 Abs. 4 Cc. entgegen SIERRA PÉREZ nicht vom Verhalten der Hilfsperson im Einzelfall abhängig gemacht werden. Das konkrete Verhalten des Gehilfen findet nach der gesetzlichen Konstruktion erst in Art. 1904 Cc. Berücksichtigung. Denn hier besteht für den Geschäftsherrn jeden-

---

116 Vgl. SIERRA PÉREZ, Responsabilidad del empresario (1997), S. 130.

117 MIQUEL, in: ADC 1983, 1501 (1505 ff.).

falls im Grundsatz die Möglichkeit der Exkulpation. Überschreitet die Hilfsperson den vorgegebenen Handlungsrahmen und verhält sie sich in einer Weise, die sich den Überwachungsmöglichkeiten des Geschäftsherrn entzieht, mag dieser das zu seiner Exkulpation anführen. Der Vorwurf eine *culpa in vigilando* gegenüber dem Geschäftsherrn mag insofern entfallen. An dem grundsätzlichen Verhältnis zwischen Geschäftsherrn und Hilfsperson, namentlich an der Eigenschaft des Gehilfen als *dependiente* im Sinne des Art. 1903 Cc., ändert dies jedoch nichts.

Folglich ist das Bestehen eines Abhängigkeitsverhältnisses zwischen dem Geschäftsherrn und der Hilfsperson eine notwendige Bedingung, um eine Geschäftsherrnhaftung zu begründen. Das Abhängigkeitsverhältnis beschreibt das grundsätzliche Verhältnis von Geschäftsherr und Hilfsperson und ist unabhängig von dem jeweiligen Einzelfall zu bestimmen.

cc. Verständnis des Abhängigkeitsverhältnisses als Weisungsgebundenheit

Das Abhängigkeitsverhältnis ist nicht im Sinne einer persönlichen Abhängigkeit zu verstehen, sondern vielmehr als Weisungsgebundenheit[118]. Wann im einzelnen die Voraussetzungen eines solchen Abhängigkeitsverhältnisses vorliegen, ist anhand von Indizien zu ermitteln. Insbesondere die Rechtsprechung hat eine reichhaltige Kasuistik zu dieser Frage entwickelt[119].

Diese Weisungsgebundenheit besteht in der Regel, wenn dem Unternehmer das Recht zusteht, Befehle und Anweisungen zu erteilen und die Ordnungsgemäßheit der Leistungserbringung zu überwachen und zu kontrollieren. Charakteristisch ist auch, daß die Hilfsperson in den Bereich der Kontrolle und Organisation der Geschäftsherrn integriert ist. Ob die ausgeübte Tätigkeit entgeltlich oder unentgeltlich, dauerhaft oder vorübergehend, rechtlicher oder faktischer Art ist, ist unerheblich[120].

Der Normalfall eines Abhängigkeitsverhältnisses ist das klassische Arbeitsverhältnis. Liegt ein solches Arbeitsverhältnis vor, ist unproblematisch vom Vorliegen eines Abhängigkeitsverhältnisses auszugehen, ohne daß weitere Abgrenzungskriterien herangezogen werden müßten. Andererseits ist der Haftungstatbestand des Art. 1903 Abs. 4 Cc. nicht auf Arbeitsverhältnisse beschränkt, wenn diese auch die umfangreichste und wichtigste Fallgruppe innerhalb der Haftungsfälle ausmachen.[121]

---

118 Vgl. SIERRA PÉREZ, Responsabilidad del empresario (1997), S. 130.

119 PANTALEÓN PRIETO, Responsabilidad por hecho ajeno, in: Enciclopedia (1995), S. 5956.

120 PANTALEÓN PRIETO, Responsabilidad por hecho ajeno, in: Enciclopedia (1995), S. 5957.

121 Vgl. BARCELO DOMENECH, Responsabilidad del empresario (1995), S. 215; YZQUIERDO TOLSADA, Responsabilidad del profesional liberal (1989), S. 82.

dd. Die Figur des unabhängigen Vertragspartners (*contratante independiente*)

Von Bedeutung ist für die spanische Rechtsprechung der Begriff des unabhängigen Vertragspartners (*contratante independiente*)[122]. Der Begriff lehnt sich sowohl sprachlich als auch inhaltlich an den im angelsächsischen Rechtskreis entwickelten Begriff des *independent contractor* an[123]. Typischerweise fallen hierunter die klassischen selbständigen Berufe, etwa der des Architekten[124].

Die Bedeutung dieser Fallgruppe ist in Anbetracht der wirtschaftlichen Entwicklungen zu unterstreichen. Es muß insofern besonders auf den Einsatz von Subunternehmern in der Baubranche hingewiesen werden, sowie allgemein auf die wachsende Komplexität von Unternehmensstrukturen und die Tendenzen zu Spezialisierung und Arbeitsteilung[125]. Für den Bereich der Wirtschaft nimmt auch die Praxis des sog. *outsourcings*, also der Ausgliederung von Unternehmens- und Betriebsteilen, immer mehr an Bedeutung zu.

Die ganz herrschende Auffassung geht davon aus, daß im Falle eines unabhängigen Vertragspartners (*contratante independiente*) die Voraussetzungen des Art. 1903 Abs. 4 Cc. nicht erfüllt sind[126]. Das notwendige Erfordernis eines Abhängigkeitsverhältnis sei dann nicht gegeben.

YZQUIERDO TOLSADA[127] vertritt hingegen die Auffassung, die Haftung des Geschäftsherrn gelte auch für unabhängige Hilfspersonen (*profesionales liberales*). Die Grundlage dafür sieht der Autor allerdings nicht in einem Auswahl- oder Überwachungsverschulden, da ein solches nicht bestehen könne. Bei einer durch Berufstitel nachgewiesenen Qualifikation sei ein Auswahlverschulden ausgeschlossen, für ein Überwachungsverschulden fehle es dem Geschäftsherrn an der fachlichen Befähigung. Vielmehr liegt der Grund für die Haftung nach der Auffassung von YZQUIERDO TOLSADA in der Betätigung als Unternehmer selbst. Diese ziehe die entsprechenden Gefahrtragungspflichten nach sich. Mithin legt der Autor für die Haftung Kriterien der Gefährdungshaftung zugrunde.

---

[122] Hierzu allgemein: YZQUIERDO TOLSADA, Responsabilidad del profesional liberal (1989).

[123] Vgl. hierzu ZELAYA ETCHEGARAY, Responsabilidad del empresario (1995), S. 324 ff. 55 f.

[124] Vgl. hierzu etwa STS (sala 1) 10.5.1986 (RJ 2716).

[125] Vgl. BARCELO DOMENECH, Responsabilidad del empresario (1995), S. 238, Fn. 108.

[126] ALONSO OLEA, Responsabilidad del empresario (1990), S. 44; CAVANILLAS MÚGICA, in: CCJC 1989, 37 (42) mit zahlreichen Rechtsprechungsnachweisen.

[127] YZQUIERDO TOLSADA, Responsabilidad del profesional liberal (1989), S. 72.

Gegen diese Auffassung spricht, daß sie das Verschuldenserfordernis unbeachtet lässt, denn der Gesetzeswortlaut geht von einer Verschuldenshaftung aus[128]. Eine Gefährdungshaftung als Ausgangspunkt für die Haftung des Geschäftsherrn läßt sich mit der gegenwärtigen Gesetzesfassung nicht in Einklang bringen. Der Auffassung von YZQUIERDO TOLSADA kann daher nichtgefolgt werden.

ee. Sonderfall: Einschaltung von Subunternehmern und Folgenreflexion

Ein eindeutiger Fall eines sog. *contratante independiente*, der ein Abhängigkeitsverhältnis ausschließt, liegt nach der Rechtsprechung des *Tribunal Supremo* im Verhältnis zweier Unternehmen zueinander vor (*contratos entre empresas*). Jedenfalls könne im Regelfall nicht davon ausgegangen werden, daß ein Unternehmen, das einem anderen Unternehmen Aufgaben übertrage, für deren Mitarbeiter *ex eligendo vel ex vigilando* Verantwortung übernehme[129]. Es fehle bei einem *contrato entre empresas* an einem Verhältnis von Unterordnung bzw. Abhängigkeit, welche das Wesen und die Grundlage für die Haftung aus Art. 1903 Cc. darstellten[130].

Etwas anderes soll lediglich dann gelten, wenn das vertragsschließende Unternehmen sich Weisungsbefugnisse bezüglich der Mitarbeiter des Subunternehmers vorbehalten hat[131]. In diesen Konstellationen sei das entscheidende Kriterium, von welchem Unternehmer der Arbeitnehmer seine Weisungen hinsichtlich Arbeitszeit und -ort und insbesondere hinsichtlich der Art und Weise, in der die Tätigkeit ausgeführt werden soll, entgegen nimmt[132].

Nach Auffassung von MIQUEL[133] ist es zweifelhaft, auf den Vorbehalt einer Weisungsbefugnis abzustellen. Denn der Weisungsvorbehalt beruhe auf einer gegenseitigen Abrede der vertragsschließenden Unternehmen. Es überrasche jedoch, daß die Rechte Dritter von der Vereinbarung zwischen Haupt- und Subunternehmer abhängig sein sollten. Denn der Hauptunternehmer würde nach dieser Rechtsprechung nur dann haften, wenn er sich Weisungsbefugnisse vorbehalten habe. Folglich stelle eine derartige Vereinbarung eine Belastung für den Geschädigten dar. Denn der Hauptunternehmer könne sich aufgrund des Weisungsvorbehalts

---

128 Ausführlich hierzu unten, S. 50 ff.

129 Vgl. hierzu STS (sala 1) 18.6.1979 (RJ 2895); STS (sala 1) 4.1. 1982 (RJ 178); STS (sala 1) 9.7.1984 (RJ 3801).

130 STS (sala 1) 18.6.1979 (RJ 2895); STS (sala 1) 30.10.91 (RJ 7246).

131 STS (sala 1) 18.6.1979 (RJ 2895); STS (sala 1) 17.11.1980 (RJ 4206); vgl. SIERRA PÉREZ, Responsabilidad del empresario (1997), S. 121 f.; CAVANILLAS MÚGICA, in: CCJC 1989, 37 (42).

132 STS (sala 1) 26.6.1984 (RJ 3265); STS (sala 1) 17.11.1980 (RJ 4206).

133 MIQUEL, in: ADC 1983, 1501 (1511).

seiner Haftpflicht entziehen. MIGUEL vergleicht die Vereinbarung eines Weisungsvorbehalts insoweit mit einem Vertrag zugunsten Dritter (*contrato en favor a terceros*). Denn erst durch die Vereinbarung des Weisungsvorbehalts könne sich der Geschädigte beim Hauptunternehmer schadlos halten. Man wird die Kritik von MIQUEL wohl dahingehend verschärfen dürfen, daß die Vereinbarung des Verzichts jeglicher Weisungsbefugnisse seitens des Hautunternehmers einem unzulässigen Vertrag zu Lasten Dritter gleichzusetzen sei.

Darüber hinaus regt MIQUEL eine Folgenreflexion an und gibt zu bedenken, daß das hier beschriebene Verständnis des Abhängigkeitsverhältnisses Unternehmer dazu motivieren dürfte, stets auf einen Weisungsvorbehalt zu verzichten, um einer möglichen Haftpflicht zu entgehen.

Jedoch entfernt sich die Auffassung von MIQUEL zu sehr vom Wortlaut der Vorschrift. Das Abhängigkeitsverhältnis, das mit den Weisungsmöglichkeiten des Geschäftsherrn verknüpft ist, stellt eine unumgängliche Haftungsvoraussetzung dar. Es ergibt keinen qualitativen Unterschied, ob das Weisungsverhältnis des Geschäftsherrn gegenüber einer einzelnen Hilfsperson oder gegenüber einem Unternehmen besteht, das für die eigenen Zwecke eingesetzt wird. Selbst ein Auswahlverschulden soll nach der Rechtsprechung des *Tribunal Supremo* im Verhältnis zweier Unternehmen zueinander möglich sein. Die Haftung des Hauptunternehmens für Schädigungshandlungen eines Subunternehmers könne sich aus einer unsorgfältigen Auswahl des letzteren ergeben, wenn dieser sich als ungeeignet erweise, *culpa in eligendo*[134]. Allerdings wird die generelle Verbindlichkeit dieser Rechtsprechung vereinzelt bezweifelt; sie könnte primär im Lichte der Einzelfallgerechtigkeit zu werten sein[135].

MIQUEL geht als Ausgangspunkt für eine Haftung von Aspekten der Gefährdungshaftung aus, für die das Gesetz keinen Anhalt bietet. Des weiteren ist keine Belastung des Geschädigten durch die Vereinbarung von Weisungsvorbehalten oder den Verzicht auf diese zu erkennen. Zwar ist es richtig, daß Haupt- und Subunternehmer durch die Vereinbarung eines Weisungsvorbehalts *ex ante* darüber bestimmen, wer für etwaige Schädigungen Dritter einzustehen hat. Dennoch hat nicht etwa ein Schuldnerwechsel ohne den Willen des Geschädigten stattgefunden. Denn zum Zeitpunkt der Übertragung der Aufgaben an einen Subunternehmer bestand das deliktische Schuldverhältnis mangels Schädigung noch nicht. Auch ist zumindest abstrakt kein Grund erkennbar, aus dem der Hauptunternehmer, der sich ein Weisungsrecht vorbehalten hat, ein besserer Schuldner sein sollte als der Subunternehmer. Grundsätzlich dürfte es einem Geschädigten auch

---

[134] STS (sala 1) 17.11.1980 (RJ 4206).

[135] ALONSO OLEA, Responsabilidad del empresario (1990), S. 53 f.

gleichgültig sein, ob er sich bei einen Haupt- oder Subunternehmer schadlos hält. Er wird dies ohne besondere Informationen auch nicht differenzieren können und wollen.

Ist der Geschädigte zugleich der Vertragspartner des Hauptunternehmers, wiegen die Bedenken von MIQUEL ohnedies weniger schwer. Denn dem Geschädigten stehen dann über die deliktischen Ansprüche hinaus zusätzlich auch Vertragsansprüche gegen den Hauptunternehmer zu. Diese bleiben von etwaigen Vereinbarungen zwischen Haupt- und Subunternehmer unberührt.

Selbst wenn man in der weisungsvorbehaltsfrein Unterbeauftragung im Hinblick auf die deliktische Haftung eine Vereinbarung zwischen Haupt- und Subunternehmer mit drittbelastender Wirkung sehen wollte, wird zumindest der Vertragspartner des Hauptunternehmers dem in der Regel konkludent zugestimmt haben. Die Delegierung gerade im Bereich komplexer Aufgaben ist in der Unternehmenspraxis eine notwendige Realität. Wenn sich im Einzelfall keine entgegenstehenden Anhaltspunkte bieten, wird davon auszugehen sein, daß die Beauftragung von Subunternehmern, auch ohne ohne Weisungsvorbehalt des Hauptunternehmers, dem Willen des Geschädigten entspricht. Dies muß jedenfalls dann angenommen werden, wenn es sich um spezialisierte Subunternehmen handelt, deren Mitarbeiter schon praktisch kaum überwacht werden können.

Die von MIQUEL darüber hinaus angestellte Folgenreflexion beschreibt zudem ein vorrangig theoretisches Problem. Praktisch steht nicht zu befürchten, daß Unternehmer allein deshalb auf die Vereinbarung von Weisungsvorbehalten verzichten könnten, um einer etwaigen deliktischen Haftung zu entgehen. Denn es kann nicht angenommen werden, daß sich unternehmerisches Handeln vorrangig nach den Fragen der Deliktshaftung ausrichtet. Von größerem Gewicht muß es für seinen Unternehmer sein, die übernommenen Arbeiten mängelfrei und rechtzeitig fertigzustellen. Kein Unternehmer wird es sich leisten können, seine Subunternehmer weisungsfrei wirken zu lassen und schlicht das Ergebnis der Arbeit abzuwarten. Ebenso werden die Unternehmer die zur Sicherstellung ihrer Arbeitsergebnisse bislang auf einen Weisungsvorbehalt im Hinblick auf die Mitarbeiter ihrer Subunternehmer angewiesen waren, einen solchen auch weiterhin vereinbaren. Die umfangreicheren Risiken einer vertraglichen Haftung dürften für den Unternehmer hier mehr Gewicht haben als das Risiko einer etwaigen Deliktshaftung.

ff. Ausnahmekonstellationen im Fall von Subunternehmern

Von dem Grundsatz, daß es im Verhältnis zweier eigenständiger Unternehmer an einem Abhängigkeitsverhältnis fehle, hat die Rechtsprechung des *Tribunal Supremo* Ausnahmen anerkannt. Eine bedeutende Fallgruppe stellen die Konstellationen dar, in denen zwischen den Unternehmen ein besonderes Bindeglied existiert. Typischerweise sind dies Fälle, in denen ein Unternehmen einen Mitarbeiter konkret für die Überwachung von Tätigkeiten abstellt, die im übrigen insgesamt einem Drittunternehmen übertragen wurden. Eingeleitet wurde diese neue Sichtweise anhand eines Haftungsfalls im Baugewerbe, in dem *outsourcing*-Aktivitäten eine wichtige Rolle spielen. Hier ist es üblich, bestimmten Spezialunternehmen punktuell die Ausführung einzelner Tätigkeiten zu übertragen. Ist aber ein Vorarbeiter (*capataz*) für die Überwachung der Tätigkeiten auf der Baustelle eingesetzt, was regelmäßig der Fall sein wird, stellt dieser das Bindeglied zwischen zwei an sich voneinander unabhängigen Unternehmen dar[136]. Die Besonderheit liegt nun darin, daß die Rechtsprechung weder ein konkretes Eingreifen noch irgendeine sonstige Aktivität von dem Bindeglied fordert. Allein die Bestellung einer derartigen Person stellt nach der Rechtsprechung des *Tribunal Supremo* ein hinreichendes Abhängigkeitsverhältnis her, um die Haftung des Unternehmens aus Art. 1903 Cc. zu begründen.

Im Sonderfall der Überlassung einer Maschine mit Bedienungspersonal an einen anderen Unternehmer besteht die widerlegliche Vermutung, daß die Weisungsbefugnisse beim Überlasser liegen. Ein Abhängigkeitsverhältnis aufgrund Weisungsmöglichkeiten des Hauptunternehmers muß positiv bewiesen werden[137].

Auch die gesamtschuldnerische Haftung (*responsabilidad solidaria*) beider Unternehmer ist nach der Rechtsprechung nicht ausgeschlossen, in den seltenen Fällen, in denen die Weisungsbefugnisse sich auf beide Unternehmer verteilen[138]. Allerdings weist ALONSO OLEA auch hier darauf hin, daß das *Tribunal Supremo* in der konkreten Entscheidung eher um die Bestimmung eines solventen Schuldners, denn um die dogmatisch einwandfreie Herleitung einer Haftpflicht bemüht gewesen sein mag[139].

gg. Entwicklungen zum Begriff des Abhängigkeitsverhältnisses

Das Erfordernis eines Abhängigkeitsverhältnisses ist von der Frage nach dem Verschulden des Geschäftsherrn nicht zu trennen. Ein bestehendes Abhängigkeitsverhältnisses stellt den klassischen Umstand dar, unter dem die *culpa in vigilando* des Unternehmers in Betracht kommt[140]. Dies erklärt sich daraus, daß insbesondere ein Überwachungsverschulden nur dann denkbar ist, wenn dem Unternehmer auch die Möglichkeit gegeben ist, Einfluß auf die Hilfsperson zu nehmen. Dies setzt wiederum ein Abhängigkeitsverhältnis im Sinne einer Weisungsgebundenheit voraus. Im Umkehrschluß ergibt sich, daß derjenige, der sich der Dienste

---

136 Vgl. STS (sala 1) 26.5.1989 (RJ 3890).
137 STS (sala 1) 4.10.1975.
138 ALONSO OLEA, Responsabilidad del empresario (1990), S. 43.
139 ALONSO OLEA, Responsabilidad del empresario (1990), S. 45.
140 ZELAYA ETCHEGARAY, Responsabilidad del empresario (1995), S. 418.

eines unabhängigen Unternehmens bedient, nicht dem Vorwurf einer *culpa in eligendo vel vigilando* ausgesetzt ist. Ausgenommen ist der Sonderfall eines Vorbehalts konkreter Weisungsbefugnisse[141].

Jedoch hat sich das Verständnis des Abhängigkeitsbegriffs im Laufe der Zeit und im Zuge der wirtschaftlichen Entwicklungen gewandelt. Ein verschuldensorientiertes Verständnis (*interpretación culpabilística*) des Abhängigkeitsverhältnisses, bei dem an die tatsächlichen Kontroll- und Anweisungsmöglichkeiten des Unternehmers und deren schuldhafte Verletzung angeknüpft wurde, erscheint heute überholt. Dies paßte allein in eine Zeit, in welcher der Geschäftsherr die hinreichenden Kenntnisse und Fähigkeiten besaß, um den Mitarbeitern konkrete Anweisungen in der Ausübung einzelner Verrichtungen zu erteilen[142]. Von einem Verständnis als „hierarchische Unterordnung", in der die Bejahung des Abhängigkeitsverhältnisses im wesentlichen von einer echten Überwachung (*control*) und technischen Anleitung (*dirección técnica*) abhängig war, hat sich das Abhängigkeitskriterium zu einem Verständnis unternehmerischer Abhängigkeit oder „Eingliederung in die wirtschaftlichen Organisation" des Geschäftsherrn entwikkelt. Das heutige Begriffsverständnis geht weg von der Kontrolle des einzelnen Mitarbeiters, und dafür hin zur unternehmerischen Kontrolle über die Risiken, die bestimmten Produktionsmitteln und Produktionsaktivitäten innewohnen[143].

Für die Feststellung der „Eingliederung in die wirtschaftliche Organisation" werden unterschiedliche Kriterien fruchtbar gemacht. Ein wesentlicher Anhaltspunkt wird in der vereinbarten Zahlungsweise gesehen. Grundsätzlich spricht eine Bezahlung nach bestimmten meßbaren Einheiten (etwa Zeit oder Stückzahl) für ein hinreichendes Abhängigkeitsverhältnis, um die Haftung auch auf den Geschäftsherrn zu erstrecken[144].

Es ist indes nicht erforderlich, daß eine stabile und konkret definierte Rechtsbeziehung zwischen dem Unternehmer und dem Mitarbeiter besteht. Vielmehr genügt bereits die Möglichkeit und grundsätzliche Fähigkeit eines Einschreitens im Hinblick auf das Endprodukt oder die übertragene Tätigkeit[145]. Das *Tribunal Spremo* legt in diesem Zusammenhang den Schwerpunkt auf die tatsächlichen Umstände, während das Bestehen einer rechtlichen Bindung zweitrangig ist[146].

---

141 Vgl. STS (sala 1) 18.6.1979 (RJ 2895).

142 ZELAYA ETCHEGARAY, Responsabilidad del empresario (1995), S. 305.

143 ZELAYA ETCHEGARAY, Responsabilidad del empresario (1995), S. 417.

144 Vgl. STS (sala 1) 26.6.1984 (RJ 3265); ebenso ZELAYA ETCHEGARAY, Responsabilidad del empresario (1995), S. 428, Fn. 485.

145 ZELAYA ETCHEGARAY, Responsabilidad del empresario (1995), S. 301.

146 Vgl. ZELAYA ETCHEGARAY, Responsabilidad del empresario (1995), S. 303.

c) Besonderheiten des Arbeitsrechts

Einen wichtigen Anwendungsbereich der Haftung für Hilfspersonen stellt das Arbeitsrecht dar. Arbeiter und Angestellte sind in aller Regel weisungsgebunden, so daß der Unternehmer für ihr Verhalten einzustehen hat. Insbesondere unter einer rechtsvergleichenden Perspektive erscheint es von Interesse, ob dies auch für Schädigungen gilt, die sich Arbeitnehmer gegenseitig zufügen. Hier ist besonderes Augenmerk auf das Recht der Sozialversicherung zu richten. Auch stellt sich die Frage nach möglichen Freistellungs- und Erstattungsansprüchen des schädigenden Arbeitnehmers gegenüber seinem Arbeitgeber. Diese Frage wird jedoch erst im Rahmen der Regreßproblematik beleuchtet werden[147].

aa. Haftung gegenüber Dritten

Unproblematisch zu bejahen ist die Haftung des Unternehmers für die Schädigungen, die sein Arbeitnehmer Dritten zufügt, welche selbst in keiner Beziehung zum Unternehmer stehen. Dies ist der klassische, von Art. 1903 Cc. geregelte Fall der Gehilfenhaftung, der einen Anspruch unmittelbar gegen den Geschäftsherrn und Arbeitgeber begründet.

bb. „Arbeitnehmer-Binnenhaftung“

Eine andere Frage, die sowohl in den Bereich des Arbeitsrechts als auch in die Sphäre des Sozialrechts hineinreicht, bezieht sich auf die Haftung des Unternehmers für die Schäden, die sich seine Mitarbeiter gegenseitig zufügen.

Als Spezialregelung für den Schadensersatz bei Arbeitsunfällen sind die sozialgesetzlichen Normen der LGSS (*Ley General de la Seguridad Social*) heranzuziehen. Allerdings kann anhand der vorhandenen Spezialregelungen nur ein Ausschnitt der möglichen Anspruchsinteressen des Geschädigten befriedigt werden. Beispielsweise erwähnt sei die zentrale Frage der Schmerzensgeldansprüche (*daños morales*)[148], die von den sozialgesetzlichen Normen nicht umfaßt sind[149]. Die sozialgesetzlichen Entschädigungsleistungen werden als völlig unzureichend angesehen[150]. Es ist daher in der spanischen Rechtsprechung anerkannt, daß die sozialrechtlichen Ansprüche des Geschädigten und die Ansprüche nach den all-

---

147 Siehe unten, S. 98.

148 Vgl. zum Ganzen ZELAYA ETCHEGARAY, Responsabilidad del empresario (1995), S. 264 f.

149 CAVANILLAS MÚGICA, in: CCJC 1990, 1143 (1158).

150 CAVANILLAS MÚGICA, in: CCJC 1990, 1143 (1155), u.a. mit einem Hinweis auf die Entscheidung STS (sala 1) 6.5.1985 (RJ 6319), die von einer „skandalösen Mangelhaftigkeit (*insuficiencia*)“ der sozialrechtlichen Entschädigung spricht.

gemeinen Vorschriften des *Código civil* einander nicht ausschließen[151]. Diese können vor den Zivilgerichten geltend gemacht werden können, während für jene die Klage vor den Arbeitsgerichten unter Berufung auf die Ansprüche aus der LGSS unberührt bleibt[152], was sich bereits unmittelbar aus Art. 97 Abs. 3 LGSS ergibt[153].

Den allgemeinen Regelungen des *Código civil* zur Haftung für Dritte kommt folglich auch in diesem Fall Bedeutung zu. Die Haftung des Unternehmers bezüglich Schäden, die seine Mitarbeiter erleiden, ist gegenüber Drittschädigungen sogar insoweit strenger, als die Rechtsprechung diesem besondere Sorgfaltspflichten auferlegt. Ähnlich wie auch bei der Haftung juristischer Personen[154] ist der Nachweis des Verschuldens einer konkret zu benennenden Hilfsperson nicht erforderlich. Auch hier ist eine deutliche „Objektivierungstendenz" in der Rechtsprechung des *Tribunal Supremo* zu beobachten, die *in praxi* dazu führt, daß der Unternehmer für Schäden, die seine Mitarbeiter erleiden, stets einzustehen hat[155]. Nichts anderes gilt auch im Hinblick auf die Anspruchsgrundlagen aus dem Bereich des Strafrechts, Artt. 109 ff. *Código penal* (vor der Strafrechtsreform des Jahres 1995 noch Art. 22), ohne hiermit den noch ausstehenden Ausführungen zu den strafrechtlichen Haftungsregelungen vorgreifen zu wollen[156].

d) Haftung juristischer Personen für ihre Organe

Daß juristische Personen selbst Haftungssubjekt im Rahmen des Art. 1903 Cc. sind, wurde bereits festgestellt[157]. Fraglich ist aber, für wen in diesem Zusammenhang gehaftet werden muß, wer also vom Begriff des *dependiente* im Sinne der Norm erfaßt ist.

Ob der Begriff des *dependiente* auf Organe juristischer Personen paßt, erscheint zweifelhaft. Unabhängig von der Frage des Abhängigkeitsverhältnisses handelt es sich bei Organen um Instrumente, durch welche die juristische Person selbst han-

---

151 Vgl. insoweit auch CAVANILLAS MÚGICA, in: CCJC 1990, 1143 (1147) mit weiteren Rechtsprechungsnachweisen.

152 STS (sala 1) 30.10.1990, in: CCJC 1990, S. 1143 (1147).

153 ZELAYA ETCHEGARAY, Responsabilidad del empresario (1995), S. 265 mit zahlreichen Rechtsprechungsnachweisen, in denen das *Tribunal Supremo* seine Zuständigkeit ausdrücklich erklärt. Differenzierend CAVANILLAS MÚGICA, in: CCJC 1990, 1143 (1150 und 1157). Der Autor sieht in Art. 97.3 LGSS lediglich eine Bestimmung bezüglich der paralellen Anwendbarkeit zivilrechtlicher und arbeitsrechtlicher Normen. Indessen treffe die Vorschrift keine Aussage hinsichtlich des einschlägigen Rechtswegs.

154 Hierzu sogleich, S. 19.

155 Vgl. ZELAYA ETCHEGARAY, Responsabilidad del empresario (1995), S. 264.

156 Vgl. hierzu ausführlich unten, S. 104.

157 Siehe oben, S. 19.

delt[158]. Insoweit stellen diese im Verhältnis zur juristischen Person schon keine Dritten dar, auf welche die Vorschrift des Art. 1903 Cc. jedoch zugeschnitten ist. Dennoch wird nicht bezweifelt, daß der Unternehmer, soweit es sich um eine juristische Person handelt, auch für die durch seine Organe verursachten Schäden einzustehen hat. Die juristische Person haftet für ihre Organe unmittelbar aus Art. 1902 Cc[159]. Dabei ist zu beachten, daß das Organ ebensowenig zu einer unmittelbaren Schädigungshandlung fähig ist, wie die juristische Person selber. Vielmehr bedarf es, wie stets, der Handlung einer natürlichen Person, welche die Organfunktion ausübt. Diese natürliche Handlung wiederum wird dem Organ zugerechnet.[160]

Allerdings stellt sich hier die Frage nach der dogmatischen Konstruktion. Eine Zurechnungsnorm wie im deutschen Recht § 31 BGB, welcher in entsprechender Anwendung als Grundlage der Haftung juristischen Personen für ihre Organe herangezogen wird[161], fehlt im *Código civil.* DÍEZ PICASSO/ GULLÓN schlagen dogmatisch den Weg über die Figur der Stellvertretung (*representación*) vor. Zwar sei die Stellvertretung (*representación*) auf die Abgabe und den Zugang von Willenserklärungen bezogen, während es vorliegend um Handlungen und ihre Rechtsfolgen gehe. Jedoch lasse sich dieses Konzept ausdehnen, soweit es auf dem Zurechnungsgedanken (*imputabilidad*) fuße. DÍEZ-PICAZO/ GULLÓN kommen folglich zu dem Ergebnis einer unmittelbaren Haftung, also einer Haftung für eigenes Handeln aus Art. 1902 Cc., wenn das schädigende Ereignis in den Tätigkeitsbereich der juristischen Person fällt und von Organen verursacht wurde.

Nur am Rande sei erwähnt, daß es grundsätzlich auch möglich ist, das Organ bzw. die natürliche Person, welche die Organfunktion ausübt, zu verklagen[162]. Diese kann neben der juristischen Person oder auch isoliert verklagt werden, was problematisch erscheint . Es führt dazu, daß beispielsweise ein Geschäftsführer mit seinem eigenen Vermögen für die Verursachung von Schäden einzustehen hat, über die er jedenfalls tatsächlich keine Kontrolle hat. In diesem Zusammenhang mag man an eine große Fabrik denken, bei es schlicht ausgeschlossen ist, sich um alle Details des Betriebsablaufes zu kümmern[163].

---

158 ANGEL YÁGÜEZ, in: Paz-Arez u.a., Com. del Cc. (1993), zu Art. 1903, S. 2018 f.

159 BARCELO DOMENECH, Responsabilidad del empresario (1995), S. 207.

160 Vgl. DÍEZ-PICAZO/ GULLÓN, Sistema (1999), Bd. 2, S. 544 f.

161 Vgl. HEINRICHS, in: Palandt (2000), § 31, Rz. 8.

162 ANGEL YÁGÜEZ, in: Paz-Arez u.a., Com. del Cc. (1993), zu Art. 1903, S. 2019.

163 ANGEL YÁGÜEZ, in: Paz-Arez u.a., Com. del Cc. (1993), zu Art. 1903, S. 2019.

e) Haftung für leitende und hoch qualifizierte Angestellte

Diskutiert wird auch die Haftung des Unternehmers für seine leitenden Angestellten und solche mit besonders hoher Qualifikation. Gegen die Haftung des Unternehmers könnte sprechen, daß das Abhängigkeitsverhältnis eines Mitarbeiters in leitender Stellung regelmäßig weit weniger streng ausgestaltet ist als jenes eines durchschnittlichen Mitarbeiters. Auch die Überwachungsmöglichkeiten des Geschäftsherrn verringern sich mit zunehmender Kompetenzübertragung auf einen Arbeitnehmer.

Allein die hohe Qualifikation des Angestellten schließt die Haftung des Geschäftsherrn jedoch nicht aus. Aus der Sicht des Geschädigten macht es keinen Unterschied, ob der Schädiger mit besonderer Qualifikation oder Unabhängigkeit bezüglich der Ausführung seiner Tätigkeit ausgestattet ist[164]. Die Grenze ist dort anzusetzen, wo der Aufgabenbereich des Mitarbeiters derart weitreichend ausgestaltet ist, daß seine Funktion nicht mehr der Rolle eines *dependiente*, sondern der eines *director* entspricht[165]. Bis zu dieser Grenze fällt auch ein leitender Mitarbeiter für die Haftung noch unter den Begriff eines „*dependiente*".

Wenn diese Grenze überschritten ist, erscheint es angemessen, die Grundsätze zur Anwendung zu bringen, die zur Haftung der juristischen Person für ihre Organe gelten[166]. Denn es handelt sich hierbei um eine Personengruppe, die, ohne Organfunktionen auszuüben, in ihren Aufgaben und Verantwortungsbereich den Organen der juristischen Person ähnlich ist. Es wäre widersprüchlich, daß die Verantwortung des Unternehmers in dem Maße abnähme, in welchem er unternehmensbestimmende Aufgaben auf Dritte delegierte.

f) Anwendbarkeit der Norm auf nicht ausdrücklich in Art. 1903 Abs. 4 Cc. genannte Personen

Zuvor wurde bereits auf die Frage eingegangen, ob die Gruppe der in Art. 1903 Abs. 4 Cc. genannten Haftungssubjekte (*dueños y directores de empresa*) abschließend zu verstehen sei, oder ob auch Sachverhalte erfaßt werden könnten, die über ein enges Wortverständnis hinaus gingen[167]. Die gleiche Frage muß auch im Hinblick auf die Gruppe derjenigen für die gehaftet werden muß, für deren Verhalten der Geschäftsherr also einzustehen hat.

---

164 YZQUIERDO TOLSADA, Responsabilidad del profesional liberal (1989), S. 73.

165 Zur Abgrenzung vgl. ausführlich oben, S. 14.

166 Vgl. dazu oben, S. 34.

167 Siehe oben, S. 14.

Der typische Anwendungsfall einer Haftung für Hilfspersonen sind Arbeitsverhältnisse[168]. Daß dies jedenfalls den Vorstellungen des historischen Gesetzgebers entspricht, ergibt sich insoweit klar aus der sprachlichen Fassung des Art. 1903 Abs. 4 Cc, als dort von *„dependientes"* die Rede ist. Aktuelle Haftungsprobleme werfen indes regelmäßig die Frage auf, ob auch eine gänzlich abseits des Arbeitsrechts liegende Schädigungssituationen unter den Wortlaut subsumiert werden kann.

In Spanien fehlen spezielle Haftungsregelungen für praxisrelevante Bereiche. Insbesondere Sondernormen zur Gefährdungshaftung sind weit weniger verbreitet als in Deutschland[169]. Zur Erreichung materiell gerechter Ergebnisse ist die Rechtsprechung deshalb bemüht, im Einzelfall allgemeine Haftungsregelungen zur Anwendung zu bringen, um das Defizit spezifischer Haftungsnormen zu kompensieren. Ein typisches Beispiel ist die Haftung des Kfz-Halters[170], die in Spanien nicht durch besondere Gefährdungshaftungstatbestände gewährleistet ist, aber aus Opferschutzgesichtspunkten für erforderlich gehalten wird. Die Kfz-Haftung knüpft im spanischen Recht nicht wie § 7 StVG an den Halter, sondern ausschließlich an den Fahrzeugführer an, Art. 39 LUCVM (*Ley sobre uso y circulación de vehículos de motor*)[171]. Für besondere Aufmerksamkeit hat ein Urteil des *Tribunal Supremo* gesorgt, in dem eine Fahrzeughalterin auf Grundlage des Art. 1903 Abs. 4 Cc. zur Haftung verurteilt wurde, die ihrem Verlobten, dem späteren Schadensverursacher, ihr Fahrzeug im Rahmen einer Gefälligkeit überlassen hatte[172].

Zwar können Fragen der Halterhaftung an dieser Stelle nicht vertieft werden, dennoch ist das Urteil auch für die vorliegende Untersuchung von Interesse. Denn das Gericht hat sich in diesem Zusammenhang für ein sehr offenes und weites Verständnis der Norm ausgesprochen und die dort genannten Haftungsfälle als exemplarisch qualifiziert[173]. Weit bemerkenswerter ist aber, daß es auf das Ab-

---

168 ASÚA GONZÁLEZ, in: Puig I Ferriol u.a. (1996), Derecho Civil, Bd. 2, S. 484 f.

169 Vergleichbar ist die Situation in Frankreich, siehe: V. CÄMMERER, in: RabelsZ 42 (1978), 5 (13).

170 Vgl. ZELAYA ETCHEGARAY, Responsabilidad del empresario (1995), S. 377. Zur Haftungssituation bei KFZ-Unfällen in Spanien allgemein JORDANO FRAGA, Responsabilidad por auxiliares (1994), S. 41 f. Einen Überblick über die einschlägige Rechtsprechung bietet CAVANILLAS MÚGICA, Transformación de responsabilidad (1987), S. 98 f.

171 SIERRA PÉREZ, Responsabilidad del empresario (1997), S. 226 f.

172 STS (sala 1) 23.2.1976 (RJ 880); Auch die Strafgerichtsbarkeit wendet in diesen Fällen die Regeln zur Haftung für Hilfspersonen, Artt. 109 ff. *Código penal* an, selbst wenn im einzelnen nicht alle Tatbestandsvoraussetzungen klar vorliegen, etwa ein Abhängigkeitsverhältnis nicht festzustellen war, vgl. STS (sala 2) 1.12.1989 (RJ 9372).

173 STS (sala 1) 23.2.1976 (RJ 880).

hängigkeitsverhältnis bei dieser Entscheidung nicht anzukommen scheint[174], obschon die Rechtsprechung im übrigen auf dem Abhängigkeitsverhältnis als maßgeblichem Kriterium beharrt[175]. Zwar bemüht sich das *Tribunal Supremo* in dem genannten Urteil, ein Abhängigkeitsverhältnis aus der engen Bindung zwischen den Verlobten herzuleiten (*relación cuasifamiliar*). Dies kann jedoch keinesfalls genügen, um eine allgemeine Verantwortlichkeit des einen für den anderen zu begründen, wie dies dem Inhalt des Art. 1903 Abs. 4 entspräche[176]. Denn der Abhängigkeitsbegriff des Art. 1903 Abs. 4 Cc. ist im Sinne einer Weisungsgebundenheit zu verstehen[177], die im Verhältnis Verlobter zueinander in der Regel nicht vorliegt. Verdeutlicht man sich den Normalfall der Anwendung des Art. 1903 Abs. 4 Cc., nämlich ein Arbeitsverhältnis, und vergleicht diesen mit einer Verlobtensituation wird um so deutlicher, daß die Norm auf diesen Fall nicht paßt. Diese Rechtsprechung, die sowohl im Widerspruch zur übrigen Judikatur steht als auch den Normwortlaut außer acht läßt, ist zu Recht auf Kritik im juristischen Schrifttum gestoßen[178].

Die Rechtsprechung bietet aber auch in dieser Frage kein homogenes Bild[179]. Es ist deshalb davon auszugehen, daß sich die Ausdehnung der Tatbestandsvoraussetzung, wie sie die Rechtsprechung im Bereich der Kfz-Halter-Haftung vorgenommen hat, nicht allgemein auf andere Fälle der Gehilfenhaftung übertragen läßt. Es erscheint naheliegend, diese Rechtsprechung als das Bestreben zu deuten, materielle Gerechtigkeit in einem eng umgrenzten, aber in der Rechtspraxis hochrelevanten Haftungsfeld zu erzielen[180].

Die angesprochene Problematik ergibt sich nur in den Fällen, in denen nicht ohnehin die Voraussetzungen des Art. 1903 Abs. 4 Cc. vorliegen, weil etwa der Un-

---

174 Vgl. ZELAYA ETCHEGARAY, Responsabilidad del empresario (1995), S. 405.

175 Vgl. STS (sala 1) 26.06.1984 (RJ 3265).

176 Ebenso ANGEL YÁGÜEZ, in: RCDI 1985, 839 (842).

177 Hierzu bereits oben, S. 26.

178 ZELAYA ETCHEGARAY, Responsabilidad del empresario (1995), S. 373; SIERRA PÉREZ, Responsabilidad del empresario (1997), S. 117, Fn. 72; ANGEL YÁGÜEZ, Responsabilidad civil (1988), S. 120 f.; CAVANILLAS MÚGICA, Transformación de responsabilidad (1987), S. 99 ff.; QUIÑORO CERVANTES, in: Anales de Derecho 1978, 71 ff.; ANGEL YÁGÜEZ, in: RCDI 1985, 839 ff.; PUIG BRUTAU, Fundamentos (1983), Bd. 2/ 3, S. 106; LACRUZ BERDEJO u.a., Elementos II (1999), Bd. 2, S. 523 f.; REGLERO CAMPOS, Accidentes de Circulación (1990), S. 131 f.

179 ZELAYA ETCHEGARAY, Responsabilidad del empresario (1995), S. 386.

180 In diesem Sinne auch ZELAYA ETCHEGARAY, Responsabilidad del empresario (1995), S. 405.

fall durch einen Arbeitnehmer verursacht wurde[181]. Ebenso sind die Fälle unproblematisch unter Art. 1902 Cc. zu subsumieren, in den dem Halter ein eigenes Verschulden nachgewiesen werden kann, etwa in der Auswahl des Fahrzeugführers[182].

Lediglich am Rande, und ohne die noch folgenden Ausführungen vorweg nehmen zu wollen, sei darauf hingewiesen, daß die Haftung nach dem *Código penal* unkomplizierter zu begründen ist und deshalb auch die Urteile des zweiten Senats des *Tribunal Supremo* anders ausfallen. Dennoch begründet die Haltereigenschaft allein auch anhand der strafrechtlichen Normen noch keine Haftung, denn dies liefe auf eine Haftung *ex re* hinaus, die der strafrechtlichen ebenso wie der zivilrechtlichen Haftung für Dritte in Spanien fremd ist[183].

aa. Besonderheiten beim Werkvertrag

Ein weiterer Bereich, in dem die Rechtsprechung Anstrengungen erkennen läßt, die Haftung des Art. 1903 Abs. 4 Cc. auf dort nicht ausdrücklich erwähnte Fälle auszuweiten, ist das Werkvertragsrecht. Insbesondere im Hinblick auf das Baurecht gewinnen Haftungsfragen zunehmend an Bedeutung. Umstritten ist, ob eine Haftung des Bestellers für Schädigungshandlungen des Bauunternehmers und dessen Hilfspersonen aus Art. 1903 Abs. 4 hergeleitet werden kann.

Die Rechtsprechung des *Tribunal Supremo* und das Schrifttum bieten zur Frage der Ausdehnung des Art. 1903 Abs. 4 Cc. auch auf den Werkvertrag kein einheitliches Bild. Zwar weisen einzelne Urteile des Gerichts auf eine Haftung des Bestellers (*comitente*) für den Werkunternehmer (*contratista*) und dessen Hilfspersonen hin[184]. Die überwiegende Auffassung spricht sich jedoch gegen diese Ausweitung des Tatbestandes aus[185]. Nach ANGEL YÁGÜEZ[186] geht die Rechtsprechung dabei von folgenden Grundgedanken aus. Erstens sei die Rechtsfigur des Werkvertrags sehr klar umrissen, wobei unterstrichen wird, daß der Werkunternehmer organisatorisch und in der Übernahme von Risiken unabhängig sei. Zweitens begründe der Werkvertrag keinerlei Unterordnungs- oder Abhängigkeitsverhältnis, welche jedoch das Wesen und die Grundlage des Art. 1903 Cc. ausmachten. Allerdings könne der Werkvertrag dann sehr wohl unter die Haftungsnorm

---

[181] JORDANO FRAGA, Responsabilidad por auxiliares (1994), S. 42, Fn. 22; REGLERO CAMPOS, in: CCJC 1988, 845 (853).

[182] ZELAYA ETCHEGARAY, Responsabilidad del empresario (1995), S. 378; ANGEL YÁGÜEZ, in: RCDI 1985, 839 (842 f.); REGLERO CAMPOS, in: CCJC 1988, 845 (853).

[183] STS (sala 2) 16.12.1986 (RJ 7932).

[184] Vgl. etwa STS (sala 1) 26.5.1989 (RJ 3890).

[185] Vgl. ANGEL YAGÜEZ, Responsabilidad civil (1988), S. 135.

[186] ANGEL YÁGÜEZ, in: Paz-Arez u.a., Com. del Cc. (1993), zu Art. 1903, S. 2017 f.

des Art. 1903 Cc. fallen, wenn der Besteller sich die Überwachung oder eigene Mitwirkung bezüglich der Arbeiten des Werkunternehmers vorbehalten hat[187].

Nach der gesetzlichen Konzeption ist dies jedoch der Ausnahmefall. Denn es entspricht dem Wesen des Werkvertrags, daß der Unternehmer in seinen Handlungen und Entscheidungen frei ist[188]. Die Rechtsprechung läßt dies außer acht, wenn sie die Freiheit des Werkunternehmers bereits bei geringfügigen Einflußnahmen in Frage stellt. Der Grundsatz, daß Art. 1903 Abs. 4 Cc. auf Werkverträge keine Anwendung findet, tritt damit bereits bei geringsten Interventionen des Bestellers außer Kraft. So genügte für eine Haftung des Bestellers aus Art. 1903 Abs. 4 Cc. in einem Fall von Ausgrabungsarbeiten bereits, daß dieser dem Baggerführer und Eigentümer der Maschine die konkret zu verrichtenden Aufgaben anzeigte[189]. ANGEL YÁGÜEZ[190] deutet ein weiteres Urteil des *Tribunal Supremo*[191] dahingehend, daß schon der Einsatz eines eigenen Vorarbeiters (*capataz*) es offensichtlich mache, daß die Werkleistung unter der Leitung des Bestellers erbracht würde. Nach Ansicht der Rechtsprechung sei es aufgrund der bloßen Existenz des Vorarbeiters evident, daß das Bauwerk unter der Leitung und Überwachung des Bestellers errichtet würde.

An dieser Auslegung der Entscheidung bestehen jedoch Zweifel. In dem zu entscheidenden Sachverhalt ging es um den tödlichen Unfall eines Bauarbeiters, der trotz einer bekannten Herzkrankheit zu für ihn ungeeigneten und überfordernden Arbeiten angehalten wurde. Der Vorarbeiter hat die überfordernde Tätigkeit selbst dann nicht unterbunden, als für ihn erste herzbedingte Schwächeanzeichen (Zittern, Zyanose) erkennbar waren. Mithin liegt der Schwerpunkt nicht auf der bloßen Bestellung eines Vorarbeiters. Vielmehr hat dieser deutlich Direktionsmöglichkeiten auf der Baustelle wahrgenommen und damit eine haftungsbegründende Bindung zum Besteller hergestellt.

Wie schon in anderem Zusammenhang angesprochen[192], stellt sich die Problematik des Art. 1903 Abs. 4 Cc. nicht, wenn dem Besteller ein Auswahlverschulden bei der Bestimmung des Werkunternehmers nachzuweisen ist. Bestellt der Unternehmer aus Nachlässigkeit einen ungeeignete Werkunternehmer, folgt die Haf-

---

187 Vgl. STS (sala 1) 12.11.1986 (RJ 6386); STS (sala 1) 31.10.1984 (RJ 5194); STS (sala 1) 5.7.1979 (RJ 2931); STS (sala 1) 18.6.1979 (RJ 2895); zustimmend: ANGEL YÁGÜEZ, Responsabilidad civil (1988), S. 137.

188 ANGEL YAGÜEZ, Responsabilidad civil (1988), S. 137.

189 STS (sala 1) 10.4.1989.

190 ANGEL YÁGÜEZ, in: Paz-Arez u.a., Com. del Cc. (1993), zu Art. 1903, S. 2018.

191 STS (sala 1) 26.5.1989 (RJ 3890).

192 Siehe oben, S. 16.

tung schon aus Art. 1902 Cc., ohne daß es des Umwegs über die Gehilfenregelung des Art. 1903 Abs. 4 Cc. bedürfte.

bb. Haftung des Bestellers gegenüber den Mitarbeitern des Werkunternehmers

Auf eine weitere Konstellation weist ANGEL YÁGÜEZ hin[193]. Angesprochen ist die Problematik der Haftung des Bestellers für Schäden, die durch seine Mitarbeiter bei Mitarbeitern des Werkunternehmers verursacht wurden. Untersteht der Geschädigte, als Mitarbeiter des Werkunternehmers, nicht ausnahmsweise den unmittelbaren Weisungen des Bestellers (Weisungsvorbehalt), gibt es keinen Grund, ihn anders als sonstige Dritte zu behandeln. In diesem Fall haftet der Besteller dem Geschädigten aus Art. 1903 Abs. 4 Cc. für das Verhalten seiner Hilfsperson ebenso wie gegenüber jedem unbeteiligten Dritten[194]. Ein Beispiel für eine derartige Konstellation bietet ein Urteil des *Tribunal Supremo* vom 26.11.88[195]. Klägerin im Verfahren war eine Putzfrau, die bei einem Reinigungsunternehmen angestellt war, welches Reinigungsarbeiten bei der spanischen Bahn, RENFE, durchführte. Die Klägerin wurde durch die Unachtsamkeit eines Lokführers von einem Zug erfaßt und verletzt. Vorliegend wurde die RENFE zur Haftung aus Art. 1903 Cc. verurteilt.[196]

Fraglich ist, wie es sich auswirkt, wenn der Besteller sich entgegen dem Normalfall die unmittelbare Weisungsgewalt gegenüber den Mitarbeitern des Werkunternehmers vorbehält. Es wurde bereits festgestellt, daß der Besteller in diesem Fall Dritten gegenüber für das Verhalten der ihm weisungsgebundenen fremden Arbeitnehmer gemäß Art. 1903 Abs. 4 Cc. einzustehen hat[197].

cc. Anwendung allgemeiner Haftungsgrundsätze

Insbesondere aus dem Fehlen von Spezialgesetzen und Regelungen zur Gefährdungshaftung in wichtigen Bereichen, erklärt sich das Bestreben, diese Lücken durch die Anwendung der allgemeinen Deliktsnormen zu schließen. Im Hinblick auf den klaren Gesetzeswortlaut erscheint es aber problematisch, nicht ausdrücklich erwähnten Gruppen mit den in Art. 1903 Cc. genannten Personen gleichzusetzen.

---

[193] ANGEL YAGÜEZ, Responsabilidad civil (1988), S. 137.

[194] Im Ergebnis ebenso: ANGEL YÁGÜEZ, Responsabilidad civil (1988), S. 137. Der Autor konstruiert jedoch umständlich über das Weisungsverhältnis zweier Unternehmen zueinander.

[195] RJ 8714.

[196] Vgl. STS (sala 1) 26.11.1988 (RJ 8714).

[197] Siehe S. 31.

Teilweise wird daher vorgeschlagen, Art. 1903 Abs. 1 Cc. im Sinne eines allgemeinen Haftungsgrundsatzes zu verstehen[198]. Auf diesem Weg würde vermieden, die Tatbestandsvoraussetzungen des Art. 1903 Abs. 4 Cc. über Gebühr zu belasten. Die ausdrücklich erwähnten Sachverhalte hätten allein exemplarischen Charakter und seien spezielle Ausprägungen des in Art. 1903 Abs. 1. Cc. geregelten allgemeinen Haftungsprinzips.

Diesen Weg hat auch die französische Rechtsprechung im Hinblick auf Art. 1.384 *Code civil* vor kurzer Zeit beschritten[199]. Abgesehen davon, daß der Ansatz der französischen *Cour de Cassation* auch in Frankreich nicht unbestritten ist und teilweise als bloße Übergangslösung gesehen wird[200], kommt Art. 1903 Abs. 1 Cc. als eigenständige Anspruchsgrundlage für das spanische Recht nicht in Betracht. Der Hauptgrund liegt in der Unbestimmtheit der Regelung, die keine klaren Tatbestandsmerkmale vorgibt um eine eindeutige Aussage über die Haftpflicht des Geschäftsherrn zu ermöglichen. Hierauf wurde bereits ausführlich eingegangen[201].

g) Haftung des Unternehmers für den Betriebsrat (*comité de empresa*)

Fraglich ist, ob der Wortlaut des Art. 1903 Abs. 4 Cc. auch dann greift, wenn ein Schaden zwar von Mitarbeitern (*dependientes*) des Unternehmers verursacht wurde, jedoch im Rahmen einer Betriebsratsaktivität. Maßgeblich ist eine Entscheidung des *Tribunal Supremo*, in welcher der Betriebsrat ein vermeintlich ehrverletzendes Kündigungsschreiben unter Mißachtung seiner Geheimhaltungspflichten (*deber de sigilio*, Art. 65 Abs. 2 *Estatuto de los Trabajadores*) der Gesamtheit der Mitarbeiter bekannt machte. Der gekündigte Mitarbeiter hatte eine Vertrauensstellung mißbraucht und sich zum Nachteil der Belegschaft bereichert. Im Verfahren forderte er eine materielle Entschädigung aufgrund der erlittenen Ehrverletzung (*derecho al honor*) unter anderem vom Unternehmer auf Grundlage des Art. 1903 Abs. 4 Cc.

Das *Tribunal Supremo* hat, anders als die Vorinstanz, die Haftung des Unternehmers verneint[202]. Im Hinblick auf den Betriebsrat fehle es an einem Weisungs- und Unterordnungsverhältnis, das für die Haftung aus Art. 1903 Abs. 4 Cc. ausschlaggebend sei. Ein Betriebsrat entstehe aufgrund gesetzlicher Regelungen und unabhängig vom Unternehmer. Zudem nehme der Betriebsrat seine Aufgaben

---

[198] So ZELAYA ETCHEGARAY, Responsabilidad del empresario (1995), S. 389; vgl. auch STS (sala 1) 24.11.1980 (RJ 4211).

[199] Vgl. hierzu bereits oben, S. 9.

[200] Vgl. ZELAYA ETCHEGARAY, Responsabilidad del empresario (1995), S. 389.

[201] Vgl hierzu ausführlich oben, S. 9.

[202] Vgl. STS (sala 1) 26.11.1987 (RJ 8692).

weisungsfrei wahr. Der Betriebsrat habe seine natürliche Grundlage nicht in dem Unternehmen, sondern allein in dem Zusammenschluß der Arbeitnehmer. Das zeige sich auch daran, daß der Betriebsrat die Interessen der Arbeitnehmer gegen das Unternehmen verteidige. Mithin steht der Betriebsrat in keinem Abhängigkeitsverhältnis zum Unternehmen, selbst wenn die einzelnen Arbeitnehmer sich in einem solchen befinden. Es fehlt jegliche Bindung, die eine Haftung des Unternehmers begründen könnte.[203]

3. Zusammenhang von Schädigungshandlung und Hilfstätigkeit

Grundsätzlich setzt die Haftung nach Art. 1903 Cc. eine Beziehung des schädigenden Verhaltens zur Hilfstätigkeit voraus. ASÚA GONZÁLEZ[204] bezeichnet dies sogar als logische Notwendigkeit zur Begründung der Haftungsverpflichtung. Diese Beziehung ist nach dem Wortlaut der Norm einerseits gegeben, wenn die Schädigung anläßlich der Erfüllung von Aufgaben entstanden ist, die der Hilfsperson zugewiesen waren (*con ocasión de sus funciónes*). Es genügt aber bereits, wenn die Schädigung im Zusammenhang mit Diensten verursacht wurde, die den Bereichen (*ramos*) entstammen, in dem die Hilfspersonen eingesetzt wurden.

Allgemein ist davon auszugehen, daß der Gesetzgeber im Hinblick auf den erforderlichen Zusammenhang zwischen der Schädigung und der Ausübung von Hilfstätigkeiten keine strengen Maßstäbe anlegen wollte. Deutlich wird dies bereits daraus, daß der Gesetzesentwurf von 1851 vor Inkrafttreten in diesem Sinne modifiziert wurde. Ursprünglich wurde eine Schädigung „bei Ausführung" (*en ejercicio*) der Tätigkeit vorausgesetzt; nach der geltenden Fassung genügt nunmehr bereits eine Schädigung „bei Gelegenheit" (*con ocasión*) der Verrichtung[205].

Das Erfordernis des Zusammenhangs zwischen Schädigung und Verrichtung ist durch die Rechtsprechung kontinuierlich modifiziert worden Die Tendenz geht dahin, die Haftung des Unternehmers zugunsten des Geschädigten zu verschärfen. Die tatbestandlichen Haftungsvoraussetzungen werden durch die Rechtsprechung tendenziell großzügig gehandhabt[206]. Dennoch kann der Rechtsprechung keine einheitliche Linie entnommen werde[207]. Hierfür sind unterschiedliche Gründe zu nennen. Einerseits erschwert die Verschiedenheit der zu entscheidenden Sachverhalte die systematische Erfassung des Problems[208]. Die Rechtsprechung des Zivilsenats des *Tribunal Supremo* sieht sich zudem anders als der Strafsenat

[203] Vgl. STS (sala 1) 26.11.1987 (RJ 8692); FENOY PICÓN, in: ADC 1988, 619 (624).
[204] ASÚA GONZÁLEZ, in: Puig I Ferriol u.a. (1996), Derecho Civil, Bd. 2, S. 485.
[205] ZELAYA ETCHEGARAY, Responsabilidad del empresario (1995), S. 142 f
[206] ZELAYA ETCHEGARAY, Responsabilidad del empresario (1995), S. 471.
[207] Vgl. ZELAYA ETCHEGARAY, Responsabilidad del empresario (1995), S. 472.
[208] ASÚA GONZÁLEZ, in: Puig I Ferriol u.a. (1996), Derecho civil, Bd. 2, S. 485.

auch durch den Normwortlaut an einer klar ausdifferenzierten Rechtsprechung zu diesem Merkmal gehindert. Die Ausgestaltung der Artt. 109 ff. *Código penal* ermöglicht viel eher die Festlegung klarer Vorgaben[209]. Als weiteres Beispiel hierfür mag die Begehung einer Straftat durch die Hilfsperson dienen[210]. Dies ist gerade der ausdrückliche Anwendungsfall einer Haftung des Geschäftsherrn nach Art. 109 ff. Cc. Die zivilrechtliche Haftung des Geschäftsherrn in diesem Fall ist dagegen problematisch.

Die Begriffe der Dienste (*servicios*) und Aufgaben (*funciones*) der Hilfsperson, zu denen die Schädigungshandlung einen Bezug aufweisen muß, sind nach heutiger Sicht nicht streng auf typischerweise der Hilfsperson zugewiesenen Tätigkeiten beschränkt. Es genügt, daß die Schädigungshandlung ihren Ursprung oder ihren Rahmen in der Erfüllung der Hilfstätigkeit hat und mit dieser in einem logisch-notwendigen Zusammenhang steht[211]. Um einen aussagestarken Begriff von PANTALEÓN PRIETO zu gebrauchen, reicht für den Zusammenhang von übertragener Aufgabe und Schädigung bereits eine „notwendige Zufälligkeit" (*ocasionalidad necesaria*). Gemeint ist, daß auch solche Umstände den Geschäftsherrn nicht aus der Haftung entlassen, die zwar zufällig sind, andererseits der Schaden jedoch erst durch die Übertragung der jeweiligen Aufgabe auf den Dritten ermöglicht, bzw. der Schadenseintritt hierdurch wesentlich erleichtert wurde[212].

a) Schädigungshandlung „bei Ausführung" und „bei Gelegenheit" der Verrichtung

Eine weitere Besonderheit des Haftungstatbestandes in Art. 1903 Cc. ist die Differenzierung, die nach dem Wortlaut zwischen solchen Schädigungshandlungen vorzunehmen ist, die bei Ausübung der Tätigkeit resultieren (*en el servicio de los ramos en que los tuvieran empleados*) und denen, die bei Gelegenheit geschehen (*con ocasión de sus funciones*).

Die Bedeutung des zweiten Kriteriums zeigt sich insbesondere in Fällen, in denen der Schädiger außerhalb seiner Arbeitszeit agiert. Nutzt etwa ein Mitarbeiter ein Dienstfahrzeug außerhalb der Arbeitszeit für private Zwecke und verursacht einen Schaden, kann von einer Ausübung übertragener Tätigkeiten nicht gesprochen werden.

---

209 In diesem Sinne ZELAYA ETCHEGARAY, Responsabilidad del empresario (1995), S. 451, Fn. 508.

210 Vgl. ZELAYA ETCHEGARAY, Responsabilidad del empresario (1995), S. 472.

211 ANGEL YÁGÜEZ, in: Paz-Arez u.a., Com. del Cc. (1993), zu Art. 1903, S. 2015.

212 PANTALEÓN PRIETO, in: Enciclopedia (1995), Responsabilidad por hecho ajeno, S. 5957.

Andererseits gilt es zu berücksichtigen, daß die Schädigung erst durch die Stellung als Mitarbeiter geschehen konnte, aus der sich die Zugriffsmöglichkeit auf das Fahrzeug ergab. Der unerlaubte Zugriff auf ein Dienstfahrzeug erscheint keinesfalls als unvorhersehbar und atypisch[213]. Ein noch deutlicheres Beispiel sind die Fälle, in denen die unbefugte Verwendung einer Schußwaffe durch einen Dienstwaffenträger zu einer Drittschädigung geführt hat[214].

Den genannten Beispielen ist gemeinsam, daß der Schaden durch Betriebsmittel im weitesten Sinne verursacht wurde. Ob allein aufgrund der Verwendung von Gegenständen, auf welche der Unternehmer der Hilfsperson den Zugriff erst ermöglicht hat, der erforderliche Zusammenhang zwischen Schädigung und übertragener Tätigkeit hergestellt wird, erscheint fraglich. Teilweise wird eine derartige Beziehung angenommen (*con ocasión de sus funciones*), so daß der Unternehmer im Ergebnis auch in diesem Fall haftet[215].

Gegen die Annahme eines Zusammenhangs in den genannten Fällen lassen sich verschiedene Einwände geltend machen. Zum einen darf der Wortlaut der spanischen Regelung („*con ocasión de sus funciónes*“) nicht darüber hinwegtäuschen, daß eine bloß „gelegentliche“ Schädigung auch nach den Vorschriften des *Código civil* keine Haftung begründet. Die spanische Wortfassung ist insoweit ungenau, zumindest mißverständlich.

Zudem sieht der *Código civil* gerade keine Sachhalterhaftung vor, wie diese das französische Recht kennt (sog. *Gardien*haftung[216]). Der erforderliche Zusammenhang läßt sich auch nicht aus Gefährdungshaftungsgesichtspunkten (*riesgo de empresa*) begründen[217]. Denn dabei würden die eigenständigen Tatbestandsmerkmale des Zusammenhangs von Schädigung und Hilfstätigkeit sowie das Verschuldenserfordernis in unzulässiger Weise vermengt.

Andererseits ist die erhebliche Weite des Tatbestandsmerkmals zu berücksichtigen, worauf bereits hingewiesen wurde. Insbesondere wenn der Geschäftsherr

213 Vgl. CAVANILLAS MÚGICA, in: CCJC 1990, 761 (772 f.).

214 Vgl. CAVANILLAS MÚGICA, in: CCJC 1990, 761 (772); vgl. hierzu auch Urteile der Strafkammer des *Tribunal* Supremo: STS (sala 2) 11.6.1981 (RJ 2645); STS (sala 2) 23.09.1982 (RJ 4955); STS (sala 2) 11.12.1984 (RJ 6263). Allerdings hat die Rechtsprechung hier den Zusammenhang mit der Diensttätigkeit und folglich die Haftung des Dienstherren verneint.

215 In diesem Sinne ZELAYA ETCHEGARAY, Responsabilidad del empresario (1995), S. 495. Zumindest im Ergebnis ebenso: CAVANILLAS MÚGICA, in: CCJC 1990, 761 (771 f.).

216 Hierzu ausführlicher unten, S. 51.

217 So CAVANILLAS MÚGICA, in: CCJC 1990, 761 (769 f.), der sich für den Rückgriff auf die Rechtsfigur der *responsabilidad por riesgo* ausspricht.

gefährliche Gegenstände zur Verfügung stellt, setzt dies Geschäftsherrn und Hilfsperson in spezifischer Weise zueinander in Beziehung. Dieses Verhältnis ist wiederum durch die jeweilige Verrichtung geprägt. Es erscheint daher nicht überzogen, in den erwähnten Konstellationen den erforderlichen Zusammenhang zu bejahen. Aber auch das Verschulden des Geschäftsherrn ist nicht ohne Bedeutung. Dieses dient als Korrektiv, um die Haftung in den Fällen auszuschließen, in welchen dem Unternehmer trotz Überlassung eines gefährlichen Gegenstandes das Schadensergebnis nicht vorzuwerfen ist.

b) Exzeß der Hilfsperson

Ob und inwieweit Exzesse der Hilfsperson bei Ausführung einer übertragenen Tätigkeit der Haftung des Unternehmers entgegenstehen können, ist umstritten.

aa. Exzeß als negatives Tatbestandsmerkmal

Teilweise wird bezweifelt, ob dem genannten Kriterium überhaupt eine eigenständige Bedeutung zukommt[218]. Vielmehr könnte es genügen, den Blick auf das Abhängigkeitserfordernis zu beschränken. Im Exzeßfall fehle diese Voraussetzung. Diese Sichtweise verkennt jedoch, daß auch eine Überschreitung des vorgeschriebenen Handlungsrahmens im Einzelfall das grundsätzlich bestehende Abhängigkeitsverhältnis zwischen Geschäftsherr und Hilfsperson nicht berührt[219]. Es ist damit präziser, den Exzeß der Hilfsperson als eigenständige, negative Haftungsvoraussetzung zuzulassen, selbst wenn sie mit dem genannten Tatbestandsmerkmal in untrennbarem Zusammenhang steht.

bb. Entwicklungen in der Rechtsprechung des *Tribunal Supremo*

Erkennt man den „Exzeß der Hilfsperson“ als selbständiges Kriterium, etwa im Sinne eines negativen Tatbestandsmerkmals des Art. 1903 Abs. 4 Cc. an, ist auf weitere Probleme hinzuweisen. So ist es oft schwierig, zwischen einer bloßen Schlechtausführung der eigentlichen Aufgabe und einem Exzeß zu differenzieren[220].

Ein Beispiel für eine derartige Überschreitung der erlaubten Vorgaben, die von der Rechtsprechung des *Tribunal Supremo* lediglich als fehlerhafte Ausführung der Tätigkeit eingeordnet wird, ist die Überschreitung von Höchstgeschwindigkeitsgrenzen beim Betrieb eines Firmen-Kfz[221]. Auch ein Unfall unter mäßigem

---

[218] SIERRA PÉREZ, Responsabilidad del empresario (1997), S. 196; allgemein dazu vgl. ZELAYA ETCHEGARAY, Responsabilidad del empresario (1995), S. 440, Fn. 494.

[219] So auch ZELAYA ETCHEGARAY, Responsabilidad del empresario (1995), S. 440, Fn. 494.

[220] ZELAYA ETCHEGARAY, Responsabilidad del empresario (1995), S. 452.

[221] Vgl. hierzu ZELAYA ETCHEGARAY, Responsabilidad del empresario (1995), S. 491.

Alkoholeinfluß durchbricht den Zusammenhang mit der übertragenen Verrichtung nicht[222]. Die bloße Schlechtausführung steht einer Haftung des Unternehmers selbst dann nicht entgegen, wenn die Handlung eine Straftat darstellt[223].

In der Rechtsprechung ist die Tendenz zu verzeichnen, haftungsausschließende Exzeßhandlungen in immer selteneren Fällen anzuerkennen[224]. Heute geht das *Tribunal Supremo* davon aus, daß sogar vorsätzliche Schädigungen und zeitweilige Überschreitungen des Aufgabenbereichs durch die Hilfsperson und Abweichungen in der Ausführung die Haftung des Unternehmers nicht ausschließen[225].

Unzweideutig spricht das *Tribunal Supremo* dies in einem Urteil vom 26.11.1984[226] aus. Dort heißt es allgemein, die Haftung umfasse sämtliche Fälle, in denen der Schädiger im Dienst oder zum Vorteil des Geschäftsherrn tätig werde, einschließlich der Übertretungen (*extralimitaciones*), Überschreitungen (*demasias*) oder der unüblichen Ausführung der übertragenen Tätigkeit (*ejercicio anormal*), solange Ziel und Zweck letztlich die Erbringung einer Leistung oder Erfüllung einer Verpflichtung aus dem Bereich des Vertragsverhältnisses entstamme.

Nach der aktuellen Rechtsprechung des *Tribunal Supremo* setzt ein Haftungsausschluß voraus, daß der Schaden sich völlig unabhängig von den Aufgaben realisiert, welche der Hilfsperson zugewiesen waren und die diese auszuführen hatte[227]. Auch hierzu liefert die zuvor genannte Entscheidung des *Tribunal Supremo*[228] eine Definition, die allgemeine Geltung beansprucht. Danach fallen aus dem Haftungsbereich solche Tätigkeiten heraus, die am Rande der Vertragsbe-

---

222 STS (sala 2) 15.11.1978 (RJ 3444); Abzulehnen ist die Interpretation des genannten Urteils durch ZELAYA ETCHEGARAY, Responsabilidad del empresario (1995), S. 493. Dieser versteht die Rechtsprechung dahingehend, daß der Unternehmer deshalb hafte, weil der Konsum von Alkoholika auf längeren Strecken klar vorhersehbar sei. Indessen beruft sich die Entscheidung jedoch auf hinzutretenden Faktoren wie die Erschöpfung des Fahrers. Allein dieser Aspekt ist für den Unternehmer durch die Gestaltung von Strecken- und Zeitvorgabenvorgaben beeinflußbar und vorhersehbar. Der Alkoholkonsum eines Berufskraftfahrer unter Belastung dürfte aber auch für spanische Verhältnisse außerhalb dessen liegen, worauf ein Unternehmer sich einzustellen hat.

223 ZELAYA ETCHEGARAY, Responsabilidad del empresario (1995), S. 473.

224 Vgl. ASÚA GONZÁLEZ, in: Puig I Ferriol u.a. (1996), Derecho Civil, Bd. 2, S. 485 f.; BARCELO DOMENECH, Responsabilidad del empresario (1995), S. 332 f.

225 Vgl. ASÚA GONZÁLEZ, in: Puig I Ferriol u.a. (1996), Derecho Civil, Bd. 2, S. 485 f.; ebenso PANTALEÓN PRIETO, in: Enciclopedia (1995), S. 5957.

226 STS (sala 2) 26.11.1984 (RJ 5992).

227 STS (sala 1) 19.11.1991 (RJ 8412); vgl. auch ASÚA GONZÁLEZ, in: Puig I Ferriol u.a. (1996), Derecho Civil, Bd. 2, S. 485.

228 STS (sala 2) 26.11.1984 (RJ 5992).

ziehung liegen und von der Arbeit bzw. den der Hilfsperson zugewiesenen Aufgaben abgetrennt sind.[229]

Dieser Rechtsprechung ist zuzustimmen. Eine Haftungsfreistellung bei vorsätzlichem Verhalten der Hilfsperson erschiene schon deshalb nicht angemessen, weil der Unternehmer dann gerade im Hinblick auf besonders gefährliche Personen privilegiert würde. Ohne die jeweiligen Merkmale zu vermengen, ist auch hier eine Parallele zu dem Tatbestandsmerkmal des Verschuldens und den dort entscheidenden Wertungen zu ziehen. Ausgehend von dem im Gesetz vorgesehenen Verschuldensprinzip wird sich der Unternehmer in einem solchen Fall stets eine *culpa in eligendo* vorwerfen lassen müssen, zumal nach der Rechtsprechung die Schädigung eine Sorgfaltspflicht bereits indiziert[230]. Auch wenn man sich mit der aktuellen Tendenz der Rechtsprechung des *Tribunal Supremo* vom Verschuldenserfordernis entfernt[231], ergibt sich nichts anderes. Denn das Exzeßverhalten einzelner Arbeitnehmer ist abstrakt vorhersehbar und verkörpert ein Risiko, das mit der unternehmerischen Betätigung und dem Einsatz von Hilfspersonen untrennbar verbunden ist.

cc. Übertretung ausdrücklicher Verbote des Geschäftsherrn

Eine weitere Überlegung geht dahin, ob die Überschreitung eines durch den Unternehmer ausgesprochenen ausdrücklichen Verbots dessen Haftung ausschließt. Häufig stellt sich diese Frage im Zusammenhang mit der unbefugten Benutzung von Kraftfahrzeugen[232].

Teilweise wird angenommen, ein ausdrückliches Verbot genüge, um in Schädigungsfall das Bestehen eines Abhängigkeitsverhältnisses zu verneinen[233].

---

229 Extreme Beispiele für derartige Exzesse, die jedoch eine Haftung des Geschäftsherrn nicht zwingend ausschließen, stellen die Fälle des Schußwaffenmißbrauchs durch Polizeibeamte außerhalb der regulären Dienstzeit dar. Vgl. etwa die Entscheidung STS (sala 1) 15.12.1994 (RJ 10112), in der ein Polizist privat die Waffe gegen einen Verkehrssünder zum Einsatz brachte. Das *Tribunal Supremo* hat die Haftung des Dienstherren auf Grundlage des Art. 1903 Cc. bejaht. Größere Bedeutung hat die Frage jedoch im Rahmen der strafgerichtlichtlichen Rechtsprechung bei den Adhäsionsverfahren. Dazu unten, S. 118.

230 ASÚA GONZÁLEZ, in: Puig I Ferriol u.a. (1996), Derecho Civil, Bd. 2, S. 487; ZELAYA ETCHEGARAY, Responsabilidad del empresario (1995), S. 598; ALONSO OLEA, Responsabilidad del empresario (1990), S. 81 f.

231 Hierzu ausführlich unten, S. 59.

232 Vgl. SIERRA PÉREZ, Responsabilidad del empresario (1997), S. 208 f.; BARCELO DOMENECH, Responsabilidad del empresario (1995), S. 331.

233 SIERRA PÉREZ, Responsabilidad del empresario (1997), S. 208.

ZELAYA ETCHEGARAY differenziert nach der Art des Verbots. Ein Verbot könne dahingehend ausgesprochen sein, daß schon die Art der Tätigkeit eingeschränkt werden solle. Andererseits könne aber auch eine bloße Beschränkung im Hinblick auf die Ausführung einer bestimmten Tätigkeit beabsichtigt sein. Allein im ersten Fall sei von einem Exzeß der Hilfsperson auszugehen, der die Haftung des Unternehmers ausschließe[234]. Generelle Anweisungen und Verbote seitens des Unternehmers tangierten die Haftung nicht[235].

Es wurde bereits darauf hingewiesen, daß die Frage nach dem Verschuldensprinzip in den unterschiedlichsten Nuancen mit den einzelnen Voraussetzungen der Gehilfenhaftung verwoben ist. Dies zeigt sich auch im Hinblick auf die Exzeßproblematik[236]. Urteile des *Tribunal Supremo*, die eine Haftung für nur gelegentliche Schädigungshandlungen des Gehilfen ablehnen und dabei maßgeblich auf die Kriterien von Erlaubnissen und Verboten seitens der Geschäftsherrn abstellen, zeigen eine deutliche Anlehnung an das Verschuldensprinzip[237]. Dies läßt sich durchaus verallgemeinern. Je stärker sich eine Rechtsordnung dem Verschuldensdogma verschreibt, desto schwieriger stellt es sich dar, den Unternehmer für Exzesse haften zu lassen. Denn regelmäßig wird die Frage zu stellen und oft auch zu verneinen sein, inwieweit diesem eine Überwachung und Verhinderung des Exzesses möglich war (*culpa in eligendo, vigilando vel instruendo*). Rechtsordnungen, die auf das Verschuldenserfordernis verzichten oder dessen praktische Bedeutung deutlich heruntergesetzt haben, gelangen leichter zu einer Bejahung der Unternehmerhaftung, trotz nicht unbedeutender Exzesse im Verhalten der Hilfsperson.

dd. Straftaten der Hilfsperson

Fraglich ist, ob sich ein Exzeßverhalten dann annehmen läßt, wenn die Schädigungshandlung die Voraussetzungen einer Straftat erfüllt. Für den Bereich des Schadensersatzanspruchs gegen den Unternehmer nach den Regelungen des Strafgesetzbuches, vgl. Art. 109 *Código penal*, steht dies außer Frage. Hier ist die strafbare Handlung der Hilfsperson sogar notwendige Voraussetzung für die Haftung des Unternehmers.

---

[234] So ZELAYA ETCHEGARAY, Responsabilidad del empresario (1995), S. 454 f.

[235] ZELAYA ETCHEGARAY, Responsabilidad del empresario (1995), S. 476 mit Rechtsprechungsnachweisen.

[236] Vgl. zu dieser Verknüpfung und den dadurch bedingten Auswirkungen auf die Haftungsgestaltungen in den unterschiedlichen Rechtssystemen ZELAYA ETCHEGARAY, Responsabilidad del empresario (1995), S. 442.

[237] ZELAYA ETCHEGARAY, Responsabilidad del empresario (1995), S. 472.

c) Vermutung des Zusammenhanges zwischen Schädigung und Hilfstätigkeit

Schließlich wird zugunsten des Geschädigten auch vermutet, daß der notwendige Zusammenhang von Schädigungshandlung und Hilfstätigkeit gegeben ist. Dem Unternehmer (*empresario*) obliegt es, diese Vermutung zu widerlegen[238].

4. Verschuldenserfordernis

Haftungsfragen stehen in der Tradition des Verschuldensprinzips[239]. Die wirtschaftlichen Entwicklungen, und damit auch die Rechtsprechung und das juristische Schrifttum, stellen Sinn und Zweck des Verschuldensprinzips aber heute zunehmend in Frage[240]. Das Verschuldensprinzip wird im Hinblick auf die Erfordernisse einer modernen Gesellschaft als überholt angesehen und es wird für seine Abschaffung plädiert[241]. Andere halten das Verschulden des Geschäftsherrn bereits *de lege lata* für verzichtbar[242]. Die Rechtsprechung des *Tribunal Supremo* geht einen Mittelweg, indem sie zwar nominell am Verschuldensprinzip ausdrücklich festhält, die Tatbestandsvoraussetzungen des Art. 1903 Cc. aber in einer Weise interpretiert, die nahezu durchgehend zu einer verschuldensunabhängigen Haftung des Geschäftsherrn führt[243].

a) Geschäftsherr

Ausgehend vom Wortlaut der Norm folgt das Erfordernis eines Verschuldens des Geschäftsherrn zunächst aus dem Zusammenhang von Art. 1903 Cc. mit Art. 1902 Cc.[244] Der erste Absatz des Art. 1903 Cc. verweist auf Art. 1902 Cc. Das in Art. 1902 Cc. als Haftungsvoraussetzung aufgestellte Verschuldenserfordernis (*culpa o negligencia*) gilt damit auch für Art. 1903 Cc. Ein weiteres Indiz für die Unabdingbarkeit eines Verschuldenserfordernisses beim Geschäftsherrn findet sich in Art. 1903 Abs. 6 Cc., der eine Exkulpationsmöglichkeit vorsieht. Die

238 DÍEZ-PICAZO/ GULLÓN, Sistema (1999), Bd. 2, S. 555 f.

239 DÍEZ-PICAZO, Fundamentos (1996), Bd.2, S. 576; PUIG BRUTAU, Fundamentos (1983), Bd. 2/ 3, S. 137.

240 Vgl. ZELAYA ETCHEGARAY, Responsabilidad del empresario (1995), S. 159.

241 CRISTÓBAL MONTES, in: ADC 1989, 5 (8); DÍEZ-PICAZO, Fundamentos (1996), Bd.2, S. 593; gegen eine verschuldensunabhängige Haftung hingegen GARCÍA CANTERO, in: Centenario (1990), Bd. 2, S. 875 (881).

242 JORDANO FRAGA, in: ADC 1993, 915 (928); PASCUAL ESTEVILL, Responsabilidad extracontractual (1990), Bd. 2/ 2, S. 199 ff.

243 Hierzu ausführlich unten, S. 59.

244 ENNECERUS/ LEHMANN, Derecho de Obligaciones (1966), Bd. 2/ 2, S. 1123.

Möglichkeit der Exkulpation impliziert, daß die Norm ein Verschulden des Geschäftsherrn voraussetzt[245].

Nach dem Gesetzeswortlaut und der Normstruktur setzt Art. 1903 Cc. mithin ein Verschulden des Geschäftsherrn voraus und bestimmt zugunsten des Geschädigten eine Umkehr der Beweislast[246]. Andere europäische Zivilrechtsordnungen verzichten hingegen gänzlich auf das Erfordernis eines Verschuldens auf Seiten des Geschäftsherrn[247]. Exemplarisch genannt seien die Rechtsordnungen des *Common Law* sowie die Zivilgesetzbücher Italiens und Portugals[248]. Warum sowohl das deutsche als auch das spanische Recht einen anderen Weg gewählt haben, muß differenziert beantwortet werden.

aa. Einfluß des französischen *Code Civile*

Eine zentrale Rolle bei der Beantwortung dieser Frage spielt die französische Regelung zur Gehilfenhaftung. Bei Schaffung sowohl des BGB als auch des spanischen *Código civil* war das französische Zivilgesetzbuch aus dem Jahre 1804 bereits in Kraft. Für die Gesetzesväter des deutschen und des spanischen Zivilgesetzbuches war es naheliegend, sich auch mit der französischen Regelung auseinanderzusetzen. Art. 1384 Abs. 1 *Code civil* lautet, wortgleich auch in Belgien und Luxemburg geltend[249]:

On est responsable non seulement du dommage que l'on cause par son propre fait, mais encore de celui qui est causé par le fait des personnes dont on doit répondre, ou des choses que l'on a sous sa garde.

Eine wichtige Besonderheit des Art. 1384 Abs. 1 *Code civil* in diesem Zusammenhang ist die Existenz einer Sachhalterhaftung, für die nach aktuellem Normverständnis ein Verschulden des Geschäftsherrn keine Haftungsvoraussetzung ist[250]. Diesem Detail kam für die weitere Entwicklung der Haftung für Hilfspersonen in Frankreich eine bedeutende Rolle zu.

---

245 LANDECHO VELASCO/ MOLINA BLÁZQUEZ, Derecho Penal (1996), S. 567; CAVANILLAS MÚGICA, in: CCJC 1989, 37; DÍEZ-PICAZO, Fundamentos (1996), Bd.2, S. 592.

246 Vgl. SIERRA PÉREZ, Responsabilidad del empresario (1997), S. 126.

247 Vgl. V. CAEMMERER, in: ZfRV 1973, 241 (242 f.).

248 Vgl. hierzu ZELAYA ETCHEGARAY, Responsabilidad del empresario (1995), S. 75 f., Fn. 84.

249 V. BAR, Gemeineuropäisches Deliktsrecht (1996), Bd. 1, Rdn. 107.

250 Vgl. V. BAR, Gemeineuropäisches Deliktsrecht (1996), Bd. 1, Rdn. 106.

(1) Entwicklung der französischen Gehilfenhaftung

Der französische *Code civil* sieht in Art. 1384 Abs. 5 eine verschuldensunabhängige Haftung des Hausherrn für die Personen seines Hausstandes sowie des Arbeitgebers für seine Angestellten vor.

Zum Verständnis der Entwicklung einer verschuldensunabhängigen Personenhaftung im allgemeinen ist indes die Regelung des Art. 1384 Abs. 1 *Code civil* von größerer Bedeutung. Es sind zunächst die Regelungsbereiche der Haftungsnorm zu differenzieren. Neben der Haftung für Personen für die man einzustehen hat, „... *personnes dont on doit répondre*", sieht der letzte Halbsatz die bereits erwähnte Sachhalterhaftung vor: „... *choses que l'on a sous sa garde*". Ausgehend von dieser Sachhalterhaftung, die anknüpfend an den Normwortlaut des Art. 1384 *Code civile* „*Gardien*haftung" genannt wird, entwickelte sich das heutige Normverständnis. Den Anstoß gab ein als bahnbrechend angesehenes Urteil der *Cour des Cassasion* vom 16.6.1896[251]. In dem Verfahren ging es um Ansprüche einer Witwe gegen den Eigner eines Schleppers, auf dem der Ehegatte der Klägerin als Maschinist beschäftigt war. Dieser hatte bei einer Kesselexplosion den Tod gefunden, die auf kein Verschulden des Eigners, sondern vielmehr auf einen Verarbeitungsfehler zurückgeführt werden mußte. Der Kassationsgerichtshof gab der Klage der Witwe statt. Gestützt auf eine vom Wortlaut wohl kaum gedeckte Auslegung des Art. 1384 Abs. 1 *Code civil*[252] war das Verschuldenserfordernis für die Sachhalterhaftung durch diese Rechtsprechung obsolet geworden und die verschuldensunabhängige *Gardien*haftung geboren.

Die Entscheidung muß im Zusammenhang mit den besonderen Haftungsproblemen gesehen werden, die sich aus der Industrialisierung im ausgehenden 19. Jahrhundert ergaben[253]. Den besonderen Risiken einer modernen Industriegesellschaft trat man einerseits durch die Schaffung verschuldensunabhängiger Gefährdungshaftungstatbestände gegenüber. Wobei dieser Bereich in Deutschland sehr viel stärker ausgebaut wurde als etwa in Spanien oder Frankreich. Zum zweiten versuchte die Rechtsprechung das bestehende Deliktsrecht, das aus einer Zeit stammte, in der „nicht zugedeckte Brunnen, einstürzende Baugerüste, herabfallende Dachziegel, brennende Scheunen, durchgehende Pferde und umfallende

---

[251] Vgl. V. CAEMMERER, in: RabelsZ 42 (1978) 5 (7).
[252] V. CAEMMERER, in: RabelsZ 42 (1978) 5 (7).
[253] HÜBNER, *Gardien*-Haftung (1972), S. 6 f.

Bäume die eigentlichen Haftungsrisiken waren"[254], an die sich wandelnden Verhältnisse anzupassen[255].

Zu einer völlig verschuldensunabhängigen und allgemeinen Gehilfenhaftung hat sich die französische Rechtsprechung indessen lange Zeit nicht durchringen können. Dabei wäre die Erweiterung der durch die Bemühungen der Rechtsprechung alsbald zum Gewohnheitsrecht gefestigten verschuldensunabhängigen *Gardienhaftung* auch auf die Haftung für Dritte nur konsequent gewesen[256]. In der französischen Rechtslehre ist dieser Weg denn auch schon zu Beginn des Jahrhunderts mehrfach vorgeschlagen worden[257]. Die *Assemblée plénière*[258] der *Cour de Cassation* in Paris hat indessen erst im Jahre 1991 konsequent eine verschuldensunabhängige, allgemeine Haftung für Dritte auf der Grundlage des Art. 1384 angenommen[259]. Dieses Urteil des Kassationsgerichtshofs stellt eine radikale Rechtsprechungsänderung dar[260]. Zugrunde lag ein Sachverhalt, der nicht dem engen Begriff der Haftung für Hilfspersonen zuzuordnen ist. Der Inhalt der Entscheidung ermöglicht jedoch auch Rückschlüsse für den Bereich der Gehilfenhaftung.

In der Entscheidung stellte sich die Frage nach der Haftung eines Vereins zur Betreuung geistig Behinderter, nach deren Erziehungskonzept den Behinderten vollständige Bewegungsfreiheit zugestanden wurde. Ein unbeaufsichtigter Behinderter hatte dabei einen Wald in Brand gesteckt. Die dogmatische und konstruktive Besonderheit des Urteils liegt darin, daß Absatz 1 der Vorschrift erstmalig so verstanden wurde, daß es sich hierbei nicht allein um eine Einleitungsformel, sondern um ein allgemeines Prinzip der Haftung für Dritte handele[261].

FERRAND[262] weist darauf hin, daß das Verständnis des Urteils in Frankreich umstritten ist. Das Urteil lasse im Ergebnis offen, ob Art. 1384 *Code civile* auf einer einfachen (widerlegbaren) Verschuldensvermutung oder auf einer Gefährdungs-

---

[254] V. CAEMMERER, in: RabelsZ 42 (1978) 5 (5).

[255] Vgl. CAVANILLAS MÚGICA/ TAPIA FERNÁNDEZ, Concurrencia de responsabilidad (1992), S. 27 f.

[256] V. BAR, Gemeineuropäisches Deliktsrecht (1996), Bd. 1, Rn 115.

[257] Vgl. v. BAR, Gemeineuropäisches Deliktsrecht (1996), Bd. 1, Rz. 115, Fn. 688.

[258] Vergleichbar dem Großen Senat des Bundesgerichtshofs: siehe WITZ/ WOLTER, in: ZEuP 1993, 592 (593).

[259] Cass.ass.plén. 29.3.1991, D. 1991 Jur. 324; vgl. v. BAR, Gemeineuropäisches Deliktsrecht (1996), Bd. 1, Rdn. 115; zur Entwicklung der französischen Rechtsprechung in dieser Frage vgl. auch FERRAND, in: ZEuP 1993, 132 ff.; Vgl. zu dieser Entscheidung bereits oben, S. 9.

[260] FERRAND, in: ZEuP 1993, 132 (133).

[261] Vgl. FERRAND, in: ZEuP 1993, 132 (138).

[262] FERRAND, in: ZEuP 1993, 132 (140).

haftung („*responsabilité de plein droit*") ohne Entlastungsmöglichkeit außer im Fall höherer Gewalt („*cause étrangère*") beruhe. Nur im letzten Fall könne von einer verschuldensunabhängigen Haftung im engeren Sinne gesprochen werden.

Die Bedeutung der *Gardien*haftung liegt heute hauptsächlich im Bereich der Kfz-Unfallhaftung[263]. Der Grund hierfür liegt in der schon angesprochenen Besonderheit, daß in Frankreich, von Einzelfällen abgesehen, keine Gefährdungshaftungstatbestände existieren[264]. Die Gesetzeslage in Spanien ist hiermit vergleichbar. Zwar ist die Kfz-Haftung insoweit ein Ausnahmefall, als für diesen Bereich mit Art. 39 des Gesetzes über die Benutzung und das Fahren von Kraftfahrzeugen LUCVM (*Ley sobre uso y circulación de vehículos de motor*) eine spezialgesetzliche Regelung besteht. Dennoch sieht die Regelung allein eine Haftung des Fahrzeugführers vor, wohingegen eine Eigentümer- bzw. Halterhaftung fehlt. Das Gesetz verpflichtet den Eigentümer lediglich eine Versicherung im Hinblick auf die Haftpflicht des Fahrzeugführers abzuschließen, Art. 39 Abs. 2 LUCVM[265].

Nur am Rande sei erwähnt, daß der Anwendungsbereich der *Gardien*haftung in der französischen Rechtslehre noch nicht abschließend geklärt ist. So wird erwogen, die Hilfsperson selbst als *gardien* im Sinne des Art. 1384 *Code civil* anzusehen, also namentlich als Sachhalter der Produktionsmittel des Unternehmers (beispielsweise Maschinen), vermittels derer ein Dritter geschädigt wurde. Die Vertreter dieser Auffassung suchen den Geschädigten vom Nachweis eines Verschuldens in der Person des unmittelbaren Schadensverursachers zu entlasten[266]. Jedoch würde die wirtschaftlich sinnvolle und daher ganz überwiegend als erstrebenswert angesehene Haftung des Unternehmers bei Zugrundelegung dieser Sichtweise ausgehebelt. Das angesprochene Problem ist ein Besonderheit des französischen Rechts und kann daher an dieser Stelle nicht vertieft werden.

(2) Bedeutung für die Gehilfenhaftung im spanischen *Código civil*

Vor diesem Hintergrund wird weitgehend deutlich, warum die Haftung für Dritte in Art. 1903 *Código civil* nicht verschuldensunabhängig ausgestaltet ist.

Zunächst gibt der Wortlaut des Art. 1903 Cc. keinen ausdrücklichen Anhaltspunkt für eine verschuldensunabhängige Haftung des Geschäftsherrn. Die Exkulpationsregelung des Art. 1903 Abs. 6 Cc. weist sogar in die gegenteilige Richtung. Wie bereits ausgeführt wurde, setzt das Bestehen einer Exkulpationsregelung ein vorgelagertes Verschulden logisch voraus.

---

263 Vgl hierzu SIERRA PÉREZ, Responsabilidad del empresario (1997), S. 226 f.

264 V. CAEMMERER, in: RabelsZ 42 (1978) 5 (13).

265 SIERRA PÉREZ, Responsabilidad del empresario (1997), S. 226 f.

266 Vgl. ZELAYA ETCHEGARAY, Responsabilidad del empresario (1995), S. 567 ff.

Darüber hinaus ist Spanien ein Unikum in der Gruppe der auf dem *Code civil* fußenden Rechtsordnungen. Etwa in Italien, Portugal und den Niederlanden schuf der Gesetzgeber eine objektive Sachhalterhaftung, wie sie bereits im französischen Recht existierte. Demgegenüber kennt das spanische Zivilgesetzbuch bis heute keine allgemeine Haftungsregelung für Sachen. Die spanische Rechtsordnung ist damit die einzige europäische Tochterrechtsordnung des *Code civil*, in der bis heute keine allgemeine Sachhalterhaftung besteht[267].

Folglich kann Art. 1903 Cc. auch nicht nach dem französischen Vorbild im Wege der Auslegung in eine verschuldensunabhängige Haftungsnorm umgedeutet werden. Für eine derartige Auslegung fehlt es an dem gemeinsamen Ausgangspunkt: einer Regelung zur Haftung für Sachen, deren verschuldensunabhängige Auslegung naheliegt und die sich in einem zweiten Schritt auch auf die Gehilfenhaftung ausdehnen läßt[268]. Das Fehlen einer *Gardien*haftung ist auch der Grund dafür, warum insbesondere der obergerichtlichen Rechtsprechung in Spanien ein viel größeres Gewicht bei der Entwicklung des aktuellen Haftungskonzepts zukommt als dies etwa in Frankreich der Fall ist[269]. Die spanische Rechtsprechung ist bemüht, das Verschuldensprinzip zunehmend abzuwerten, um gerechte Haftungsergebnisse zu erreichen[270], was sehr viel größeren dogmatischen und argumentativen Aufwand erfordert als in Frankreich.

Zwar erscheint es zweifelhaft, ob das gegenwärtige Konzept einer Verschuldenshaftung den Erfordernissen einer modernen Industriegesellschaft gerecht wird[271]. Es handelt sich bei der heutigen Normfassung jedoch nicht um ein unbedachtes Missgeschick des Gesetzgebers. Zwar hat der spanische Gesetzgeber sich durch die Gestaltung der Norm den Weg zu einer verschuldensunabhängigen Haftung des Geschäftsherrn durch bloße Gesetzesauslegung - anders als in Frankreich - verschlossen. Dennoch hat sich der spanische Gesetzgeber sehenden Auges gegen die französische *Gardien*haftung entschieden. Dies folgt bereits aus dem Um-

---

267 V. BAR, Gemeineuropäisches Deliktsrecht (1996), Bd. 1, Rdn. 108.

268 In diesem Sinne auch CAVANILLAS MÚGICA, Transformación de responsabilidad (1987), S. 93. Dennoch hat die Rechtsprechung des *Tribunal Supremo* jedenfalls für einen engen Bereich der Kfz-Halter-Haftung (Kfz-Vermietung an Selbstfahrer) ein Haftungssystem aus Art. 1.903 Cc. entwickelt, das *in praxi* einer Sachhalterhaftung gleichkommt. Vgl. hierzu ZELAYA ETCHEGARAY, Responsabilidad del empresario (1995), S. 406.

269 ZELAYA ETCHEGARAY, Responsabilidad del empresario (1995), S. 647.

270 Hierzu ausführlich unten, S. 59.

271 Ausführlich hierzu unten, S. 66. Das Fehlen einer Gardienhaftung im *Código civil* begrüßt ausdrücklich: GARCÍA CANTERO, in: Centenario (1990), Bd. 2, S. 875 (881). Nach Ansicht des Autors haben Regelungen zur Sachhalterhaftung ihre Berechtigung allein in Spezialnormen, in allgemeiner Form seien sie verfehlt.

stand, daß die Vorentwürfe des *Código civil* aus den Jahren 1836 und 1851 eine *Gardien*haftung im französischen Sinne vorsahen[272], welche der Gesetzgeber bei Inkrafttreten nicht übernahm. Der spanische Gesetzgeber hat das französische Modell der *Gardien*haftung folglich nicht übersehen, sondern verworfen.

Dennoch sind die genauen Gründe, die zum Verzicht auf eine verschuldensunabhängige Sachhalter nach französischen Vorbild geführt haben, fraglich, zumal sich aus den parlamentarischen Beratungen keine Hinweise darauf ergeben, wie es zu der heutigen Fassung des Art. 1903 Cc. kam[273].

Als ausschlaggebend für diese Entscheidung wird man einerseits die bereits erwähnte Dominanz des Verschuldensprinzips im 19. Jahrhundert vermuten können, an die sich die Gesetzesväter auch hinsichtlich der Unternehmerhaftung halten wollten[274]. Auf einen anderen Aspekt weist CAVANILLAS MÚGICA hin[275]. Dieser geht davon aus, daß der Gesetzgeber die Haftung vorzugsweise an dauerhafte und stabile Verhältnisse als an bloß faktische Sachbeziehungen anknüpfen wollte. Als Beispiel weist er auf die Tierhalterhaftung nach Art. 1905 Cc. hin, für welche der Gesetzgeber ebenfalls ein Dauerhaftigkeitskriterium festgesetzt hat[276]. Zum anderen müssen auch die sozialen und wirtschaftlichen Umstände im Spanien des 19. Jahrhunderts in die Betrachtung einbezogen werden. Die Situation Spaniens unterschied sich erheblich von der Lage in Frankreich[277]. Obgleich seitens des Gesetzgebers wenig weitsichtig, so bestand für Spanien im Zeitpunkt der Gesetzesschaffung noch nicht die Notwendigkeit, besonderen Haftungsproblemen einer sich entwickelnden Industriegesellschaft gerecht zu werden.

(3) Bedeutung für die Gehilfenhaftung im BGB

Der Grund, warum das BGB die Haftung des Gehilfen in § 831 nicht objektiv, sondern als Verschuldenshaftung ausgestaltet hat, ist mit dem französischen *Code civil* in anderer Weise verknüpft. Die Verfasser des BGB bauten zwar nicht auf dem Fundament des *Code civil*, dennoch fand eine Auseinandersetzung mit dieser bereits zuvor etablieren Rechtsordnung statt. Dabei wurde, auch aus einer patrio-

---

272 Vgl. ZELAYA ETCHEGARAY, Responsabilidad del empresario (1995), S. 141; BARCELO DOMENECH, Responsabilidad del empresario (1995), S. 75 ff.

273 Vgl. v. BAR, Gemeineuropäisches Deliktsrecht (1996), Bd. 1, Rz. 108, Fn. 643.

274 ANGEL YÁGÜEZ, Responsabilidad civil (1988), S. 130; BARCELO DOMENECH, Responsabilidad del empresario (1995), S. 79 f.; RUBIO GARCÍA-MINA, Responsabilidad del empresario (1971), S. 56, Fn. 12.

275 CAVANILLAS MUGICA, Transformación de responsabilidad (1987), S. 154.

276 Im Wortlaut heißt es: *„el que se sirve"* anstatt *„el que se está sirviendo"*. Vgl. CAVANILLAS MÚGICA, aaO.

277 EÖRSI, in: Encyclopedia of comparative law (1975), Bd. 11/ 4,. S. 58.

tischen und nationalen Gesinnung heraus, der Lösung des *Code civil* eine deutliche Absage erteilt. In der zweiten BGB-Kommission wurde konstatiert, „dem deutschen Rechtsbewußtsein, auf das es allein ankommt, liegt der Rechtssatz, welchen der *Code civil* aufstellt, ganz fern"[278]. Diese Stellungnahme macht deutlich, in welchem Maße die deutsche Rechtswissenschaft um die Jahrhundertwende dem Verschuldensprinzip verbunden war. Deutlich wird die Unantastbarkeit des Verschuldenserfordernisses aus damaliger Sicht auch in folgendem Ausspruch RUDOLF V. JHERINGS:

> „Nicht der Schaden verpflichtet zum Schadensersatz, sondern die Schuld. Ein einfacher Satz, ebenso einfach wie der des Chemikers, dass nicht das Licht brennt, sondern der Sauerstoff"[279].

Gegen eine allgemeine verschuldensunabhängige Haftung wurden in der Kommission noch weitere Argumente angeführt. Einerseits wurde in der objektiven Haftung eine erhebliche Belastung für kleinere Unternehmen und die Landwirtschaft gesehen. Allein Großunternehmen könnten in der Regel die sich ergebenden Risiken auf Versicherungen verlagern. Eine allgemeine Regelung des Versicherungswesens könne indessen nicht für alle Betriebe erfolgen. Die aus einer verschuldensunabhängigen Haftung resultierende Gefahr für Kleinunternehmen könne das BGB nicht tragen.[280] Möglicherweise waren die wirtschaftlichen Hintergründe sogar weitreichender, als eine bloße Rücksichtnahme auf Klein- und mittelständische Unternehmen. Der Liberalismus des ausgehenden 19. Jahrhunderts verlangte allgemein Handlungsspielräume für die aufstrebende Industrie. Diese sollte nicht mit Haftungsrisiken übermäßig belastet werden. Bildlich formuliert dies VON CAEMMERER, wenn er ausführt, das Verschuldensprinzip habe zur Abwehr objektiver Haftungsformen „herhalten" müssen, weil wirtschaftliche Gründe dies verlangten[281]. Die wenigen Gegenstimmen in der Kommission vermochten sich hiergegen nicht durchzusetzen.

---

278 Vgl. Protokolle bei MUGDAN, Materialien (1899), Bd. 2, S. 1094. Die großmundige Behauptung in der BGB-Komission geht allerdings großzügig darüber hinweg, daß die angeblich so artfremde Regelung immerhin 80 Jahre im Rheinland gegolten hat, daß sie für bayrische, hessische sowie preußische Entwürfe Vorbild gewesen ist, und daß sie von der Germanistik als tief im deutschen Rechtsdenken wurzelnd bezeichnet wurde. Vgl. hierzu Seiler, in: JZ 1967, 525 (529).

279 V. JHERING, Das Schuldmoment im römischen Privatrecht (1867), in: Vermischte Schriften, S. 155 (199).

280 Vgl. Protokolle bei MUGDAN, Materialien (1899), Bd. 2, S. 1094.

281 V. CAEMMERER, in: RabelsZ 42 (1978), 5 (8), unter Bezugnahme auch auf vergleichbare Entwicklungen in anderen europäischen Rechtsräumen.

Die Regelung des BGB beruht mithin auf einer bewußten Entscheidung des Gesetzgebers gegen die Lösung des *Code civil*. Bei Bewertung der jeweils schützenswerten Belange sollten die Interessen eines Geschädigten hinter den zuvor aufgeführten wirtschaftlichen Interessen zurücktreten. Den Interessen der Geschädigten sei durch die vorgesehene Beweislastumkehr hinreichend Rechnung getragen[282].

bb. Voraussetzungen des Verschuldens und Sorgfaltsmaßstab

Durch die Verweisung des Art. 1902 Cc. ist das Verschuldenserfordernis des Art. 1902 Cc. maßgeblich. Ausdrücklich nennt Art. 1902 Cc. als Verschuldensformen Schuld (*culpa*) und Fahrlässigkeit (*negligencia*). Richtigerweise sind diese Begriffe im Sinne von Vorsatz (*dolo*) und Fahrlässigkeit (*negligencia*) zu verstehen[283]. Durch die Erwähnung der Fahrlässigkeit (*negligencia*), zusätzlich zu dem ohnehin umfassenderen Begriff der Schuld (*culpa*), weist die Norm auf das Fahrlässigkeitskriterium zusätzlich besonders hin[284].

Im Rahmen der Haftung aus Art. 1903 Cc. kommt das Verschulden des Geschäftsherrn in zwei unterschiedlichen Varianten in Betracht. Einerseits ist ein schuldhaftes Verhalten bereits bei der Auswahl von Hilfspersonen denkbar (*culpa in eligendo*). Im Rahmen von bereits aufgenommen Hilfstätigkeiten kommt außerdem ein Verschulden bei der Überwachung (*culpa in vigilando*) in Betracht.

Verschuldensmaßstab ist, wie auch andernorts im *Código civil*, die Sorgfalt eines guten Familienvaters (*diligencia de un buen padre de familia*, Art. 1903 Abs. 6 Cc.). Dieses Kriterium hat seinen Ursprung im Römischen Recht[285] und war auch im ersten Entwurf des BGB in § 144 vorgesehen[286]. Nach überwiegender Ansicht in Rechtsprechung und Lehre entspricht der Sorgfaltsmaßstab eines „guten Familienvaters" (*buen padre de familia*) der durchschnittlichen Sorgfalt, die gewöhnliche Personen in den fraglichen Angelegenheiten anzuwenden pflegen[287]. Vereinzelt wird auch vertreten, daß der Sorgfaltsmaßstab strenger zu bestimmen sei[288].

---

[282] Vgl. Protokolle bei MUGDAN, Materialien (1899), Bd. 2, S. 1094.

[283] GÓMEZ ORBANEJA, in: RDP 1949, 185 (189).

[284] ASÚA GONZÁLEZ, in: Puig I Ferriol u.a. (1996), Derecho Civil, Bd. 2, S. 460.

[285] Vgl. BELTRÁN DE HEREDIA DE ONÍS, in: Homenaje Beltrán de Heredia y Castaño (1984), S. 69 (71).

[286] Vgl. hierzu MUGDAN, Materialien (1899), Bd. 1, S. 507.

[287] MORENO MARTÍNEZ, Responsabilidad de centros docentes (1996), S. 136, mit weiteren Nachweisen; vgl. auch BELTRÁN DE HEREDIA DE ONÍS, in: Homenaje Beltrán de Heredia y Castaño (1984), S. 69 (76); LACRUZ BERDEJO u.a., Elementos II (2000), Bd. 1, S. 171.

[288] BELTRÁN DE HEREDIA DE ONÍS, in: Homenaje Beltrán de Heredia y Castaño (1984), S. 69 (77).

Den Erfordernissen einer modernen Industriegesellschaft genüge ein bloß durchschnittlich oder normal sorgfältiges Verhalten nicht mehr. Der Begriff sei hinreichend flexibel, um den heutigen Erfordernissen angepaßt zu werden.

Es kann nicht bestritten werden, daß der unbestimmte Rechtsbegriff des *diligens pater familias* den Gerichten erhebliche Bewertungsspielräume gewährt, wie die Entwicklungen in der Rechtsprechung zum Verschuldenserfordernis beweisen[289]. Dennoch erscheint es zweifelhaft, den Begriff aus seinem traditionellen Verständnis eines mittleren Sorgfaltsmaßstab herauszulösen und die Anforderungen zu verschärfen. Denn der *Código civil* kennt durchaus andere Sorgfaltsmaßstäbe, die eine strengere Haftung enthalten. Beispielsweise wird in Art. 1104 Cc. ein situationsangemessener Sorgfaltsmaßstab angelegt[290]. Damit entsprechen unterschiedlichen Sorgfaltsmaßstäbe für unterschiedliche Haftungsfelder dem Willen des Gesetzgebers und sind daher zu erhalten[291].

cc. Abschwächung des Verschuldenserfordernisses durch die Rechtsprechung; sog. „Objektivierung“

In der spanischen sowie in der deutschen Rechtspraxis hat sich eine Rechtsprechung entwickelt, in der das in den jeweiligen Zivilgesetzbüchern vorgesehene Verschulden des Geschäftsherrn von nur noch geringer Bedeutung ist. Dabei überschreiten die Gerichte das Maß einer bloßen Auslegung der Haftungsnorm[292]. Vielmehr werden die Obergerichte beider Länder rechtsschöpferisch tätig, was im folgenden zu beleuchten sein wird.

Die industrielle und technische Entwicklung, die Zunahme gefährlicher Aktivitäten und die dadurch bedingte Zunahme an Schadensereignissen führten zu einer Sichtweise, welche die Vereinfachung des Opferschutzes in den Mittelpunkt rückte[293]. Dies geschah einerseits durch die Schaffung verschuldensunabhängiger Gefährdungshaftungstatbestände, andererseits durch die kontinuierliche Weiterentwicklung der Rechtsprechung. Inhalt dieser Entwicklung war und ist eine „radikale Veränderung in der Auslegung und Anwendung des traditionellen Ver-

---

289 Dazu ausführlich unten, S. 59.

290 Dazu ausführlich unten, S. 61.

291 Anderer Auffassung: LACRUZ BERDEJO u.a., Elementos II (2000), Bd. 1, S. 172, die sich für die Vereinheitlichung beider Haftungsmaßstäbe des Art. 1104 Cc. aussprechen. Dominierend sei das Haftungskonzept des *pater familias.* Der situationsabhängige Haftungsmaßstab präzisiere diesen im jeweiligen Einzelfall.

292 Zur Entwicklung der Rechtsprechung des *Tribunal Supremo,* vgl. ZELAYA ETCHEGARAY, Responsabilidad del empresario (1995), S. 205 ff.

293 ASÚA GONZÁLEZ, in: Puig I Ferriol u.a. (1996), Derecho Civil, Bd. 2, S. 460.

schuldenserfordernisses"[294]. Diese Tendenz wird in Spanien als „Objektivierung" (*objetivación*) bezeichnet[295].

Beispiele für Gefährdungshaftungstatbestände in Spanien sind etwa die verschuldensunabhängige Haftung des Kfz-Führers gemäß Art. 39 des Gesetzes über die Benutzung und das Fahren von Kraftfahrzeugen (*Ley sobre uso y circulación de vehículos de motor*) oder, als verhältnismäßig neue Regelung im spanischen Recht, das Gesetz über Arbeitsunfälle von 1990 (*Ley de Accidentes de Trabajo*), das mit dem traditionellen Verschuldensprinzip bricht. Insgesamt sind verschuldensunabhängige Gefährdungshaftungstatbestände in Spanien jedoch rar[296], so daß die Bedeutung des allgemeinen Deliktsrechts und dessen Auslegung durch die Rechtsprechung überwiegt.

Die genannten Veränderungen, die eine Durchbrechung oder zumindest Aufweichung des klassischen strengen Verschuldensprinzips darstellen, sind nicht allein auf die fortschreitende Industrialisierung zurückzuführen. Vielmehr trat den Interessen der Wirtschaft nach und nach eine aufstrebende, sich etablierende und nicht kapitalistische Mittelschicht entgegen, die ihre eigene Sicherheit durch den technischen Fortschritt gefährdet sah[297].

Obwohl die Rechtsprechung des *Tribunal Supremo* schon seit Jahrzehnten eine Tendenz aufweist, die das Verschuldenserfordernis des Art. 1903 Cc. zunehmend bedeutungslos werden läßt, hält sie formell am Verschuldensprinzip fest[298]. Der Vorwurf einer *culpa in eligendo vel vigilando* findet sich praktisch in allen einschlägigen Urteilen zur Haftung des Unternehmers aus Art. 1903 Cc. Es scheint jedoch, als würden diese Termini lediglich als Allgemeinplätze ohne substantiellen Gehalt verwendet[299]. ALONSO OLEA[300] spricht von der Inbezugnahme der *culpa in eligendo vel vigilando* als „Fiktion".

Durch die Rechtsprechung des *Tribunal Supremo* wurde die Haftung des Unternehmers (*empresario*) faktisch verschuldensunabhängig ausgestaltet[301]. Mithin

---

294 ASÚA GONZÁLEZ, in: Puig I Ferriol u.a. (1996), Derecho Civil, Bd. 2, S. 460.

295 Vgl. CAVANILLAS MÚGICA, Transformación de responsabilidad (1987), S. 59 ff.

296 Vgl. CAVANILLAS MÚGICA, Transformación de responsabilidad (1987), S. 117.

297 ZELAYA ETCHEGARAY, Responsabilidad del empresario (1995), S. 122 (oben).

298 ANGEL YÁGÜEZ, Responsabilidad civil (1988), S. 119; ZELAYA ETCHEGARAY, Responsabilidad del empresario (1995), S. 186; ALONSO OLEA, Responsabilidad del empresario (1990), S. 82; ROGEL VIDE, Responsabilidad extratontractual (1977), S. 149 f.

299 ZELAYA ETCHEGARAY, Responsabilidad del empresario (1995), S. 191.

300 ALONSO OLEA, Responsabilidad del empresario (1990), S. 82.

301 ANGEL YÁGÜEZ, Com. del Cc. (1993), zu Art. 1.903, S. 2013; YZQUIERDO TOLSADA, Responsabilidad del profesional liberal (1989), S. 70; RUBIO GARCÍA MINA, Responsabilidad del empresario (1971), S. 36 ff.

finden sich in den praktischen Auswirkungen kaum Unterschiede zu Rechtsordnungen mit einer *ex lege* verschuldensunabhängig ausgestalteten Gehilfenhaftung[302].

Auch die Begriffsbildung des *Tribunal Supremo* ist symptomatisch für den Mittelweg, den das Gericht zwischen dem verschuldensorientierten Normwortlaut und der als sachgerecht empfundenen objektiven Haftung einschlägt. Das *Tribunal Supremo* bezeichnet die Haftung als „quasi-objektiv" (*responsabilidad quasiobjetiva*)[303]. „Objektiv" weist in diesem Zusammenhang auf eine verschuldensunabhängige Haftung hin. Durch die Verwendung dieses Begriffs läßt das Gericht keinen Zweifel daran, daß es ein Verschulden des Geschäftsherrn *de facto* für überflüssig hält. Durch den Einschub „*quasi*" wird hingegen unterstrichen, daß zum einen das Verschuldensdogma nicht aufgegeben werde und zum anderen suggeriert, daß der Normwortlaut respektiert werde. Dies ist jedoch nichts anderes als der Versuch die Form zu wahren, während die Rechtsprechung in Wirklichkeit die Grenze des Normwortlauts bereits überschritten hat[304]. Die Rechtsfindung bleibt damit dem Judiz des Richterkollegiums überlassen. Zu seinen Gesetzeskorrekturen im Sinne der Erfordernisse einer modernen Industriegesellschaft bekennt sich das *Tribunal Supremo* vereinzelt ausdrücklich[305].

dd. Mechanismen des *Tribunal Supremo* zur Abschwächung des Verschuldenserfordernisses

Es wurde bereits dargelegt, daß der Rechtsprechung nicht nur in Spanien die entscheidende Rolle für das aktuelle Verständnis der deliktischen Gehilfenhaftung zukommt. Der Normwortlaut tritt deutlich dahinter zurück. Insofern kommt den Kriterien, Argumentationen und Mechanismen, welche die spanische Rechtsprechung für die Ausgestaltung der Gehilfenhaftung in ihrer aktuellen Form angewandt hat, besonderes Gewicht zu.

Nach ASÚA GONZÁLEZ[306] fußt die Entwicklung der Rechtsprechung hin zu einer „quasiobjektiven" Haftung auf drei Elementen: erstens einer Verschärfung der Sorgfaltsanforderungen, zweitens einer Umkehrung der Beweislast zu Lasten des Schädigers, schließlich der regelmäßigen Heranziehung des Risikogedankens.

---

302 ZELAYA ETCHEGARAY, Responsabilidad del empresario (1995), S. 192 f.

303 STS (sala 1) 9.6.1998 (RJ 3717); STS (sala 1) 10.3.1997 (RJ 210); STS (sala 1) 29.3.1996 (253); Als zufreffende Beschreibung für die Entwicklung der Rechtsprechung wertet den Begriff: ASÚA GONZÁLEZ, in: Puig I Ferriol u.a. (1996), Derecho Civil, Bd. 2, S. 460.

304 CAVANILLAS MÚGICA, in: CCJC 1990, 1143 (1154 f.).

305 Vgl. etwa STS (sala 1) 3.12.1983 (RJ 6817).

306 ASÚA GONZÁLEZ, in: Puig I Ferriol u.a. (1996), Derecho Civil, Bd. 2, S. 460 ff.

Die angesprochene Anhebung der Sorgfaltsanforderungen bewirkte das *Tribunal Supremo*, indem er den auf Vertragsverhältnisse zugeschnittenen Sorgfaltsmaßstab des Art. 1104 Cc. in analoger Anwendung der Norm auf den außervertraglichen Bereich ausdehnte[307]. Dabei handelt es sich um einen spezifischeren Verschuldensmaßstab als jenen, der in Art. 1903 Abs. 6 Cc. im Hinblick auf die Exkulpation vorgegeben wird. Dies ist schon daraus ersichtlich, daß der Haftungsmaßstab des „guten Familienvaters" (*buen padre de familia*) innerhalb des Art. 1104 Cc. nur subsidiär zur Anwendung gelangt, vgl. Art. 1104 Abs. 2 Cc.

In der praktischen Konsequenz ist der Maßstab des Art. 1104 Cc. strenger. Die Sorgfaltsanforderungen, die die Rechtsprechung Unternehmern abverlangt, gehen weit über den Verhaltensmaßstab eines „guten Familienvaters" hinaus[308]. Die Besonderheit liegt darin, daß sich die Sorgfaltsanforderungen nach der konkreten Einzelsituation bemessen[309]. Dies folgt im Umkehrschluß bereits aus Art. 1104 Abs. 2 Cc., der für die Anwendung des subsidiären Haftungsmaßstabes eines „guten Familienvaters" voraussetzt, daß ein konkreter Sorgfaltsmaßstab nicht bestimmbar ist. Abgestellt wird auf eine geeignete und vorsichtige Durchschnittsperson des betreffenden Verkehrskreises, wobei Sonderwissen und -fähigkeiten zu berücksichtigen sind[310]. Der situationsbezogene Sorgfaltsmaßstab hat zur Folge, daß die bloße Einhaltung einschlägiger Vorschriften die Anwendung der hinreichenden Sorgfalt nicht belegt[311]. Der abstrakt bestimmte Maßstab führt vielmehr dazu, daß die Sorgfaltsanforderungen in dem Maße wachsen, in dem die gefährlichen Aktivitäten zunehmen[312]. Hinzu kommt, daß nach der Rechtsprechung des *Tribunal Supremo* bereits der Eintritt des Schadens einen Sorgfaltsmangel belegt[313].

307 ASÚA GONZÁLEZ, in: Puig I Ferriol u.a. (1996), Derecho Civil, Bd. 2, S. 460; LLAMAS POMBO, Responsabilidad del médico (1988), S. 215; ANGEL YÁGÜEZ, Responsabilidad civil (1988), S. 87 f. Siehe auch STS (sala 1) 14.2.1994 (RJ 1468); STS (sala 1) 8.5.1995 (RJ 3626); STS (sala 1) 11.3.1996 (RJ 2415); STS (sala 1) 3.5.1999 (RJ 3426).

308 ALONSO OLEA/ CASAS BAAMONDE, Derecho del Trabajo (2000), S. 393.

309 LLAMAS POMBO, Responsabilidad del médico (1988), S. 215 f.; Vgl. STS (sala 1) 8.5.1995 (RJ 409).

310 ASÚA GONZÁLEZ, in: Puig I Ferriol u.a. (1996), Derecho Civil, Bd. 2, S. 460.

311 ASÚA GONZÁLEZ, in: Puig I Ferriol u.a. (1996), Derecho Civil, Bd. 2, S. 460 f.; STS (sala 1) 10.5.1972 (RJ 2305); STS (sala 1) 3.12.1983 (RJ 1982, 6817); STS (sala 1) 8.10.1984 (RJ 1984, 4762).

312 ASÚA GONZÁLEZ, in: Puig I Ferriol u.a. (1996), Derecho Civil, Bd. 2, S. 460 f.

313 STS (sala 1) 8.10.1984 (RJ 1984, 4762); STS (sala 1) 3.12.1983 (RJ 1982, 6817); STS (sala 1) 17.3.1981 (RJ 1981, 1009).

Dies hat dazu geführt, daß es den beklagten Unternehmern *de facto* nicht mehr möglich ist, den Verschuldensvorwurf zu widerlegen[314]. Die Exkulpationsmöglichkeiten wurden auf Null reduziert[315]. Nach einer Untersuchung ZELAYA ETCHEGARAYS findet sich in der neueren Rechtsprechung kein Urteil, in welchem es einem Unternehmer gelungen wäre, sich zu exkulpieren[316]. SIERRA PÉREZ spricht im Hinblick auf den Entlastungsbeweis unter den heute geforderten Voraussetzungen von einer „*probatio diabolica*"[317]. CAVANILLAS MÚGICA mutmaßt, daß sich in der Anwaltschaft eine „Demoralisierung" ausbreitet, die dazu führt, daß von vornherein der Versuch unterbleibt, einen Entlastungsbeweis zu führen[318].

Die Exkulpationsmöglichkeit hat nach Auffassung ALONSO OLEAS damit allein noch Bedeutung hinsichtlich eines möglichen Regreßanspruchs gegen den unmittelbaren Schadensverursacher aus Art. 1904 Cc., nicht jedoch was die Haftung des Unternehmers selbst betrifft[319]. Diese Auffassung geht davon aus, der Geschäftsherr dürfe sich nur dann beim Gehilfen schadlos halten, wenn ihm selbst kein Verschulden vorgehalten werden könne. Wer sich aus eigenem Verschulden unsorgfältiger Hilfspersonen bedient, hat sich den Schaden selbst zuzuschreiben und soll sich nicht an Dritte, auch nicht an die Hilfsperson selbst halten können.

Bevor auf die in Art. 1903 Abs. 6 Cc. vorgesehene Beweislastumkehr eingegangen wird, gilt es zu zunächst die grundsätzliche Verteilung des Beweislast anzusprechen.

Gemäß Art. 1.214 Cc. obliegt es demjenigen, der die Erfüllung eines Schuldverhältnisses einfordert, das Bestehen des Schuldverhältnisses zu beweisen. Nach dem Verständnis der Rechtsprechung des *Tribunal Supremo* findet dieses Prinzip für Art. 1903 Cc. jedoch nur modifiziert Anwendung. Danach obliege es dem Geschädigten, die schädigende Handlung sowie dessen Ursächlichkeit für die eingetretene Folge zu beweisen. Sache des Verursachers bzw. des Geschäftsherrn im Falle der Gehilfenhaftung sei es, den Beweis zu führen, daß er die notwendige Sorgfalt hat walten lassen[320]. Die Regelung des Art. 1903 Abs. 6 Cc. hat somit

---

314 ANGEL YAGÜEZ, Responsabilidad civil (1988), S. 129 ; ROCA I TRIAS, in: ADC 1998, 7 (21).

315 Vgl. ALONSO OLEA, Responsabilidad del empresario (1990), S. 49; YZQUIERDO TOLSADA, Responsabilidad del profesional liberal (1989), S. 79.

316 ZELAYA ETCHEGARAY, Responsabilidad del empresario (1995), S. 186.

317 SIERRA PÉREZ, Responsabilidad del empresario (1997), S. 137.

318 CAVANILLAS MÚGICA, in: CCJC 1989, 37 (44)

319 ALONSO OLEA, Responsabilidad del empresario (1990), S. 83.

320 Vgl. ASÚA GONZÁLEZ, in: Puig I Ferriol u.a. (1996), Derecho Civil, Bd. 2, S. 461.

Andererseits ist zuzugeben, daß auch prozeßtaktische Gründe es für die Klägerseite als empfehlenswert erscheinen lassen können, die Klage zugleich auf Art. 1902 Cc. zu stützen. Nur im Falle der Anspruchsbegründung aus Art. 1902 Cc. bleibt es dem Kläger erspart, das Verschulden der Hilfsperson darzulegen und bestrittenenfalls zu beweisen[335]. Denn nach Ansicht des *Tribunal Supremo* und der ganz überwiegenden Auffassung im spanischen Schrifttum setzt die Haftung des Art. 1903 Abs. 4 Cc. ein Verschulden der Hilfsperson voraus[336]. Sollte es dem Kläger nicht gelingen, das Verschulden auch des Gehilfen zu beweisen, müßte die Klage abgewiesen werden. Dieses Problem ist allerdings durch die Entwicklungen in der spanischen Rechtsprechung nur noch theoretischer Natur, denn auch im Rahmen des notwendigen Gehilfenverschuldens bei Art. 1903 Cc. streitet zugunsten des Geschädigten eine Schuldvermutung gegen die Hilfsperson (Beweislastumkehr)[337].

Es darf auch nicht verkannt werden, daß das Abstellen auf die eine oder andere Norm Konsequenzen birgt, die über die bloße Frage dogmatischer Exaktheit hinausgehen. So bezieht sich zum einen die Regreßregelung des Art. 1904 Cc. allein auf die Fälle des Art. 1903 Cc. Im Falle einer Verurteilung aus Art. 1902 Cc. ist dem Geschäftsherrn die Möglichkeit genommen, sich die Schadensersatzleistung von der Hilfsperson erstatten zu lassen.

Zudem ist ein weiterer, für die gerichtliche Praxis bedeutender Aspekt zu nennen. Die skizzierte Rechtsprechung des *Tribunal Supremo* provoziert Rechtsunsicherheit und führt damit zu einer Zunahme der Klagetätigkeit und insgesamt zu einer erhöhten Belastung der Gerichte[338].

ff. Kritik am Verschuldensdogma *de lege lata*

Hiervon zu trennen ist die Frage, ob die Verschuldenshaftung in der Form wie sie die Artt. 1902, 1903 Cc. vorsehen den gegenwärtigen Erfordernissen noch gerecht wird. Die Rechtsprechung des *Tribunal Supremo* geht ausdrücklich davon aus, daß Korrekturen der gesetzlichen Haftungsgrundsätze erforderlich sind[339]. Auch im Schrifttum wurde bereits früh, etwa von DE MIGUEL in den 30er Jahren, gefordert, die Geschäftsherrnhaftung verschuldensunabhängig auszugestalten[340]. Derartige Überlegungen sind nicht auf den spanischen Rechtskreis beschränkt.

---

335 Vgl. ALONSO OLEA, Responsabilidad del empresario (1990), S. 56; ZELAYA ETCHEGARAY, Responsabilidad del empresario (1995), S. 596, Fn. 674.

336 Ausführlich dazu unten, S. 75 ff.

337 Vgl. hierzu noch ausführlich unten, S. 78.

338 CAVANILLAS MÚGICA, in: CCJC 1990, 1143 (1155).

339 Vgl. etwa STS (sala 1) 3.12.1983 (RJ 6817).

340 Vgl. SIERRA PÉREZ, Responsabilidad del empresario (1997), S. 142.

Mit vergleichendem Blick auf das amerikanische Rechtssystem und seine dortigen Erfahrungen hat ALBERT EHRENZWEIG das Verschuldensprinzip als die Erbsünde unseres (deutschen) Haftungssysstems bezeichnet[341]. Jedoch kann die Lösung des Problems nicht in einer Judikatur liegen, die sich über den Gesetzeswortlaut hinwegsetzt.

Nach der Auffassung von CAVANILLAS MÚGICA liegt der entscheidende Grund für die Mängel innerhalb des spanischen Haftungsrechts (*derecho de daños*) in der „Zurückhaltung um nicht zu sagen Trägheit und Unbeweglichkeit des Gesetzgebers"[342]. Andere Rechtsordnungen haben diesen Schritt einer Umstellung des Haftungssystems bereits unternommen. Besonderer Erwähnung bedarf insoweit die kürzliche Neufassung des peruanischen *Código civil.* Die ursprüngliche Fassung aus dem Jahre 1936 ebenso wie die Vorgängerregelung eine Haftung sah noch ein für vermutetes Verschulden des Geschäftsherrn, vgl. Art. 1144 a.F. des Cc. Peru. Durch die Reform des Jahres 1984 wurde hingegen ein System verschuldensunabhängiger Haftung eingeführt[343].

Ausgehend von einer Differenzierung nach Auswahl- und Überwachungsverschulden sollen die wesentlichen Schwachpunkte einer verschuldensorientierten Haftung für Hilfspersonen im folgenden herausgearbeitet werden.

(1) Auswahlverschulden

Der zeitlich erste Anknüpfungspunkt für ein mögliches Verschulden des Geschäftsherrn ist die Auswahl seiner Hilfspersonen.

Grundsätzlich erscheint es möglich, daß der Geschäftsherr aufgrund eigener Nachlässigkeit Hilfspersonen mit Aufgaben betraut, die für die jeweilige Tätigkeit ungeeignet sind. Jedoch entspricht es entgegen der Vorstellung des historischen Gesetzgebers heute oft nicht mehr der Realität, daß der Geschäftsherr selbst die Personalauswahl trifft[344].

Auch ist zu bedenken, daß jedenfalls für mittlere bis gehobene Tätigkeiten in der Regel eine Ausbildung mit Abschlußprüfung erforderlich ist. Dem Geschäftsherrn obliegt es, die Hilfsperson im Rahmen einer Tätigkeit einzusetzen, für welche die absolvierte Ausbildung ihn qualifiziert. Ob die eingesetzte Hilfsperson individuell geeignet ist, die erforderlichen Tätigkeiten tadellos durchzuführen, ist bereits im

---

341 EHRENZWEIG, Psychoanalytische Rechtswissenschaft (1973), S. 297 ff.

342 CAVANILLAS MÚGICA, in: CCJC 1990, 1143 (1155).

343 ZELAYA ETCHEGARAY, Responsabilidad del empresario (1995), S. 75 f., Fn. 84, auch mit Hinweis auf die Vorabeiten zur Gesetzesreform.

344 PASCUAL ESTEVILL, Responsabilidad extracontractual (1990), Bd. 2/ 2, Seite 208.

Vorfeld überprüft worden, nämlich im Rahmen der Abschlußprüfungen[345]. Dieses Argument gewinnt zudem besonderes Gewicht, wenn die Prüfung von einer staatlichen Stelle abgenommen wurde, was etwa im Rahmen der universitären Ausbildung regelmäßig der Fall ist. Es kann vom Geschäftsherrn nicht verlangt werden, um ein extremes Beispiel zu bemühen, zu entscheiden wer ein guter und wer hingegen ein schlechter Arzt ist. Es muß genügen, daß von kompetenter, insbesondere staatlicher Stelle, die Eignung in Form der Approbation festgestellt wurde. Gerade am Beispiel des Arzthaftungsrechts zeigt sich die Widersprüchlichkeit der Rechtsprechung des *Tribunal Supremo*. Es existieren zahlreiche Rechtsprechungsbeispiele, in denen Krankenhausträger aus Art. 1903 Cc. für Behandlungsfehler von Krankenhausärzten haftbar gemacht werden[346], denen der Gedanke eines Auswahl- bzw. Überwachungsverschuldens zugrunde liegt[347].

Die Fälle der Krankenhausärzte, für deren Auswahl und Überwachung dem Träger aus den genannten Gründen in aller Regel kein Vorwurf zu machen ist, geben auch einen deutlichen Hinweis auf die Hintergründe und Motivationen der Rechtsprechung. Denn mehr als um eine saubere Dogmatik scheint es hier um die Schaffung materieller Gerechtigkeit zu gehen. Freilich um den Preis einer kaum nachvollziehbaren und damit auch kaum vorhersehbaren Rechtsprechung[348].

Es muß betont werden, daß die Rechtsprechung des *Tribunal Supremo* auch insoweit kein einheitliches Bild bietet. An anderer Stelle formuliert das *Tribunal Supremo*, es könne „von einer Person keine größere Sorgfalt verlangt werden als diejenige, eine konkrete Aufgabe demjenigen zu übertragen, der von Berufs wegen dafür zuständig sei unter Anwendung der Techniken, für die ihn sein Berufsabschluß als befähigt ausweist“[349].

Dieser Ansatz erscheint überzeugend. Konsequenterweise muß ein staatliches Ausbildungssystem außer einem verbraucherschützenden Aspekt, der sich mit der Vergabe bestimmter Berufstitel verbindet, auch dem Geschäftsherrn die Bürde abnehmen festzustellen, ob die Eignung im konkreten Fall vorliegt. Wenn keine gegensätzlichen Hinweise erkennbar sind, indiziert der Berufsabschluß die hinrei-

---

345 Im Ergebnis ebenso YZQUIERDO TOLSADA, Responsabilidad del profesional liberal (1989), S. 70 f.; ZELAYA ETCHEGARAY, Responsabilidad del empresario (1995), S. 192.

346 Vgl. hierzu ZELAYA ETCHEGARAY, Responsabilidad del empresario (1995), S. 332 f., Fn. 385. Vgl. ferner die hier nachfolgend besprochenen Entscheidungen.

347 STS (sala 1) 22.5.1998 (RJ 3991).

348 Vgl. etwa CAVANILLAS MÚGICA, in: CCJC 1990, 1143 (1154).

349 STS (sala 1) 7.10.1983 (RJ 1983, 5314); STS (sala 1) 10.5.1986 (RJ 2678). Teilweise läßt die Rechtsprechung mit dem selben Argument auch das Abhängigkeitsverhältnis entfallen, bzw. vermischt dieses Kriterium mit dem des Auswahlverschuldens, vgl. STS (sala 1) 26.11.1990 (RJ 9047).

chende Befähigung für die jeweilige Tätigkeit[350]. Eine Rechtsordnung kann nicht einerseits die Vertrauenswürdigkeit geschützter Berufsbezeichnungen postulieren, andererseits aber dem einzelnen Unternehmer eine noch darüber hinausgehende Prüfungspflicht auferlegen.

An diesen Gedanken anknüpfend stellt sich die Frage, ob den Unternehmer wenigstens die Obliegenheit zu einer Bestenauslese trifft. Hiergegen sprechen jedoch zwei Argumente. Einerseits hat auch der schlecht benotete Absolvent einer Ausbildung diese jedenfalls bestanden. Er erfüllt damit die Mindestvoraussetzungen der fraglichen Tätigkeit. Zu den Mindestanforderungen gehört jedenfalls, daß der Absolvent in der Lage ist, seine Aufgaben in einer Weise auszuführen, die andere nicht gefährdet oder schädigt. Darauf muß sich der Unternehmer nach dem zuvor Gesagten verlassen dürfen. Zum zweiten ist denkbar, daß der bei einem Arbeitgeber wegen im Vergleich geringerer Qualifikation abgewiesene Absolvent von einem anderen Arbeitgeber, der keine Auswahlmöglichkeit hat, eingestellt wird. In diesem Fall könnte man dem zweiten Arbeitgeber kein Auswahlverschulden anlasten. Hätte jedoch der erste Arbeitgeber denselben Arbeitnehmer beschäftigt, könnte man ihm einen Sorgfaltsverstoß vorwerfen, der seine Haftung begründen würde. Es erschiene aber wenig nachvollziehbar, wieso die Beschäftigung ein und desselben Mitarbeiters in einem Fall einen Sorgfaltsverstoß begründen sollte in einem anderen Fall hingegen nicht. Angesichts dessen ist es nachvollziehbar, daß einzelne das Auswahlverschulden als lediglich fiktiv kritisieren[351].

Unter den genannten Aspekten erscheint es auch problematisch, daß nach der Rechtsprechung des *Tribunal Supremo* bereits der Eintritt eines Schadens ein Auswahlverschulden indiziert[352]. Fehlleistungen sind für menschliches Handeln typisch und könnten auch der sorgfältigst ausgewählten Hilfsperson unterlaufen. JORDANO FRAGA versteht die von der Rechtsprechung hergestellte Korrelation zwischen Schaden und Verschulden des Geschäftsherrn daher als „Fiktion“[353]. Vom Geschäftsherrn könne nicht mehr gefordert werden, als die übliche und mögliche Sorgfalt walten zu lassen, namentlich die fachliche und berufliche Befähigung festzustellen, Zeugnisse und Referenzen zu prüfen oder frühere Arbeitsleistungen zu begutachten.

Die von FRAGA getroffene Schlußfolgerung, es handele sich vorliegend um eine Fiktion, erscheint zweifelhaft. Denn für eine Fiktion wäre charakteristisch, daß

---

[350] YZQUIERDO TOLSADA, Responsabilidad del profesional liberal (1989), S. 70 f.

[351] ZELAYA ETCHEGARAY, Responsabilidad del empresario (1995), S. 191.

[352] Vgl. JORDANO FRAGA, Responsabilidad por auxiliares (1994), S. 372 f.

[353] JORDANO FRAGA, Responsabilidad por auxiliares (1994), S. 373.

die angesprochene Korrelation nie oder jedenfalls in aller Regel nicht besteht[354]. Es bleibt aber unter Berücksichtigung der oben angeführten Bedenken noch ein Restbereich, in dem ein Auswahlverschulden des Unternehmers möglich erscheint. Gemeint sind insbesondere Fälle, in denen es an einer abgeschlossenen Berufsausbildung fehlt oder diese zu der auszuübenden Tätigkeit keinen Bezug aufweist. Ebenso ist ein Auswahlverschulden denkbar, wenn bestimmte persönliche Eigenschaften die Hilfsperson unbesehen ihrer fachlichen Qualifikation als ungeeignet erscheinen lassen. Ein solcher Fall könnte beispielsweise gegeben sein, wenn die ausgewählte Hilfsperson erkennbar alkoholkrank ist. Jedenfalls ist JORDANO FRAGA insoweit zuzustimmen, als ein echtes Auswahlverschulden des Geschäftsherrn eine seltene Ausnahme bleiben dürfte.

(2) Überwachungsverschulden

Das Abstellen auf ein Überwachungsverschulden wird aus verschiedenen Gründen angegriffen. Die kritischen Stimmen knüpfen an die Überlegung an, daß ein Überwachungsverschulden stets die tatsächliche Möglichkeit zur Überwachung voraussetze[355].

An dieser Möglichkeit fehle es schon dann, wenn die Hilfsperson sich außerhalb des möglichen Überwachungsradius bewege und auf eigene Initiative handele. DÍEZ-PICAZO verdeutlicht dies im Rahmen einer Urteilsbesprechung anhand der Überwachung von Berufskraftfahrern. Es sei insoweit fiktiv von einem Überwachungsverschulden zu sprechen[356]. Als weiteres eindeutiges Beispiel kann wiederum auf den Bereich ärztlicher Tätigkeiten verwiesen werden. Die *lege artis* auszuführenden ärztlichen Maßnahmen liegen völlig außerhalb des unternehmerischen Weisungsrechts, also insbesondere außerhalb des Einflußbereichs des Krankenhausträgers[357]. Dies folgt sowohl aus praktischen als auch aus rechtlichen Erwägungen[358]. Die dogmatischen Schwierigkeiten, hier zu einer Haftung des Trägers aus Art. 1903 Abs. 4 Cc. zu gelangen, liegen auf der Hand[359].

Diese Aussage ist nicht auf die genannten Spezialfälle beschränkt, sondern kann verallgemeinert werden. Es muß berücksichtigt werden, daß in einer Industriege-

---

354 ZIPPELIUS, Methodenlehre (1994), S. 33.

355 In diesem Sinne ZELAYA ETCHEGARAY, Responsabilidad del empresario (1995), S. 191 f.; YZQUIERDO TOLSADA, Responsabilidad del profesional liberal (1989), S. 70 ff.; ATAZ LÓPEZ, Médicos y responsabilidad (1985), S. 356 f.

356 DÍEZ-PICAZO, Estudios (1966), Bd. 1, S. 713.

357 Vgl. auch JORDANO FRAGA, Responsabilidad por auxiliares (1994), S. 374 f.; ALONSO OLEA, Responsabilidad del empresario (1990), S. 31.

358 ATAZ LOPEZ, Médicos y responsabilidad (1985), S. 362.

359 Vgl. ALONSO OLEA, Responsabilidad del empresario (1990), S. 31.

sellschaft mit stetig zunehmender Spezialisierung ein Unternehmer in der Regel fachlich inkompetent ist, hochqualifiziertes Personal zu überwachen.

Für ein Überwachungsverschulden ist dort kein Raum, wo die Hilfsperson unerreichte Spezialkenntnisse hat, die der Geschäftsherr nicht nachvollziehen und folglich auch nicht überwachen kann. ZELAYA ETCHEGARAY formuliert in der Konsequenz, daß keinem Unternehmer von Rechts wegen die Verpflichtung auferlegt werden könne, etwas zu leiten und zu überwachen was ihm nicht vertraut sei[360]. Auch insoweit habe sich die gesellschaftliche Wirklichkeit gegenüber den historischen Realitäten, auf die dieses Konzept noch paßte, geändert. Ein Überwachungsverschulden setze ferner eine enge Verbindung zwischen dem Geschäftsherrn und der Hilfsperson voraus. Wenn dies auch zum Zeitpunkt der Gesetzesfassung regelmäßig der Fall gewesen sein mag, so trifft dies jedenfalls auf die heutigen Unternehmen nicht mehr zu. Bei der heutigen Unternehmensstruktur und -organisation fehlt es oft bereits an einem einheitlichen Willen bzw. einer einheitlichen Entscheidung (*voluntad única y decisiva*)[361].

Auch wenn die Hilfsperson sich bewußt über erteilte Weisungen hinwegsetzt, ist für den Vorwurf einer *culpa in vigilando* kein Raum. Denn die Einflußmöglichkeiten des Geschäftsherrn sind nicht absolut und können einen konträren Willen der Hilfsperson nicht brechen. Allerdings wird in einem solchen Fall regelmäßig ein Auswahlverschulden in Betracht zu ziehen sein. Es obliegt dem Geschäftsherrn, nur solche Hilfspersonen auszuwählen, die bereit und geeignet erscheinen, seinen Anweisungen Folge zu leisten. Ein Verschuldensvorwurf wird sich jedoch nur dann erheben lassen, wenn die fehlende Bereitschaft hierzu erkennbar war, was in den seltensten Fällen vorkommen dürfte.

Den Überwachungsmöglichkeiten sind nicht nur faktische und praktische Grenzen gesetzt. JORDANO FRAGA[362] weist darüber hinaus auf die Aspekte der persönlichen Freiheit und der Menschenwürde hin, welche die Überwachungsmöglichkeiten des Geschäftsherrn rechtlich einschränken. Auch insoweit sei eine umfassende Überwachung nicht zu leisten.

Mithin bleibt für ein Überwachungsverschulden des Geschäftsherrn nur ein geringer Raum. Es besteht die Möglichkeit, daß wenn zwar die fachliche Überwachung scheitert, doch jedenfalls kontrolliert werden kann, ob die qualifizierte Hilfsperson ihre Aufgaben überhaupt wahrnimmt. So kann ein Bauherr, der einen Architekten beauftragt, zwar nicht überprüfen, ob dieser seine Aufgaben *lege ar-*

---

360 ZELAYA ETCHEGARAY, Responsabilidad del empresario (1995), S. 40.

361 ZELAYA ETCHEGARAY, Responsabilidad del empresario (1995), S. 35 ff.

362 Vgl. JORDANO FRAGA, Responsabilidad por auxiliares (1994), S. 373.

tis ausführt. Ob der Architekt aber überhaupt auf der Baustelle erscheint, ist für den Bauherrn auch als Leihe sehr wohl überprüfbar[363]. Jedenfalls insoweit kommt ein Überwachungsverschulden in Betracht. Allein in diesem engen Rahmen kann glaubwürdig von einem Überwachungsverschulden des Geschäftsherrn die Rede sein. MIQUEL differenziert hier, in Anlehnung an die deutsche Dogmatik, sog. innere und äußere Sorgfaltspflichten[364]. Äußere Sorgfaltspflichten beziehen sich auf die Einhaltung einschlägiger Vorschriften sowie auf die Ausführung einer Tätigkeit *lege artis*. Mit dem Begriff der inneren Sorgfaltspflichten wird die Einstellung zu der fraglichen Tätigkeit umschrieben, etwa ob die hinreichende Aufmerksamkeit angewandt wurde. Der Geschäftsherr könne zwar die Einhaltung äußerer Sorgfaltspflichten wie die Einhaltung fachspezifischer Regelungen nicht überwachen. Das erscheinen an der Arbeitsstelle zähle hingegen zu den inneren Sorgfaltspflichten, die im Einflußbereich des Geschäftsherrn lägen.

(3) Rechtsgedanke eines dezentralisierten Entlastungsbeweises

Möglicherweise erscheint das Verschulden des Geschäftsherrn als Kriterium für seine Haftpflicht sinnvoll, wenn man an den Rechtsgedanken eines dezentralisierten Entlastungsbeweises i.S. des deutschen Rechts anknüpft. Nach dem Gedanken des dezentralisierten Entlastungsbeweises genügt es für die Exkulpation des Geschäftsherrn, daß er die oberste Ebene der Angestellten, die mit der Personalauswahl und -überwachung betraut sind, sorgfältig ausgewählt hat[365]. Grundsätzlich läßt sich dieser Gedanke auch auf das spanische Recht übertragen.

Dennoch wird ein derartiger Ansatz für das spanische Recht, soweit ersichtlich, nicht vertreten. Dies erscheint auch nachvollziehbar, denn hierdurch würde in Spanien anders als in Deutschland ein Vakuum insbesondere hinsichtlich der Haftung von Großunternehmen entstehen. Der Grund dafür liegt in der Tatsache, daß der *Código civil* über das Deliktsrecht hinaus keine Regelung zur Haftung für Erfüllungsgehilfen kennt. Die Existenz eines dahingehenden allgemeinen Rechtssatzes wird zudem weitgehend verkannt[366]. Im deutschen Recht hat der Streit um den dezentralisierten Entlastungsbeweis seinen Schwerpunkt in dogmatischen Fragestellungen, die praktischen Auswirkungen auf die Haftung des Geschäftsherrn sind regelmäßig gering. Erkennt man den dezentralisierten Entlastungsbeweis im Rahmen der Haftung aus § 831 BGB umfassend an, so haftet der Geschäftsherr dem Geschädigten zumeist dennoch aus § 278 BGB. Für die Rechtspraxis in Spanien würde die Anerkennung eines dezentralisierten Entlastungsbe-

[363] MIQUEL, in: ADC 1983, 1501 (1509).
[364] MIQUEL, in: ADC 1983, 1501 (1510).
[365] Vgl. die grundlegende Entscheidung des BGH, Urt. v. 25.10.1951, in: BGHZ 4, 1 (2).
[366] Ausführlich zur Haftung für Erfüllungsgehilfen in Spanien unten S. 130 ff.

weises hingegen bedeuten, dem Geschädigten jegliche Ansprüche gegen den Geschäftsherrn abzuschneiden. Denn sowohl die gerichtliche Praxis als die überwiegende Auffassung in der Literatur legen für die Haftung des Geschäftsherrn pauschal und ausschließlich das Deliktsrecht zugrunde. Unbesehen der haftungsrechtlichen Besonderheiten Spaniens erscheint die Rechtsfigur des dezentralisierten Entlastungsbeweises zweifelhaft. Diese bedeutet eine Privilegierung entsprechend durchorganisierter Großunternehmen, für die keine sachliche Rechtfertigung besteht[367].

(4) Verzicht auf das Verschuldenserfordernis de lege lata

Im Hinblick auf die Nachteile des Verschuldensdogmas im Bereich der Gehilfenhaftung stellt sich zunächst die Frage, ob dieses bereits *de lege lata* verzichtbar ist. Hiergegen scheint der Wortlaut des Art. 1903 Abs. 6 Cc. zu stehen. Da diese Norm eine Exkulpationsmöglichkeit vorsieht, muß davon ausgegangen werden, daß ein Verschulden des Geschäftsherrn voraussetzt ist[368].

JORDANO FRAGA[369] wirft indes die Frage auf, wem gegenüber sich der Geschäftsherr exkulpieren kann. Der Autor hält es für nicht ausgeschlossen, daß die Exkulpation nicht gegenüber dem Geschädigten sondern allein gegenüber dem unmittelbaren Schadensverursacher vorgebracht werden kann, um diesem gegenüber einen Regreßanspruch aus Art. 1904 Cc. zu rechtfertigen[370]. Nach dieser Auffassung wäre das Verschulden keine Voraussetzung für die Haftung des Geschäftsherrn gegenüber dem Geschädigten. Es läge bereits *de lege lata* eine verschuldensunabhängige Geschäftsherrnhaftung vor.

Auf dogmatisch völlig anderem Weg gelangt auch PASCUAL ESTEVILL[371] zu dem Ergebnis, daß Art. 1903 Cc. bereits *de lege lata* eine verschuldensunabhängige Geschäftsherrnhaftung zu entnehmen sei. Ähnlich wie in der italienischen Rechtslehre, die zwischen Entstehung und der Zurechnung der zivilrechtlichen Haftung differenziert[372], geht der Autor von der Existenz einer einheitlichen Schuld aus. Die Hilfsperson begehe eine schuldhafte Schädigungshandlung, die der Unternehmer sich zurechnen lassen müsse (*propagación de culpas*). Der Unternehmer übernehme folglich das Verschulden der Hilfsperson als eigenes. Allein auf dieses Verschulden beziehe sich der Haftungstatbestand des Art. 1903 Cc.

---

367 Vgl. STEIN, in: Münch-Komm, zu § 831, Rz. 66; V. CAEMMERER, ZfRV 1973, 241 (249 f.); WESTERMANN, in: JA 1961, 333 (343).

368 Vgl hierzu bereits zuvor, S. 50.

369 JORDANO FRAGA, in: ADC 1993, 915 (928).

370 In diesem Sinne wohl auch ALONSO OLEA, Responsabilidad del empresario (1990), S. 83.

371 PASCUAL ESTEVILL, Responsabilidad extracontractual (1990), Bd. 2/ 2, Seite 199 ff.

372 Vgl. ZELAYA ETCHEGARAY, Responsabilidad del empresario (1995), S. 162, Fn. 224.

(5) Stellungnahme

Durch die Annahme einer verschuldensunabhängigen Geschäftsherrnhaftung *de lege lata* ließen sich Unstimmigkeiten innerhalb des bestehenden Haftungssystems beilegen. Es wurde bereits darauf hingewiesen, daß Art. 1904 Cc. dem Geschäftsherrn einen vollständigen Regreßanspruch gegen den Gehilfen gewährt. Dies erscheint unnachvollziehbar, wenn man als Haftungsvoraussetzung ein eigenes Verschulden des Geschäftsherrn unterstellt. Es ist nicht verständlich, warum der schuldhaft handelnde Geschäftsherr die vollständige Haftung auf einen Dritten, namentlich die Hilfsperson, abwälzen können soll[373]. Mithin macht Art. 1904 Cc. bezüglich des Geschäftsherrn keinen Sinn. Art. 1904 Cc. paßt vielmehr allein in ein System verschuldensunabhängiger Geschäftsherrnhaftung[374]. Dort mag man den Geschäftsherrn, der primär als Liquiditätsgarant fungiert, für berechtigt halten, bei dem schuldhaft handelnden Schadensverursacher Regreß zu nehmen. Insbesondere dieser Widerspruch motiviert die zuvor dargestellten Auffassungen. Dennoch kann ihnen nicht gefolgt werden.

Die Ansicht JORDANO FRAGAS, die Exkulpation des Art. 1903 Abs. 6 Cc. könne dem Geschädigten gegenüber nicht eingewandt werden, läßt sich aus dem Gesetzeswortlaut nicht rechtfertigen. Denn Abs. 6 bezieht sich ausdrücklich auf die zuvor aufgezählten Haftungstatbestände des Art. 1903 Cc. („*la responsabilidad de que trata este artículo*"). Diese wiederum beziehen sich auf die Haftung des Geschäftsherrn gegenüber dem Geschädigten, so daß die Exkulpation nicht aus diesem Zusammenhang herausgerissen und in einen anderen eingebracht werden kann. Die Exkulpation beschränkt sich auf den Geschäftsherrn und zwar im Hinblick auf das Außenverhältnis zum Geschädigten.

Die Auffassung JORDANO FRAGAS läßt sich allenfalls halten, wenn man ein Redaktionsversehen unterstellte und den genauen Wortlaut außer acht ließe. Dieser Ansatz wird jedoch weder vom Autor selbst noch an anderer Stelle in der Literatur vorgebracht. Es erscheint zudem naheliegender, daß der Gesetzgeber durch das Zusammenspiel der Art. 1903 Abs. 6 und 1904 Cc. eine wertende Entscheidung getroffen hat[375]. Danach soll die letztendliche Haftung den unmittelbaren Schadensverursacher treffen, da dieser steht dem Schaden näher steht als der Geschäftsherr. Die Haftung des in der Regel solventeren Geschäftsherrn ist dann nur zum Schutz des Geschädigten Dritten zwischengeschaltet. Dieses Ergebnis mag als unbillig und anachronistisch empfunden werden. Handelt es sich aber um eine

---

373 ATAZ LÓPEZ, Médicos y responsabilidad (1985), S. 356.

374 ROGEL VIDE, Responsabilidad extratontractual (1977), S. 160 f.; DÍEZ-PICAZO/ GULLÓN, Sistema (1999), Bd. 2, S. 554.

375 In diesem Sinne auch SIERRA PÉREZ, Responsabilidad del empresario (1997), S. 139 ff.

Wertentscheidung des Gesetzgebers, wovon an diese Stelle ausgegangen wird, so hat der Rechtsanwender sich an diese zu halten haben, bis sie durch eine andere, möglicherweise adäquatere Regelung ersetzt werden mag.

Auch der von PASCUAL ESTEVILL verfochtene Erklärungsansatz von der Zurechnung fremder Schuld findet keine Stütze im Gesetzeswortlaut. Aus dem Wortlaut des Art. 1903 Abs. 6 Cc. ergibt sich klar, daß der Gesetzgeber von einem eigenen Verschulden des Geschäftsherrn in seinen möglichen Erscheinungsformen ausgeht. Für das Verschulden des Geschäftsherrn ist ein bestimmtes Fehlverhalten spezifisch, nämlich ein Sorgfaltsverstoß bei der Auswahl- bzw. Überwachung der eingeschalteten Hilfspersonen. Der mögliche Sorgfaltsverstoß der Hilfsperson selbst bestimmt sich hingegen nach den Anforderungen einer konkret übertragenen Aufgabenstellung. Hieraus wird deutlich, daß das jeweilige Verschulden von Geschäftsherr und Hilfsperson als eigenständig zu werten sind. Eine bloße Verschuldenszurechnung im Sinne von PASCUAL ESTEVILL ließe dies außer acht.

Mithin läßt sich *de lege lata* eine verschuldensunabhängige Haftung im Sinne einer Gefährdungshaftung für die unternehmerische Betätigung nicht auf Art. 1903 Cc. gründen. Der Weg zu einer verschuldensunabhängigen Haftung führt zwingend über den Gesetzgeber[376].

b) Gehilfe

aa. Erfordernis des Gehilfenverschuldens

Während die spanische Rechtsprechung das Verschuldenserfordernis auf Seiten des Geschäftsherrn nur nominell aufrecht erhält, dieses *de facto* aber auf den Rahmen einer sogenannten „quasiobjektiven" Haftung reduziert, die der Sache nach eine verschuldensunabhängige Haftung ist, ist die Sachlage im Hinblick auf die Hilfsperson eine andere.

(1) Meinungsstand

Für die Hilfsperson selbst beharrt die Rechtsprechung des *Tribunal Supremo* weitgehend auf dem Verschuldenserfordernis[377], wie dies auch dem ganz über-

---

376 So auch SIERRA PÉREZ, Responsabilidad del empresario (1997), S. 142.

377 Vgl. ASÚA GONZÁLEZ, in: Puig I Ferriol u.a. (1996), Derecho Civil, Bd. 2, S. 487; CAVANILLAS MÚGICA, Transformación de responsabilidad (1987), S. 92. ALONSO OLEA, Responsabilidad del empresario (1990), S. 84; YZQUIERDO TOLSADA, Responsabilidad del profesional liberal (1989), S. 80 f. Alle mit ausführlichen Rechtsprechungsbeispielen. Völlig einheitlich ist diese Rechtsprechung indes nicht, vgl. ZELAYA ETCHEGARAY, Responsabilidad del empresario (1995), S. 585.

wiegenden und traditionellen Verständnis der Norm entspricht[378]. Denn nach ganz überwiegender Auffassung müssen in der Hilfsperson die Voraussetzungen einer eigenen Haftung aus Art. 1902 Cc. vorliegen, damit Art. 1903 Cc. zum Tragen kommt[379]. Damit ist auch das Erfordernis des Gehilfenverschuldens unabdingbar, denn jedenfalls hinsichtlich der Voraussetzungen des Art. 1902 Cc. wird das Verschuldenserfordernis nicht bestritten. Dies entspricht auch der französischen Rechtslage. Nach dem *Code civil* ist das Gehilfenverschulden ebenfalls als Haftungsvoraussetzung anerkannt, auch wenn sich dieses Erfordernis nicht unmittelbar aus dem Wortlaut ableiten läßt.[380] Allerdings ist auch diese Sichtweise nicht unbestritten[381]. Zwischen dem Verschulden des Geschäftsherrn und dem Verschulden der Hilfsperson besteht eine Wechselwirkung. Der Vorwurf einer *culpa in eligendo* wird einem Geschäftsherrn nicht unterbreitet werden können, wenn die Hilfsperson selbst ohne Verschulden und folglich mit der hinreichenden Sorgfalt agierte[382].

Hingegen will PANTALEÓN PRIETO[383] das Verschuldenserfordernis auf Seiten der Hilfsperson „objektiv" verstanden wissen. Damit ist gemeint, daß es nicht darauf ankommt ob die Hilfsperson im Ergebnis zur Haftung verpflichtet ist. Es muß lediglich ein Verhalten gegeben sein, daß grundsätzlich Ausgangspunkt für eine Haftung sein kann. Die Schädigungshandlung muß „objektiv" als vorsätzlich oder fahrlässig einzustufen sein. Die Handlung müsse geeignet sein, zivilrechtliche Haftung zu begründen, wenn sie von einer Durchschnittsperson vorgenommen werde, die zivilrechtlich schuldfähig sei.

Eine Minderauffassung in der spanischen Literatur vertritt den Standpunkt, auf ein Verschulden der Hilfsperson komme es nicht an[384]. Begründet wird diese Sichtweise damit, daß die Sorgfaltspflichten gegenüber Dritten allein dem Unter-

---

378 Vgl. ANGEL YÁGÜEZ, in: Com. del Cc. (1993), zu Art. 1.903, S. 2016; SANTOS BRIZ, Responsabilidad civil (1993), Bd. 1, S. 489; SIERRA PÉREZ, Responsabilidad del empresario (1997), S. 135; DÍEZ-PICAZO/ GULLÓN, Sistema (1999), Bd. 2, S. 555 f.; ALONSO OLEA, Responsabilidad del empresario (1990), S. 84; Anderer Auffassung: CAVANILLAS MÚGICA, Transformación de responsabilidad (1987), S. 92, RUBIO GARCÍA-MINA, Responsabilidad del empresario (1971), S. 59 f.

379 ASÚA GONZÁLEZ, in: Puig I Ferriol u.a. (1996), Derecho Civil, Bd. 2, S. 487; DÍEZ-PICAZO/ GULLÓN, Sistema (1999), Bd. 2, S. 555 f.; ALONSO OLEA, Responsabilidad del empresario (1990), S. 83 f.

380 Vgl. ZELAYA ETCHEGARAY, Responsabilidad del empresario (1995), 565, Fn. 631.

381 Vgl. ZELAYA ETCHEGARAY, Responsabilidad del empresario (1995), S. 565.

382 So ausdrücklich STS (sala 1) 9.7.1984 (3801).

383 PANTALEÓN PRIETO, in: Enciclopedia (1995), Responsabilidad por hecho ajeno, S. 5955.

384 CAVANILLAS MÚGICA, Transformación de responsabilidad (1987), S. 92; RUBIO GARCÍA-MINA, Responsabilidad del empresario (1971), S. 59 f.

nehmer oblägen, nicht hingegen der Hilfsperson, die selbst keinen Bezug zum Dritten aufweise. Folglich könne die Hilfsperson diese Sorgfaltspflichten auch nicht verletzen, so daß für die Frage nach ihrem Verschulden kein Raum bleibe. Wenn die Haftung auf einem eigenen Verschulden des Unternehmers beruhe, sei dies nicht allein eine notwendige sondern auch eine hinreichende Voraussetzung seiner Haftung[385].

(2) Stellungnahme

Gegenüber der Auffassung von PANTALEÓN PRIETO ist anzumerken, daß Art. 1903 Cc. die Aufgabe zukommt, den Geschädigten in besonderer Weise abzusichern. Durch die Norm wird sichergestellt, daß neben einem oft nicht solventen Schädiger auch ein Dritter haftet, der diesen für seine Zwecke einsetzt. Der Geschäftsherr haftet nach der Zielsetzung der Norm neben dem Schädiger. Das setzt jedoch voraus, daß ein Anspruch gegen den konkreten Schädiger zunächst besteht. Ein solcher deliktischer Schadensersatzanspruch setzt gemäß Art. 1902 Cc. zwingend das Verschulden des Schädigers voraus.

Aus dem gleichen Grunde kann auch der zuvor skizzierten Minderauffassung von CAVANILLAS MÚGICA nicht gefolgt werden. Dem Schädiger obliegen zwar gegenüber dem Geschädigten in der Regel keine besonderen Schutzpflichten, während das Verhältnis des Geschäftsherrn zu einem Dritten im Einzelfall besonders ausgestaltet sein mag. Die allgemeine Pflicht, Dritten keinen Schaden zuzufügen, der sog. Grundsatz *„alium non laedere"*, gilt indessen auch für die Hilfsperson und zwar gegenüber jedem Dritten. Nichts anderes bringt der deliktische Grundtatbestand des Art. 1902 Cc. zum Ausdruck, der gegenüber jedermann und auch gegenüber Hilfspersonen Geltung beansprucht. Im Rahmen des Art. 1902 Cc. ist das Verschulden eines unmittelbaren Schädigers eine unverzichtbare Tatbestandsvoraussetzung.

Entscheidende Hinweise auf das Erfordernis eines Gehilfenverschulden als Haftungsvoraussetzung für der Geschäftsherrn gibt die Regreßregelung des Art. 1904 Cc. Die Norm sieht einen Totalregreß des Geschäftsherrn zu Lasten der Hilfsperson vor. Dies erscheint schon deshalb problematisch, weil es dem Unternehmer dadurch gestattet ist, seine Haftung im Regreßwege trotz eigenen Verschuldens vollständig auf die Hilfsperson abzuwälzen[386]. Gänzlich unnachvollziehbar erschiene die Regreßregelung aber dann, wenn sie ohne ein eigenes Verschulden der Hilfsperson zu Anwendung käme. Denn es würde keinen Sinn machen, den Gehilfen gemäß Art. 1904 Cc. zum Regreß gegenüber dem Geschäftsherrn zu

[385] CAVANILLAS MUGICA, Transformación de responsabilidad (1987), S. 92.
[386] Zu den Besonderheiten des Totalregresses ausführlich unten, S. 94.

verpflichten, wenn er dem Geschädigten nicht auch selbst haften müßte[387]. Andernfalls würde die Hilfsperson zum Garanten für die Liquidität des Geschäftsherrn, müßte also ohne eigenen Verschuldensbeitrag dessen Zahlungsfähigkeit absichern. Dies erschiene paradox. Hieraus folgt, daß sämtliche Haftungsvoraussetzungen des Art. 1902 Cc.in der Hilfsperson selbst vorliegen müssen, namentlich auch dessen Verschulden.

bb. Modifikationen des Gehilfenverschuldens durch die Rechtsprechung

Auch hinsichtlich des Verschuldens der Hilfsperson kommen die zuvor im Zusammenhang mit dem Unternehmerverschulden dargestellten Modifikationen durch die Rechtsprechung des *Tribunal Supremo* zum Tragen. Allerdings nicht so weitgehend wie im Hinblick auf das Verschulden des Unternehmers selbst[388]. Gemeint sind die Elemente, durch welche die Rechtsprechung die von ihr als solche bezeichnete „quasiobjektive" Haftung herbeiführt, namentlich die Anhebung der Sorgfaltsanforderungen und Umkehr der Beweislast, wobei der Eintritt des Schadens eine Sorgfaltspflichtverletzung indiziert[389].

Zwar gibt es keinen allgemeinen Grundsatz wonach die Beweislast hinsichtlich des Verschuldens der Hilfsperson umgekehrt wäre[390]. Die Rechtsprechung tendiert jedoch dazu, von einer Schuldvermutung „*iuris tantum*" auszugehen[391]. Wie schon hinsichtlich des Verschuldens des Geschäftsherrn läßt das *Tribunal Supremo* vereinzelt auch bezüglich des Verschuldens der Hilfsperson Gefahrschaffungskriterien einfließen. So lag es etwa im Fall der Bedienung einer gefahrbergenden Maschine durch die Hilfsperson[392].

Ein einheitliches Bild zu dieser Frage ist der Rechtsprechung nicht zu entnehmen[393]. Jedenfalls beharrt sie, wie schon bezüglich des Geschäftsherrn, zumindest formell, auf dem Verschuldensgrundsatz und darauf, daß nicht die Schaffung

---

387 ATAZ LÓPEZ, Médicos y responsabilidad (1985), S. 352 f.; LACRUZ BERDEJO u.a., Elementos II (1999), Bd. 2, S. 530.

388 ALONSO OLEA, Responsabilidad del empresario (1990), S. 81 f.

389 ASÚA GONZÁLEZ, in: Puig I Ferriol u.a. (1996), Derecho Civil, Bd. 2, S. 487; ZELAYA ETCHEGARAY, Responsabilidad del empresario (1995), S. 598; ALONSO OLEA, Responsabilidad del empresario (1990), S. 81 f.

390 ZELAYA ETCHEGARAY, Responsabilidad del empresario (1995), S. 597.

391 Vgl. SIERRA PÉREZ, Responsabilidad del empresario (1997), S. 135; LLAMAS POMBO, Responsabilidad del médico (1988), S. 229; MIQUEL, in: ADC 1983, 1501 (1506).

392 Vgl. zu dieser Entscheidung, STS (sala 1) 25.1.1985 (RJ 199), die Ausführungen von ZELAYA ETCHEGARAY, Responsabilidad del empresario (1995), S. 599.

393 ZELAYA ETCHEGARAY, Responsabilidad del empresario (1995), S. 597.

einer sog. „objektiven" Verantwortlichkeit (*responsabilidad objetiva*) beabsichtigt sei[394].

cc. Privilegierung einzelner Berufsgruppen; Arzthaftung

Hervorzuheben ist die Besonderheit, daß die Rechtsprechung im Hinblick auf das Verschuldenserfordernis bei Hilfspersonen unterschiedliche Maßstäbe anlegt. Einzelne Berufsgruppen sind insoweit privilegiert, als diesen gegenüber keine Beweislastumkehr zur Anwendung kommt. Hierbei handelt es sich namentlich um die Berufsgruppen des Gesundheitsbereichs. Insbesondere die Ärzte werden von den verschärften Haftungsvoraussetzungen ausgenommen, jedenfalls dann, wenn wie im Regelfall kein Heilerfolg geschuldet wird sondern lediglich eine Behandlung *lege artis*[395]. Nach Auffassung des *Tribunal Supremo* richtet sich die Haftung für ärztliches Handeln nach dem „klassischen Schuldkonzept in seinem subjektiven Verständnis". Für eine „Objektivierung" in jedweder Form bestehe kein Raum[396]. Denn, so formuliert es ATAZ LÓPEZ[397], „der Arzt schafft im Regelfall keine Gefahr, er nimmt sie auf sich". Gegen eine Verschärfung der Haftung für Ärzte ist auch angeführt worden, diese könne dazu führen, daß Ärzte von schwierigen Eingriffen Abstand nähmen bzw. die Beiträge der Haftpflichtversicherung für Ärzte in einer unverhältnismäßigen Größenordnung anstiegen[398].

---

394 Vgl. ALONSO OLEA, Responsabilidad del empresario (1990), S. 82 mit weiteren Nachweisen.

395 Vgl. LLAMAS POMBO, Responsabilidad del médico (1988), S. 229 f.; CAVANILLAS MÚGICA/ TAPIA FERNÁNDEZ, Concurrencia de responsabilidad (1992), S. 24; ZELAYA ETCHEGARAY, Responsabilidad del empresario (1995), S. 614; ebenso ASÚA GÓNZALEZ, in: Puig I Ferriol u.a. (1996), Derecho Civil, Bd. 2, S. 461 mit weiteren Nachweisen. Siehe ferner die einschlägigen EntscheidungenSTS (sala 1) 29.6.1999 (RJ 4895); STS (sala 1) 4.2.1999 (RJ 748); STS (sala 1) 18.7.1988 (RJ 5991). Zu vergleichbaren Ergebnisser bezüglich der Arzthaftung gelangt auch das französische Recht. Auch in Frankreich obliegt es dem Patienten einen Kunstfehler nachzuweisen. Allerdings besteht insoweit ein deutlicher, als nach dem französischen Recht alleine eine vertragliche Haftung des Arztes in Betracht kommt. Das Prinzip des „*non-cumul*" verdrängt die Deliktshaftung gegenüber der vertraglichen Haftung im Bereich des Arzthaftungsrechts. Vgl. hierzu HÜBNER, *Gardien*-Haftung (1972), S. 16 f. Zur Problematik des Verhältnisses von vertraglicher und deliktischer Haftung in Spanien siehe unten, S. 165 ff.

396 Vgl. etwa STS (sala 1) 15.2.1995 (RJ 839); STS (sala 1) 7.2.1990 (RJ 668); STS (sala 1) 12.2.1990 (RJ 677); STS (sala 1) 12.2.1988 (RJ 943); STS (sala 1) 13.6.1987 (RJ 5.488); ebenso ATAZ LÓPEZ, Médicos y responsabilidad (1985), S. 257 f.

397 ATAZ LOPEZ, Médicos y responsabilidad (1985), S. 257.

398 ZELAYA ETCHEGARAY, Responsabilidad del empresario (1995), S. 617. Allerdings ist der Autor nicht dahingehend zu verstehen, daß Ärzte gegenüber anderen Arbeitnehmern zu privilegieren sei. Vielmehr spricht sich ZELAYA ETCHEGARAY allgemein gegen eine Objektivierung des Verschuldens der Hilfsperson aus.

Eine Ausnahme von der Privilegierung der Ärzte gilt nach der Rechtsprechung des *Tribunal Supremo* für die Fälle, in denen durch den Einsatz von Medikamenten und technischem Gerät besondere Gefahrschaffungsaspekte zu berücksichtigen sind[399].

Die Privilegierung von Ärzten gegenüber anderen Berufsgruppen durch die Rechtsprechung des *Tribunal Supremo* erscheint zweifelhaft. Zwar läßt sich einerseits argumentieren, eine strenge Haftung der Ärzte würde das Gesundheitssystem lahmlegen[400]. Andererseits sind die Risiken ärztlichen Handelns vorhersehbar, zumal die Tätigkeit des Arztes schon als solche risikoträchtig ist. Folglich können die Ärzte sich die Möglichkeiten zu nutze machen, die ihnen das System der Haftpflichtversicherungen bieten[401]. Auch andere, insbesondere sog. freie Berufsgruppen, sehen sich oft erheblichen Haftungsrisiken ausgesetzt und sichern sich hiergegen durch entsprechende Haftpflichtversicherungen ab. Als Beispiel sei auf die Anwaltschaft verwiesen. Auch befinden sich die Ärzte in einer privilegierten Position, was den Zugang zu möglichen Beweisquellen betrifft. Es ist ihnen im Vergleich eher zuzumuten sich zu entlasten, als von dem Geschädigten erwartet werden kann, einen Verschuldensnachweis zu führen[402]. Abschließend erscheint es auch Schutzwürdigkeitsgesichtspunkten wenig nachvollziehbar, eine Gruppe finanziell regelmäßig besser ausgestatteter Schädiger in der Haftung zu privilegieren, während etwa einem einfachen Arbeiter ein derartiger Schutz versagt bleibt[403]. Der Schluß liegt nahe, daß hier das hohe Sozialprestige, welches insbesondere der Ärztestand genießt, Berücksichtigung gefunden hat. Eine derartige Privilegierung aufgrund eines hohen sozialen Status ist schon aus dem Römischen Recht bekannt. So hafteten beispielsweise die Feldmesser (*Agrimensoren*),

---

399 ZELAYA ETCHEGARAY, Responsabilidad del empresario (1995), S. 614 mit Hinweis auf STS (sala 1) 17.6.1989 (RJ 4696).

400 In diesem Sinne etwa MANRIQUE LÓPEZ, in: RT 1981, 313 (314). Dieser schlägt statt dessen ein Haftungssystem vor, daß das Risiko von Patientenschädigungen völlig auf die Träger der Sozialversicherung, und damit auf die nationale Versichertengemeinschaft verlagert.

401 Hierzu ausführlich: FERNÁNDEZ HIERRO, Responsabilidad médico-sanitaria (1983), S. 185 ff.

402 Vgl. in diesem Sinne und gegen die vorherrschende Linie auch STS (sala 1) 22.5.1998 (RJ 3991); STS (sala 1) 2.12.1996 (RJ 8938). In einer neueren Entscheidung nimmt das *Tribunal Supremo* ausdrücklich auf die deutsche Rechtsfigur des Anscheinsbeweises Bezug. Das Gericht führt dazu aus: „ wenn eine relativ junge Frau sich einer relativ einfachen Operation unterzieht und an einem Herzstillstand verstirbt, ohne daß die Klinik die geringste Erklärung hierfür geben kann...spricht dies für sich selbst (*res ipsa loquitur*)"; vgl. STS (sala 1) 29.6.99 (RJ 4895).

403 Zum Freistellungs- und Erstattungsanspruch von Arbeitnehmern siehe unten S. 98.

die als Grundstückssachverständige hohes Ansehen genossen, nur für vorsätzliche Pflichtverletzungen (*dolo malo*)[404]. Dieser Ansatz einer Privilegierung „höherer Dienste“ (*operae liberalis*) floß vereinzelt auch in die Vorüberlegungen zum BGB ein, freilich ohne in dem Gesetzbuch Fuß zu fassen.[405]

Unterstellt man eine Privilegierung aus Statusgründen, ist diese jedenfalls als anachronistisch abzulehnen. In einer modernen und sozial geprägten Gesellschaftsstruktur muß eine angemessene Verteilung von Risiken und Ausgleichspflichten das Haftungsrecht bestimmen.

dd. Auswirkungen auf die Haftung von Krankenhausträgern insbesondere

Der Verzicht auf eine Schuldvermutung bei den Ärzten führt zu Unstimmigkeiten im Hinblick auf die Haftung von Krankenhausträgern als Geschäftsherren im Sinne des Art. 1903 Abs. 4 Cc. Die Tendenz der Rechtsprechung, dem Geschädigten den Weg zu einer Haftung des Geschäftsherrn möglichst zu erleichtern, läßt sich durch die Andersbehandlung der Ärzte nicht widerspruchsfrei umsetzen. Eine Haftung des Geschäftsherrn, also hier des Krankenhausträgers, setzt stets das Verschulden des Arztes als Hilfsperson voraus.

Aber auch das Verschulden des Geschäftsherrn selbst ist durch die Privilegierung der Ärzte schwerer zu begründen. Läßt sich nicht aufgrund eines erwiesenen oder zumindest vermuteten Verschuldens des Gehilfen auf ein Auswahl- oder Überwachungsverschulden des Geschäftsherrn schließen, verpflichtet dies den Geschädigten auch im Hinblick auf das Verschulden des Geschäftsherrn. Die Möglichkeiten des Geschädigten sind insofern jedoch stark begrenzt. Denn es ist dem Patienten in der Regel schon praktisch nicht möglich, Einblick in die klinikinternen Abläufe seiner Krankenbehandlung zu erhalten[406]. Das Maß, in welchem dies dem Patienten ermöglicht wird, liegt zumindest faktisch in der Hand des Klinikums und der behandelnden Ärzte. Ein Interessenkonflikt ist hier offensichtlich. Will man sich nicht darauf beschränken, mit der Rechtsprechung ein Verschulden des Geschäftsherrn schlicht zu behaupten[407], wird es im Regelfall ausgeschlossen sein, dem Arbeitgeber eines Arztes ein Auswahlverschulden vorzuwerfen. Aufgrund der Approbation, welche die Eignung belegt, ist dies im regelmäßig ausgeschlossen. Für ein Überwachungsverschulden gegenüber Ärzten bleibt ebenfalls

---

404 Vgl. D. 11.6.2 pr., 1 Paulus 25 ed. vel per litteras.

405 Vgl. hierzu WACKE, in: RdA 1987, 321 (323).

406 Vgl. LLAMAS POMBO, Responsabilidad del médico (1988), S. 423; diesen Aspekt berücksichtigt auch STS (sala 1) 22.5.1998 (RJ 3991).

407 Zu den Zweifeln an einer echten Vorwerfbarkeit in vielen Fällen bereits zuvor, S. 66.

nur ein sehr geringer Raum. Auf diese Punkte wurde bereits ausführlich eingegangen.[408]

Die Haftung des Krankenhausträgers in der Konsequenz eines Arztfehlers aus Art. 1903 Abs. 4 Cc. läßt sich folglich nur mittels einer Schuldvermutung auf beiden Seiten, zu Lasten sowohl der Hilfsperson als auch des Geschäftsherrn, erreichen. Dieses Ergebnis erscheint aus Schutzwürdigkeitserwägungen im Hinblick auf die Patienten zwar erstrebenswert, andererseits sind die grundsätzlichen Zweifel zu berücksichtigen, die gegen die Anwendung von Schuldvermutungen im Bereich der Gehilfenhaftung bestehen[409]. Über diese grundsätzlichen Bedenken hinaus wird man Schuldvermutungen speziell für den medizinischen Bereich als irreal einstufen müssen[410].

Es bleiben, ausgehend von dieser Prämisse, zwei Bewertungsmöglichkeiten. ATAZ LÓPEZ spricht sich dafür aus, die „irreale Vermutung“ (*presunción irreal*) hinzunehmen, zugunsten der Rechtssicherheit des Patienten und einer angemessenen Risikoverteilung. Entschiede man sich gegen diesen Weg, müßte der Geschädigte dem Arzt das Verschulden positiv nachweisen.

Gegen die Auffassung von ATAZ LÓPEZ bestehen Bedenken, denn sie orientiert sich zu Lasten juristischer Dogmatik allein an einem als billige erachteten Ergebnis. Die als „irreale Vermutung“ gekennzeichnete Schuld überschreitet gerade durch ihre Irrealität den Rahmen und die Grenzen einer Vermutung. Durch die Irrealität wird die Vermutung zur Fiktion, was auch ATAZ LÓPEZ zugesteht[411]. Eine Schuldfiktion findet im Wortlaut des Art. 1903 Cc. jedoch keine Stütze.

Nach hier vertretener Auffassung kommt Art. 1903 Cc. für den Geschädigten somit nur in den seltenen Fällen zum Tragen, in denen dieser das Verschulden zumindest des behandelnden Arztes positiv beweisen kann. In allen anderen Fällen kann das grundsätzlich angemessene Ergebnis einer weitgehend verschuldensunabhängigen Haftung des Klinikträgers allenfalls unter Heranziehung der Grundsätze zum Organisationsverschulden begründet werden. Hierfür müßte die Haftung konsequenterweise auf Art. 1902 Cc. gegründet werden[412].

Die Urteile des *Tribunal Supremo* differenzieren insoweit nicht immer genau. Die Rechtsprechung setzt sich oft über die dogmatischen Schwierigkeiten hinweg, die sich aus dem Zusammentreffen der Privilegierung der Ärzte mit einer Schuldver-

---

[408] Siehe oben, S. 66.

[409] Siehe oben, S. 66.

[410] ATAZ LÓPEZ, Médicos y responsabilidad (1985), S. 363, hierzu bereits oben, S. 66.

[411] ATAZ LÓPEZ, aaO.

[412] Zum Organisationsverschulden ausführlich unten, S. 86.

mutung zu Lasten der Krankenhausträger als Geschäftsherren ergeben. Teilweise begründen Urteile die Haftung des Krankenhausträgers aus Art. 1903 Cc., ohne daß ein Arztfehler oder überhaupt ein schuldhaftes Verhalten des medizinischen Personals nachgewiesen wäre[413]. Allgemein stützen sich die Urteile des *Tribunal Supremo* für die Haftung des Krankenhausträgers teils auf Art. 1903 Abs. 4 Cc.[414], vereinzelt wird daneben auch Art. 1902 Cc. herangezogen[415]. In anderen Urteilen wiederum wird die Haftung des Krankenhausträgers ausschließlich aus Art. 1902 Cc. begründet[416].

Am Rande sei erwähnt, daß sich in dieser Frage zudem die Problematik einer Überschneidung mit dem Staatshaftungsrecht bei Behandlungszentren in öffentlicher Trägerschaft, insbesondere im Hinblick auf die Einrichtungen des INSALUD[417] und deren Nachfolgekörperschaften ergibt. Die Auflösung dieses Konflikts ist im einzelnen schwierig und kann an dieser Stelle nicht vertieft werden[418]. Die hier getroffenen Feststellungen beziehen sich folglich allein auf Kliniken und Behandlungszentren in privater Trägerschaft, auf andere Einrichtungen nur insoweit, als die Behandlungsverhältnisse dem Privatrecht unterfallen.

ee. Haftung bei nicht persönlich eingrenzbarem Verschulden

Einen Sonderfall bilden die Konstellationen, in denen ein Schaden sich nicht auf das Verhalten einer einzelnen Hilfsperson zurückführen läßt, sondern vielmehr in der Fehlfunktion einer gesamten Abteilung oder des Unternehmens als solchem begründet liegt.

Hier zeigt sich ebenfalls die Tendenz der spanischen Rechtsprechung zu einer möglichst umfassenden Haftung des Unternehmers. Soweit das Verschulden der Hilfspersonen als Haftungsvoraussetzung des Art. 1903 Cc. gefordert wird, soll es nicht erforderlich sein, den Sorgfaltsverstoß einer bestimmten Person nachzuweisen. Dies würde die Haftungslage insbesondere bei größeren und komplexen

413 STS (sala 1) 29.6.1999 (RJ 4895); differenzierend hingegen: STS 4.2.1999 (RJ 748). Zum sog. „anonymen Verschulden" siehe sogleich, S. 83.

414 STS (sala 1) 9.6.1998 (RJ 3717).

415 STS (sala 1) 5.5.1988 (RJ 4016).

416 Vgl. STS (sala 1) 24.2.1992 (RJ 1427).

417 Der INSALUD (*Instituto Nacional de Salud*) war die Nachfolgeorganisation des INP (Instituto Nacional de Previsión) und nahm Aufgaben der staatlichen Gesundheitsfürsorge wahr. Heute sind die Aufgaben des INSALUD unter verschiedenen Namen auf die einzelnen autonomen Provinzen übertragen.

418 Ausführlich hierzu BARCELO DOMENECH, Responsabilidad del empresario (1995), S. 295 ff; LLAMAS POMBO, Responsabilidad del médico (1988), S. 311 ff.; ATAZ LÓPEZ, Médicos y responsabilidad (1985), S. 372 ff.; instruktiv auch das Urteil STS (sala 1) 5.5.1988 (RJ 4016).

Unternehmen in einem Sinne verkomplizieren, welcher der zuvor beschriebenen verbraucherschützenden Tendenz in der Rechtsprechung des *Tribunal Supremo* entgegen liefe[419]. Der Grund für diese Rechtsprechung liegt hauptsächlich in dem schon angesprochenen Gesichtspunkt, daß es dem Geschädigten in der Regel nicht möglich ist, in die internen Abläufe des Unternehmens Einblick zu erhalten, so daß der Nachweis des Verschuldens eines konkreten Schädigers häufig scheitern müßte.

Besondere Bedeutung hat diese Rechtsprechung des *Tribunal Supremo* wiederum für den Bereich der Arzthaftung erlangt. Der Gerichtshof hat in verschiedenen Krankenhausurteilen, denen ein Sachverhalt der zuvor beschriebenen Art zugrunde lag, die Krankenhausträger zum Schadensersatz verurteilt. Teilweise wird für eine Verurteilung lediglich auf das grundsätzliche Vorliegen eines Verschuldens abgestellt, ohne dieses auf eine bestimmte Person zu beziehen. Damit ist gemeint, daß als Voraussetzung der Haftung etwa abstrakt das Fehlverhalten einer Krankenschwester festgestellt wird, ohne daß es notwendig wäre, diese zu benennen[420]. Teilweise begnügt sich das Gericht in den entsprechenden Urteilen noch weitreichender und unbestimmter mit der Feststellung, daß ein Fehlverhalten des medizinischen Personals vorgelegen habe, ohne daß eine nähere Spezifizierung erfolgt[421]. Dieses Verständnis des Verschuldenserfordernisses, bei dem das Verschuldens eines konkreten Mitarbeiters durch den Vorwurf eines generellen Belegschaftsverschuldens ersetzt wird, hat ZELAYA ETCHEGARAY einprägsam als „anonymes Verschulden" (*culpa anónima*) bezeichnet [422].

Ebenfalls im Zusammenhang mit der Haftung eines Krankenhausträgers, jedoch in der Formulierung allgemeiner, äußert sich das *Tribunal Supremo* in einem aktuellen Urteil vom 9.6.1998[423]:

„Die Anwendung des Art. 1903 Cc. (...) hängt nicht von der vorausgegangenen Bestimmung und Individualisierung eines verantwortlichen Mitarbeiters ab (...). Jene ist vielmehr auch dann unumgänglich, wenn sich aus der Beweiserhebung ergibt, daß das schädigende Ereignis von einem Tun oder Unterlassen herrührte, das in den Betätigungskreis des Unternehmens fällt und aus Umständen herrührt, welche üblicherweise und nach Erfahrungsgrundsätzen dessen Mitarbeitern zuzu-

---

[419] STS (sala 1) 9.6.1998 (RJ 3717).

[420] STS (sala 1) 22.6.1988 (RJ 5124); kritisch zum Ganzen etwa ZELAYA ETCHEGARAY, Responsabilidad del empresario (1995), S. 215 ff.

[421] Vgl. etwa STS (sala 1) 10.12.1997 (RJ 8775); STS (sala 1) 21.9.1988 (RJ 6.847); STS (sala 1) 27.1.1989 (RJ 135).

[422] ZELAYA ETCHEGARAY, Responsabilidad del empresario (1995), S. 210.

[423] RJ 3717.

rechnen sind. Hierfür ist es keine notwendige Voraussetzung, die konkret verantwortlichen Personen zu identifizieren, denn ein derartiges Erfordernis würde die Unangreifbarkeit (*impugnidad*) großer und komplexer unternehmerischer Organisationen unserer Zeit fördern, zum Nachteil der Geschädigten."

Diese Rechtsprechung bürdet den Unternehmern, etwa dem Träger eines Krankenhauses, die Obliegenheit auf, den unmittelbaren Schädiger zu benennen, wenn er sich auf dem Regreßweg bei diesem schadlos halten will[424]. Diese Lösung erscheint schon deshalb naheliegend, da der Unternehmer regelmäßig Einblick in die betrieblichen Abläufe hat oder sich diesen jedenfalls verschaffen kann.

Den Interessen geschädigter Patienten, die durch die Privilegierung der Ärzte bei der Verteilung der Beweislast von der Rechtsprechung benachteiligt werden, wird auf diesem Wege ebenfalls Rechnung getragen. Einerseits wird der als schützenswert eingestufte Ärztestand nicht durch eine Beweislastumkehr belastet. Die ebenfalls schützenswerte Gruppe der Patienten andererseits erhält auf der Grundlage des Art. 1903 Abs. 4 Cc. mit dem Krankenhausträger einen solventen Schuldner. Diese Lösung berücksichtigt zudem eine sozial angemessene Risikoverteilung.

Die Rechtsprechung des *Tribunal Supremo* ist folglich in einem zweiten Schritt noch über das hinaus gegangen, was durch die Objektivierung des Geschäftsherrnverschuldens bereits eingeleitet wurde. Auch der Nachweis des Verschuldens eines konkreten Gehilfen ist, jedenfalls in bestimmten Konstellationen, überflüssig.

Der Ansatz der Rechtsprechung ist aber auch kritisiert worden[425]. Gegen die erläuterte Sichtweise ist angeführt worden, daß sie gegen die Unschuldsvermutung verstoße[426]. Hiergegen lassen sich jedoch unterschiedliche Einwände geltend machen. Zum einen ist schon zweifelhaft, inwieweit die in Art. 24 Abs. 2 der spanischen Verfassung (*Constitución Española*) verankerte Unschuldsvermutung im Deliktsrecht überhaupt anwendbar ist. Gegen die Anwendbarkeit dieses Grundsatzes spricht entschieden, daß dem Deliktsrecht kein Sanktionscharakter zu-

---

[424] ALONSO OLEA, Responsabilidad del empresario (1990), S. 30; ZELAYA ETCHEGARAY, Responsabilidad del empresario (1995), S. 210. Im gleichen Sinne STS 30.1.1990 (RJ 74).

[425] Vgl. etwa ALONSO OLEA, Responsabilidad del empresario (1990), S. 30. Allerdings verzichtet der Autor darauf, seine Kritik argumentativ zu untermauern. Vielmehr reduziert sich die Stellungnahme auf bloße Ironie, vermutlich da er das Vorgehen des *Tribunal Supremo* für offensichtlich ungeeignet erachtet.

[426] Vgl. STS (sala 1) 22.6.1988 (RJ 5124). Das Urteil setzt sich mit diesem von Beklagtenseite vorgebrachten Einwand auseinander.

kommt, sondern sein Inhalt auf Schadensreparation beschränkt ist[427]. Ferner kann von einer Verletzung der Unschuldsvermutung dann nicht die Rede sein, wenn das Verschulden, wenn auch nur abstrakt, aber doch zumindest im Grundsatz positiv festgestellt worden ist.

Letztlich ist zu beachten, daß bei dem von der Rechtsprechung entwickelten generalisierten Schuldvorwurf kein konkreter Mitarbeiter beschuldigt wird. Der generalisierte Schuldvorwurf genügt auch nicht, um die Haftung irgendeines Mitarbeiters oder der Belegschaft insgesamt, etwa als Gesamtschuldnern, zu begründen. Folglich wird niemand für sich in Anspruch nehmen können, er persönlich sei in seinen Rechten verletzt worden.

ff. Organisationsverschulden

In neueren Urteilen scheint es, als entferne sich das *Tribunal Supremo* noch weiter vom Erfordernis des Gehilfenverschuldens als dies durch die zuvor besprochene Einführung des generalisierten Belegschaftsverschuldens bzw. sog. „anonymen Verschuldens" bereits geschehen ist. Dabei wird unter Verzicht auf jegliches personale Element an einen Fehler oder einen Mangel in der Dienstleistung (*deficiencia de servicio*) des Unternehmens angeknüpft[428]. ZELAYA ETCHEGARAY wertet die Figur des Organisationsverschuldens allein als einen formellen Platzhalter, hinter dem sich in Wirklichkeit eine Gefährdungshaftung für das Unternehmensrisiko (*riesgo de empresa*) verstecke[429]. Vereinzelt wird sich zudem dafür ausgesprochen, daß ein Organisationsverschulden des Unternehmers zu vermuten sei[430].

Ein Beispiel für diese Rechtsprechung bietet ein Urteil gegen das spanische staatliche Eisenbahnunternehmen RENFE, ohne daß in dem zu entscheidenden Fall das schuldhafte Verhalten eines konkreten Angestellten feststellbar gewesen wäre[431]. In der angesprochenen Entscheidung ging es um den Tod eines Menschen, der an einem nicht hinreichend beleuchteten Bahnhof, an welchem zudem weder eine Lautsprecheranlage existierte noch eine hinreichende personelle Ausstattung gewährleistet war, von einem Zug überrollt wurde. Hier konnte das Verschulden nicht an einer konkreten Person festgemacht werden, das Gericht unternimmt auch nicht den Versuch. Vielmehr geht die Entscheidung davon aus, daß dem Un-

---

427 ASÚA GONZÁLEZ, in: Puig I Ferriol u.a. (1996), Derecho Civil, S. 461; ALONSO OLEA, Responsabilidad del empresario (1990), S. 89; STS (sala 1) 15.2.1995; STS (sala 1) 20.2.1989 (RJ 1215).

428 Vgl. ZELAYA ETCHEGARAY, Responsabilidad del empresario (1995), S. 215.

429 So etwa ZELAYA ETCHEGARAY, Responsabilidad del empresario (1995), S. 631.

430 ROJO Y FERNÁNDEZ-RÍO, Responsabilidad del fabricante (1974), S. 137 ff.

431 STS (sala 1) 15.3.1989 (RJ 2053).

ternehmen selbst der Vorwurf einer Sorgfaltspflichtverletzung unterbreitet werden könne („*la negligencia de RENFE*"). In diesem Zusammenhang zählt das Gericht die schon erwähnten Organisationsmängel auf und nennt als gesetzliche Grundlagen der Haftung sowohl Art. 1902 als auch Art. 1903 Cc. Der Schwerpunkt des gegen das Unternehmen selbst gerichteten Vorwurf liegt auf einem Unterlassen[432].

Als weitere Beispielgruppe seien die Fälle genannt, in denen der Krankenhausträger dem medizinischen Personal minderwertige oder dem Stand der Technik nicht entsprechende Geräte zur Verfügung stellt[433]. Hier scheitert ein Verschulden der behandelnden Ärzte regelmäßig, weil diese die ihnen zur Verfügung stehenden Möglichkeiten *lege artis* ausgeschöpft haben. Hingegen bejaht die Rechtsprechung die Haftung des Trägers aufgrund des beschriebenen Mangels in der Organisation des Behandlungsablaufs. Typische Fälle für eine Organisationsverschulden im klinischen Bereich stellen auch HIV-Infektionen aufgrund verseuchter Blutkonserven dar[434]. Allerdings zieht die Rechtsprechung auch hier sowohl Art. 1902 als auch Art. 1903 Abs. 4 Cc. als Anspruchsgrundlage heran. Im Hinblick darauf, daß Art. 1903 Abs. 4 ein eigenes Verschulden der Hilfsperson voraussetzt, erschient es allein richtig, Art. 1902 Cc. als Anspruchsgrundlage zu bemühen[435].

Anders formuliert: Da es für die Haftung aufgrund eines Organisationsverschuldens auf die Hilfsperson nicht ankommt, ist als Anspruchsgrundlage unmittelbar und allein auf Art. 1902 Cc. abzustellen[436]. Dies schließt andererseits nicht aus, daß zu dem Organisationsverschulden des Unternehmers auf der einen Seite zusätzlich ein Auswahl- oder Überwachungsverschulden und damit eine Haftung aus Art. 1903 Abs. 4 Cc. hinzutritt[437].

Die beschriebenen Entwicklungen in der Rechtsprechung des *Tribunal Supremo* sind zu begrüßen. Jene Entscheidungen, in denen das Gericht von einem Organisationsverschulden ausgeht und das Verschulden der Hilfsperson damit als unbeachtlich einstuft, berücksichtigen klar die Kriterien einer sozial angemessenen Risikoverteilung. Die Kritik ZELAYA ETCHEGARAYS, es würde auf diesem Wege

---

432 So in einem vergleichbaren Fall ausdrücklich STS 23.1.1986 (RJ 113).

433 STS (sala 1) 4.2.1999 (RJ 748); STS (sala 1) 5.5.1988 (RJ 4016).

434 STS (sala 1) 11.2.1998 (RJ 707).

435 Insoweit differenzierend STS (sala 1) 4.2.1999 (RJ 748); STS (sala 1) 9.3.1998 (RJ 1270).

436 In diesem Sinne auch PANTALEÓN PRIETO, in: Enciclopedia (1995), Responsabilidad por hecho ajeno, S. 5956.

437 Vgl. ZELAYA ETCHEGARAY, Responsabilidad del empresario (1995), S. 492 f. unter Hinweis auf STS (sala 1) 4.12.1984 (RJ 6029).

eine Gefährdungshaftung eingeführt, geht fehl. Die Organisation jedes Unternehmens erfordert speziell auf dieses abgestimmte Maßnahmen, um ein Schadensrisiko für Dritte zu minimieren. Werden diese Erfordernisse außer acht gelassen, liegt hierin eine Verletzung spezifischer Sorgfaltsanforderungen. Die Schadensersatzpflicht fußt somit auf dem Vorwurf eines spezifisch ausgestalteten Verschuldens und nicht auf Gefährdungshaftungsgesichtspunkten.

gg. Zusammenfassung

Eine Beweislastumkehr zu Lasten der Hilfsperson erscheint problematisch, denn sie beeinflußt das Haftungssystem im Ganzen. Bei bestehendem Gehilfenverschulden wird das Verschulden des Unternehmers in *eligendo, vigilando vel instruendo* vermutet. Wird aber bereits das Gehilfenverschulden seinerseits vermutet, hat dies zur Folge, daß ein Unternehmer in nahezu allen Fällen für die von einer Hilfspersonen verursachten Schäden einzustehen hat. Dies käme im Ergebnis einer Gefährdungshaftung für den Einsatz von Hilfspersonen nahe, für die sich im Gesetz kein Anhalt bietet.

Insofern stellt die angesprochene Sonderbehandlung der Ärzte keine Privilegierung dar, sondern lediglich die Umsetzung dessen was das Gesetz fordert. Das Verschulden der Hilfsperson ist stets zu beweisen. Dies gilt für Ärzte ebenso wie für alle anderen Berufsgruppen. Somit besteht für eine unterschiedliche Behandlung auch kein durchgreifender sachlicher Grund. Das Prinzip des Verschuldensnachweises im Hinblick auf die Hilfsperson muß richtigerweise durchgängig zur Anwendung kommen.

Die Rechtsfigur des „anonymen Verschuldens" stellt einen legitimen Kompromiß zwischen den schützenswerten Interessen des Geschädigten und dem gesetzlichen Erfordernis eines Verschuldensnachweises im Hinblick auf die Hilfsperson dar. Denn damit werden jedenfalls im Grundsatz die Voraussetzungen einer Verschuldenshaftung der Hilfsperson zusammengetragen. Daß diese Voraussetzungen nicht auf eine individuelle Hilfsperson, den unmittelbaren Schadensverursacher, zugeschnitten sind, ist unerheblich. Denn es geht hinsichtlich der Haftung allein um den Geschäftsherrn. Den Feststellungen in bezug auf die Hilfsperson kommt nicht einmal präjudizielle Wirkung in einem Folgeprozeß zu[438].

Keine Bedenken bestehen auch hinsichtlich der Haftung eines Krankenhausträgers oder sonstigen Unternehmers unmittelbar aus Art. 1902 Cc. aufgrund eines Organisationsverschuldens. Denn hier wird erst gar nicht an die Hilfsperson angeknüpft. Fraglich erscheint allenfalls, ob durch diese Entwicklung in der Rechtsprechung die Regelung des Art. 1903 Cc. nicht überflüssig wird. Denn auch im

---

438 STS (sala 1) 10.5.1984 (RJ 2405).

Fall einer Schädigung, die auf einem Organisationsverschulden des Geschäftsherrn beruht, werden regelmäßig Hilfspersonen an der unmittelbaren Schadensverursachung beteiligt sein. Dennoch ist es in dieser Fallgestaltung möglich, an ein eigenes Verhalten, Tun oder Unterlassen, des Geschäftsherrn anzuknüpfen, das über die bloße Auswahl und Überwachung von Hilfspersonen hinausgeht. Die Haftung aufgrund eines Organisationsverschuldens stellt ein zulässiges *aliud* zu Art. 1903 Cc. dar.

5. Rechtswidrigkeit des Gehilfenverhaltens

Nach allgemeiner Ansicht setzt die Haftung des Geschäftsherrn voraus, daß in der Hilfsperson die Voraussetzung für eine Haftung aus Art. 1902 Cc. vorliegen[439]. Zu den Tatbestandsvoraussetzungen des Art. 1902 Cc. gehört nach überwiegender Auffassung auch das Merkmal der Rechtswidrigkeit[440]. Damit ist die Rechtswidrigkeit auch eine Voraussetzung im Rahmen der Gehilfenhaftung nach Art. 1903 Abs. 4 Cc., die im bezug auf die Schädigung seitens der Hilfsperson gegeben sein muß. Abzustellen ist hierbei auf den Unrechtsgehalt des Schädigungserfolgs[441].

6. Unmittelbarkeit oder Subsidiarität der Haftung

a) Notwendige Streitgenossenschaft als Einrede (*litis consorcio necesario*)

In Prozessen zur Haftung des Geschäftsherrn für Hilfspersonen wird gelegentlich die Einrede einer notwendigen Streitgenossenschaft auf Beklagtenseite (*litis consorcio necesario pasiva*) erhoben[442]. Mit dem Argument, der unmittelbare Schadensverursacher sei fälschlicherweise vom Geschädigten nicht mitverklagt worden, will der Geschäftsherr die Abweisung der Klage erreichen.

Die Rechtsprechung weist die beklagten Unternehmer mit diese Einrede indes regelmäßig zurück[443]. Das *Tribunal Supremo* hat bereits in älteren Entscheidungen[444] abstrakt die Kriterien festgelegt, anhand derer die unmittelbare und die subsidiäre Haftung voneinander abzugrenzen sind. Dabei wird darauf abgestellt,

---

439 ASÚA GONZÁLEZ, in: Puig I Ferriol u.a. (1996), Derecho Civil, Bd. 2, S. 487; DÍEZ-PICAZO/ GULLÓN, Sistema (1999), Bd. 2, S. 555 f.; ALONSO OLEA, Responsabilidad del empresario (1990), S. 83 f.

440 LACRUZ BERDEJO u.a., Elementos II (1999), Bd. 2, S. 468 ff.; ANGEL YÁGÜEZ, Responsabilidad civil (1988), S. 87 f. Anderer Auffassung: PANTALEÓN PRIETO, in: Paz-Ares u.a., Com. del Cc. (1993), zu Art. 1.902, S. 1993 f.

441 PANTALEÓN PRIETO, in: Paz-Ares u.a., Com. del Cc. (1993), zu Art. 1.902, S. 1995.

442 Vgl. ZELAYA ETCHEGARAY, Responsabilidad del empresario (1995), S. 185; CABALLERO GEA, RGD 1980, 18 (20).

443 ZELAYA ETCHEGARAY, Responsabilidad del empresario (1995), S. 185.

444 Vgl. etwa STS (sala 1) 16.4.1963 (RJ 1970).

ob die Haftung des Angestellten ein eigenes Gewicht gegenüber der Haftung des Unternehmers hat, insbesondere wird geprüft, ob die Haftungen verschiedenartig sind. Sollten diese Voraussetzungen zu verneinen sein, die Haftungen also unselbständig und von einander abhängig sein, so läge ein Fall notwendiger Streitgenossenschaft (*litisconsorcio necesario*) vor. Das *Tribunal Supremo* gelangt zu dem Ergebnis, daß die Haftung des Unternehmers und die des Mitarbeiters auf jeweils unterschiedlichen Grundlagen fußen. Der Haftung des Mitarbeiters liege dessen *culpa in operando* zugrunde; hingegen beruhe die Haftung des Unternehmers auf einer *culpa in vigilando vel eligendo*[445].

Der Geschäftsherr haftet danach im Rahmen des Art. 1903 Cc. grundsätzlich unmittelbar (*responsabilidad directa*), also nicht lediglich subsidiär im Verhältnis zum Schädiger[446]. Dies ist eine Besonderheit des *Código civil*, die keineswegs selbstverständlich ist. Hingegen handelt es sich beispielsweise bei der Haftung nach den Normen des spanischen Strafgesetzbuches, das ebenfalls eine Geschäftsherrnhaftung enthält, um eine subsidiäre Haftung[447].

Folglich ist es auch nicht erforderlich, Klage gegen den unmittelbaren Schadensverursacher zu erheben. Eine Verurteilung der Hilfsperson ist nicht notwendig, um die Haftung des Unternehmers zu begründen[448]. Zwischen der Hilfsperson und dem Geschäftsherrn besteht kein Verhältnis einer notwendigen Streitgenossenschaft (*litisconsorcio necesario*)[449]. Der Geschädigte kann entweder allein die Hilfsperson, allein den Geschäftsherrn oder beide gemeinsam verklagen[450]. Aus praktischen Erwägungen mag es sich für den Kläger zwar empfehlen sowohl Schädiger als auch Unternehmer gemeinsam zu verklagen. Notwendig ist dies jedenfalls nicht[451].

---

445 Vgl. im selben Sinn STS (sala 1) 30.12.1980 (RJ 1980, 4815); STS (sala 1) 16.4.1963 (RJ 1970).

446 Vgl. STS (sala 1) 16.03.1987 (RJ 10213); STS (sala 1) 8.2.1989 (RJ 756); ANGEL YÁGÜEZ, in: Paz-Arez u.a., Com. del Cc. (1993), zu Art. 1.903, S. 2015; PANTALEÓN PRIETO, in: Enciclopedia (1995), Responsabilidad por hecho ajeno, S. 5956; SANTOS BRIZ, Responsabilidad civil (1993), Bd. 1, S. 488 ff.; CABALLERO GEA, in: RGD 1980, 18.

447 Vgl. hierzu unten S. 121 ff.

448 ASÚA GONZÁLEZ, in: Puig I Ferriol u.a. (1996), Derecho Civil, Bd. 2, S. 487; YZQUIERDO TOLSADA, Responsabilidad del profesional liberal (1989), S. 84 f.

449 STS (sala 1) 10.5.1984 (RJ 2405); STS (sala 1) 24.11.1980 (RJ 4211); STS (sala 1) 12.12.1988 (RJ 9427).

450 ANGEL YÁGÜEZ, Responsabilidad civil (1988), S. 132; derselbe, in: Paz-Ares u.a., Com. del Cc. (1993), zu Art. 1.903, S. 2015.

451 CABALLERO GEA, in: RGD 1980, 18 (20).

b) Verletzung von Prozeßgrundrechten durch die *responsabilidad directa* des Unternehmers

Die spanische Rechtsterminologie bedient sich des ausdrucksstarken Terminus der *responsabilidad directa*[452], spricht also von einer „direkten Haftung". Gemeint ist damit, wie zuvor ausgeführt, daß der Geschädigte seine Klage unmittelbar und ausschließlich gegen den Geschäftsherrn richten kann. Die hiermit in Zusammenhang stehende Ablehnung einer notwendigen Streitgenossenschaft auf Beklagtenseite (*litis consorcio pasivo necesario)* durch die Rechtsprechung des *Tribunal Supremo* ist auf Kritik gestoßen.

Nach JORDANO FRAGA folgt ein Widerspruch daraus, daß die Rechtsprechung die persönliche Verantwortlichkeit des unmittelbaren Schädigers gemäß Art. 1902 Cc. als Haftungsvoraussetzung fordert[453]. Eine schuldhafte Schädigungshandlung seitens der Hilfsperson gilt als unabdingbare Haftungsvoraussetzung. Hieraus ergibt sich, daß im Rahmen eines Verfahrens, in welchem allein der Unternehmer beklagt ist, das Verschulden der Hilfsperson inzident durch das Gericht festzustellen ist[454].

Dieses Vorgehen könnte aber anerkannte Prozeßgrundrechte verletzen[455]. Das Gericht ist gezwungen, über die Schuld der Hilfsperson zu befinden, ohne daß diese Gelegenheit gehabt hätte, sich zu dem Schuldvorwurf zu äußern. Denn die Hilfsperson ist nach dem System der „direkten Haftung" gerade nicht, zumindest nicht zwingend, am Verfahren beteiligt. Die Folge könnte sein, daß dem unmittelbaren Schadensverursacher das rechtliche Gehör abgeschnitten würde. Dieser Grundsatz, der historisch verankert[456] sowie notwendiger Bestandteil jeder rechtsstaatlichen Ordnung ist, findet sich auch in Art. 24 der spanischen Verfassung (*Constitución Española*). Eine Verletzung dieses Prozeßgrundrechts würde insofern besonders schwer wiegen, als das Ergebnis des Verfahrens gegen den Geschäftsherrn zugleich die Grundlage für dessen Regreßansprüche darstellen könnte. Geht man von zwei getrennten Verfahren aus, eines gegen den Geschäftsherrn und ein abgetrenntes Verfahren gegen den unmittelbaren Schadensverursacher etwa im Hinblick auf Regreßansprüche, kann es zu widersprüchli-

---

452 Vgl. STS (sala 1) 8.2.1989 (RJ 756). Vgl. ferner ASÚA GONZÁLEZ, in: Puig I Ferriol u.a. (1996), Derecho Civil, Bd. 2, S. 487; ANGEL YÁGÜEZ, in: Paz-Arez u.a., Com. del Cc. (1993), zu Art. 1.903, S. 2015; DÍEZ-PICAZO/ GULLÓN, Sistema (1999), Bd. 2, S. 555 f..

453 Vgl etwa JORDANO FRAGA, Responsabilidad por auxiliares (1994), S. 583 f.

454 ASÚA GONZÁLEZ, in: Puig I Ferriol u.a. (1996), Derecho Civil, Bd. 2, S. 487.

455 ZELAYA ETCHEGARAY, Responsabilidad del empresario (1995), S. 79 und S. 206.

456 Zur historischen Bedeutung und Entwicklung diese Rechtsgrundsatzes vgl. WACKE, in: JA 1980, 594 f.; derselbe ausführlicher, in: Festschrift Waldstein (1993), S. 369.

chen Urteilen kommen. Deshalb kommt JORDANO FRAGA zu dem Ergebnis, daß im Rahmen der deliktischen Haftung eine notwendige Streitgenossenschaft auf Beklagtenseite (*litis consorcio pasivo necesario*) unverzichtbar sei[457].

Nach der Rechtsprechung des *Tribunal Supremo* kommt der Inzidententscheidung über das Verschulden der Hilfsperson jedoch keine präjudizielle Wirkung für einen möglichen Folgeprozeß zu[458]. Es liegt somit näher, mit ZELAYA ETCHEGARAY[459] das Verschulden des Gehilfen als lediglich rein formale Voraussetzung für die Verurteilung des Geschäftsherrn zu werten. Eine verbindliche Aussage über das Verschulden der Hilfsperson sei durch das Urteil über die Haftung des Geschäftsherrn noch nicht getroffen. Hierfür spricht auch, daß es der Haftung des Unternehmers nicht entgegensteht, wenn der unmittelbare Schädiger den Tod gefunden hat. Es ist evident, daß das Verschulden in diesem Fall nur hypothetisch bestimmt werden kann. Noch deutlicher zeigt sich dies im Bereich des Strafrechts. Obschon die strafrechtliche Verurteilung des unmittelbaren Schädigers aus Artt. 109 ff. *Código penal* bei dessen Tod ausscheidet, kann der Schadensersatzanspruch vor den Strafgerichten geltend gemacht werden[460].

Die Auffassung der Rechtsprechung steht auch im Einklang mit den bereits an anderer Stelle besprochenen Rechtsfiguren eines sog. „anonymen Verschuldens". Danach genügt es richtigerweise für die Haftung des Geschäftsherrn, wenn das Verschulden einer Hilfsperson oder einer speziellen Gruppe von Hilfspersonen abstrakt festgestellt wird. Der Bezug des Verschuldensvorwurfs zu einer konkreten Hilfsperson braucht nicht hergestellt zu werden, weil es nicht um deren Haftung, sondern allein um diejenige des Geschäftsherrn geht.

Zwar vermag die Sichtweise des *Tribunal Supremo* nicht zu unterbinden, daß der Ausgangsprozeß gegen den Geschäftsherrn und mögliche Folgeprozesse zu widersprüchlichen Ergebnissen hinsichtlich des Gehilfenverschuldens führen. Bei inhaltlich abweichendem Folgeprozeß wären Zweifel über die Richtigkeit des Ausgangsprozesses selbst dann unvermeidbar, wenn man mit ZELAYA ETCHEGARAY unterstellt, daß das Urteil über den Geschäftsherrn keine verbindli-

---

457 JORDANO FRAGA, Responsabilidad por auxiliares (1994), S. 585. Zum gegenteiligen Ergebnis gelangt der Autor im Hinblick auf die vertragliche Haftung für Erfüllungsgehilfen. Hier sei die persönliche Verantwortlicheit der Hilfsperson keine Voraussetzung für die Haftung des Geschäftsherrn. Folglich bestehe auch nicht die Notwendigkeit einer Streitgenossenschaft auf der Beklagtenseite (*litis consorcio pasivo necesario*).

458 STS (sala 1) 10.5.1984 (RJ 2405).

459 ZELAYA ETCHEGARAY, Responsabilidad del empresario (1995), S. 79 f. und S. 206.

460 Siehe dazu unten, S. 105.

che Aussage über das Gehilfenverschulden enthält. Es entstünde bei abweichenden Entscheidungen der unvermeidbare Eindruck eines Fehlurteils.

Dennoch dürfte eine solche Diskrepanz der Urteile in der Praxis ein extremer Ausnahmefall sein. Differenziert man zudem juristisch exakt die genannten Funktionen des Gehilfenverschuldens in dem einen und dem anderen Fall, erscheinen selbst im Ergebnis abweichende Urteile hinnehmbar.

7. Haftungskonkurrenzen von Hilfsperson und Geschäftsherr

Das *Tribunal Supremo* geht von einer gesamtschuldnerischen Haftung des Unternehmers im Verhältnis zur Hilfsperson aus, sog. *responsabilidad solidaria* i.S. des Art. 1137 Cc[461]. Zwar unterstellen die Artt. 1137 f. Cc., daß unter mehreren Schädigern im Regelfall kein Gesamtschuldverhältnis besteht, es sei denn, daß etwas anderes vereinbart worden wäre. Jedoch soll dieser Grundsatz nach der Rechtsprechung des *Tribunal Supremo* nur auf den vertraglichen Bereich anwendbar sein. Für den Bereich des Deliktsrechts soll die genannte Einschränkung nicht gelten[462]. Die Gesamtschuld gemäß Art. 1137 Cc. entsteht folglich *ex lege* aufgrund der Schädigungshandlung.

8. Sonderfall: Haftungskonkurrenz mehrerer Unternehmen

Es wurde bereits im Zusammenhang mit der Überlassung von Arbeitnehmern an ein anderes Unternehmen darauf hingewiesen, daß eine Haftung verschiedener Unternehmer nebeneinander für das Verhalten eines konkreten Arbeitnehmers möglich ist[463]. Diese haften gesamtschuldnerisch, wenn die Voraussetzungen des Art. 1903 Cc. für mehr als ein Unternehmen erfüllt sind, ohne daß Anhaltspunkte dafür gegeben sind, die Haftungen der einzelnen Beteiligten zu differenzieren[464].

9. Regreßanspruch gemäß Art. 1904 Cc.

a) Normstruktur und Tatbestandsvoraussetzungen

In Art. 1904 Cc. regelt der Gesetzgeber die Regreßmöglichkeiten bei Schadensersatzleistungen in Folge der vorstehenden Normen. Dabei erfaßt Art. 1904 Cc. zwei Fälle. Der zweite Absatz der Regreßnorm regelt Regreßansprüche der Lehranstalten gegen Unterrichtspersonal, das einen Schaden vorsätzlich oder grob

---

[461] Vgl. STS. 14.02.1964 (RJ 749); STS (sala 1) 7.2.1986 (RJ 446); STS (sala 1) 2.2.1987 (RJ 673); ebenso PANTALEÓN PRIETO, in: Enciclopedia (1995), Responsabilidad por hecho ajeno, S. 5956; ASÚA GONZÁLEZ, in: Puig I Ferriol u.a. (1996), Derecho Civil, Bd. 2, S. 479.

[462] SANTDIUMENGE, in: Deliktsrecht in Europa/ Spanien (1993), S. 34.

[463] Siehe oben, S. 30.

[464] Vgl. ALONSO OLEA, Responsabilidad del empresario (1990), S. 59 f.

fahrlässig herbeigeführt hat und bezieht sich somit auf Art. 1903 Abs. 5 Cc. Art. 1904 Abs. 1 Cc. legt hingegen einen bedingungslosen Regreßanspruch zugunsten desjenigen fest, der einen durch seine *dependientes* verursachten Schaden ersetzt hat.

Fraglich ist, wen der Begriff der *dependientes* in Art. 1904 Cc. umfaßt[465]. Zwei Auslegungen sind denkbar. Zunächst könnte sich Art. 1904 Cc. allgemein auf alle in Art. 1903 Cc. genannten Personengruppen beziehen, für die gehaftet wird. Zum zweiten könnte der Begriff eng in dem Sinne verstanden werden, daß nur die in Art. 1903 Abs. 4 Cc. erwähnten Mitarbeiter (*dependientes*) erfaßt wären[466]. Diese Auslegungsproblematik soll vorliegend nicht vertieft werden. Denn die Hilfspersonen des Unternehmers i.S. des Art. 1903 Abs. 4 Cc. sind von der Regreßregelung des Art. 1904 Cc. nach beiden Auslegungen umfaßt.

Rechtsfolge des Regresses aus Art. 1904 Abs. 1 Cc. ist der volle Rückforderungsanspruch des vom Unternehmer gezahlten Schadensersatzes gegen den Mitarbeiter. Die Last der Schadensersatzpflicht ruht nach dieser Konzeption im Ergebnis immer auf der Hilfsperson. Es scheint somit, als werte zumindest der historische Gesetzgeber den Beitrag des unmittelbaren Schadensverursachers schwerer und wolle diesem damit letztlich den Schaden aufbürden[467].

Der Regreßanspruch aus Art. 1904 Cc. verjährt mit Ablauf der Frist des Art. 1964 Cc., somit erst nach 15 Jahren. Denn der Regreß ist selbst nicht deliktischer Natur, so daß die kürzere deliktische Verjährung des Art. 1968 Nr. 2 *Código civil* hier außer Betracht bleibt.[468]

b) Kritik an der bestehenden Regreßregelung

Gegen die Regreßregelung des Art. 1904 Cc. bestehen Bedenken aus unterschiedlichen Gesichtspunkten[469].

Es wird angeführt, die Bestimmung eines Totalregresses gemäß Art. 1904 Cc. würde allein in einem System verschuldensunabhängiger Haftung des Geschäfts-

---

465 Vgl. LACRUZ BERDEJO u.a., Elementos II (1999), Bd. 2, S. 531 f.

466 Vgl. hierzu PANTALEÓN PRIETO, in: Enciclopedia (1995), Responsabilidad por hecho ajeno, S. 5957. Vgl. ebenfalls DÍAZ ALABART, in: Centenario (1990), Bd. 1, S. 691 (692), Fn. 3.

467 Vgl SIERRA PÉREZ, Responsabilidad del empresario (1997), S. 137 f.; Albaladejo, Derecho Civil II (1997), Bd. 2, S. 515 ff.

468 ASÚA GONZÁLEZ, in: Puig I Ferriol u.a. (1996), Derecho Civil, Bd. 2, S. 489; DÍEZ-PICAZO/ GULLÓN, Sistema (1999), Bd. 2, S. 556.

469 Vgl. hierzu DÍEZ-PICAZO/ GULLÓN, Sistema (1999), Bd. 2, S. 554; PASCUAL ESTEVILL, Responsabilidad extracontractual (1990), Bd. 2/ 2, Seite 199 ff.; LACRUZ BERDEJO u.a., Elementos II (1999), Bd. 2, S. 532.

herrn Sinn machen[470]. Dann nämlich ließe sich argumentieren, derjenige der schuldhaft handelt befinde sich näher am Schaden als der Geschäftsherr, der nur aus Solvenzgesichtspunkten und ohne eigenes Verschulden hafte. Allerdings ist auch diese Argumentation nicht zwingend. Denn hiergegen könnte man einwenden, daß der Geschäftsherr die schadensbegründende Aktivität erst ermöglicht habe, und daher in erster Linie dem Geschädigten gegenüber verantwortlich sei[471].

Soweit nach Art. 1903 Cc. die Haftung auf einem eigenen Verschulden des Unternehmers beruht (*culpa in eligendo vel vigilando*), ist ferner nicht nachvollziehbar, wieso ein Dritter, namentlich die Hilfsperson, für das Verschulden des Unternehmers einstehen sollte[472]. Ist der Unternehmer für den Schaden schuldhaft verantwortlich, so darf ihm keine Regreßmöglichkeit zugestanden werden[473]. Mit anderen Worten: Niemad kann etwas erstattet verlangen, was er selbst zu leisten verpflichtet ist[474]. Dies gilt um so mehr, als Art. 1904 Cc. einen Totalregreß vorsieht.

Schließlich ergeben sich Bedenken daraus, daß die Regreßpflicht im Regelfall Arbeitsverhältnisse betrifft. Die Lösung des Art. 1904 Cc. scheint die Stellung des Arbeitnehmers im Verhältnis zu seinem Arbeitgeber unberücksichtigt zu lassen. Es könnte materiell unbillig erscheinen, die Haftung in letzter Instanz dem Arbeitnehmer aufzubürden[475]. Hierauf wird noch ausführlich einzugehen sein[476].

aa. Rechtfertigung des Art. 1904 Cc. durch objektive Auslegung des Art. 1903 Cc.

Möglicherweise ist der Kritikpunkt, die Regelung des Art. 1904 Cc. passe nur in ein System verschuldensunabhängiger Geschäftsherrnhaftung und sei deshalb systemwidrig, durch die aktuellen Entwicklungen der Rechtsprechung überholt.

Es wurde bereits ausgeführt, daß die spanische Rechtsprechung die Haftung des Unternehmers als „quasiobjektive" ausgestaltet hat und damit als von einem eigenen Verschulden der Sache nach unabhängig. Unter Zugrundelegung dieses ver-

---

470 DÍEZ-PICAZO/ GULLÓN, Sistema (1999), Bd. 2, S. 554; ROGEL VIDE, Responsabilidad extratontractual (1977), S. 160 f.; RUBIO GARCÍA MINA, Responsabilidad del empresario (1971), S. 56.

471 In diesem Sinne auch SIERRA PÉREZ, Responsabilidad del empresario (1997), S. 141.

472 In diesem Sinne: DÍEZ-PICAZO/ GULLÓN, Sistema (1999), Bd. 2, S. 554; ENNECERUS/ LEHMANN, Derecho de Obligaciones (1966), Bd. 2/ 2, S. 1124.

473 DÍEZ-PICAZO/ GULLÓN, Sistema (1999), Bd. 2, S. 554.

474 ROCA I TRIAS, in: ADC 1998, 7 (24).

475 In diesem Sinne SIERRA PÉREZ, Responsabilidad del empresario (1997), S. 142.

476 Siehe sogleich, S. 98.

schuldensunabhängigen Normverständnisses könnte der Totalregreß des Art. 1904 Cc. gerechtfertigt erscheinen. Diese Auffassung, die in Spanien namentlich von ASÚA GONZALEZ[477] vertreten wird, geht davon aus, daß es keinen Unterschied mache, ob die Haftung des Unternehmers bereits *ex lege* objektiver Natur sei oder erst *de facto*, nämlich durch die Rechtsprechung in diesem Sinne ausgestaltet worden sei. *De facto* existiere in Spanien ein System verschuldensunabhängiger Geschäftsherrnhaftung, in welches die Regreßregelung des Art. 1904 Cc. hineinpasse. Im Ergebnis würde der Unternehmer verpflichtet, den Schaden ohne eigenes Verschulden zu ersetzen. Insoweit sei der Regreß gegen den Mitarbeiter gerechtfertigt, der ja im Gegensatz dazu schuldhaft gehandelt habe.

bb. Rechtfertigung des Art. 1904 Cc. als Wertentscheidung des Gesetzgebers

SIERRA PÉREZ[478] verteidigt die bestehende Regreßregelung unter einem anderen Aspekt. Nach ihrer Ansicht steht Art. 1904 Cc. weder in einem Wertungswiderspruch innerhalb des Normenzusammenhangs noch läßt sich aus der Norm die Existenz einer verschuldensunabhängigen Geschäftsherrnhaftung schließen. Vielmehr sei zunächst das Außenverhältnis des Unternehmens zum Geschädigten, vom Innenverhältnis zwischen einzelnen Personen des Unternehmens zu differenzieren. Im Rahmen der ersten Haftungsbeziehung könne der Geschädigte, im Interesse bestmöglicher Befriedigung seiner Haftungsinteressen, frei wählen gegen wen er seine Ansprüche richte. Entweder mache er gemäß Art. 1903 Cc. seinen Anspruch gegen den Unternehmer geltend oder er wende sich nach Art. 1902 Cc. unmittelbar an den Mitarbeiter, welcher den Schaden verursacht habe. Art. 1904 Cc. beziehe sich hingegen ausschließlich auf das Innenverhältnis und setze damit letztlich die Entscheidung des Gesetzgebers bezüglich der endgültigen Haftungstragung zu Lasten des Mitarbeiters um. Zudem seien die Schuldvorwürfe an Geschäftsherrn und Hilfsperson zu differenzieren und führten zu unterschiedlichen Rechtsfolgen. Im Ergebnis begründe das Verschulden der Hilfsperson deren Schadensersatzpflicht, das Verschulden des Unternehmers habe hingegen die Konsequenz, daß dieser dem Geschädigten gegenüber zum Garanten für die Schadensersatzleistung des unmittelbaren Schadensverursachers werde[479].

cc. Stellungnahme

Die von SIERRA PÉREZ vertretene Auffassung, wonach die Hilfsperson als Garant für die Haftung des Geschäftsherrn fungiert, führt zu materiell ungerechten Er-

---

[477] ASÚA GONZÁLEZ, in: Puig I Ferriol u.a. (1996), Derecho Civil, Bd. 2, S. 488; ebenso ROCA I TRIAS, in: ADC 1998, 7 (23 ff.).

[478] Vgl. SIERRA PÉREZ, Responsabilidad del empresario (1997), S. 139 ff.

[479] SIERRA PÉREZ, Responsabilidad del empresario (1997), S. 140; ebenso ROGEL VIDE, Responsabilidad extratontractual (1977), S. 161.

gebnissen. Liegt sowohl beim Unternehmer als auch beim Mitarbeiter eigenes Verschulden vor, ist nicht nachvollziehbar, weshalb dem Mitarbeiter das Verschulden des Unternehmers aufgebürdet werden sollte. Weder die Stellung im Betrieb, noch etwaige Einflußmöglichkeiten des Mitarbeiters könnten erklären, warum dieser für seinen Vorgesetzten haften sollte. Jedenfalls im modernen Licht der Beziehungen zwischen Arbeitgebern und Arbeitnehmern muß eine derartige Lösung als anachronistisch erscheinen[480].

Zweifel bestehen auch an der Auffassung von ASÚA GONZÁLEZ, die daran anknüpft, daß die Geschäftsherrnhaftung durch die Rechtsprechung verschuldensunabhängig ausgestaltet worden sei. Schon die Prämisse, Art. 1904 Cc. ergebe in einem System verschuldensunabhängiger Geschäftsherrnhaftung Sinn, ist angreifbar. SIERRA PÉREZ[481] gibt zu bedenken, daß selbst im Fall einer solchen „objektiven" Haftungsausgestaltung die Rechtfertigung einer Regreßnorm im Sinne des Art. 1904 Cc. zweifelhaft erscheint. Hafte der Unternehmer etwa aus Gefährdungsgesichtspunkten verschuldensunabhängig, so könne er zuvor die Schadensvorsorge steuern und deren Kosten auf die Verbraucher umlegen. Unter den Gesichtspunkten von Gefahrschaffung, Versicherbarkeit und Kostenumlegung sei auch für der Fall verschuldensunabhängiger Geschäftsherrnhaftung deshalb nicht nachvollziehbar, weshalb die Hilfsperson im Ergebnis den Schaden tragen sollte.

Auch ist ASÚA GONZÁLEZ nicht darin zuzustimmen, daß die Regelung des Art. 1904 Cc. sich jedenfalls heute in das Haftungssystem einfüge, da durch die Rechtsprechung *de facto* ein System „objektiver" Haftung geschaffen worden sei. Diese Prämisse zu akzeptieren hieße, eine Normauslegung hinzunehmen, die sich über den ausdrücklichen Gesetzeswortlaut schlicht hinwegsetzt[482]. Die Ausgestaltungen der Rechtsprechung werden auf eine Stufe mit dem Wortlaut des Gesetzes gestellt. Die Autorität eines Obersten Gerichtshofs reicht jedoch nur bis zu der Grenze, die ihm durch die Gewaltenteilung gezogen ist. Die Gesetzgebung ist dem parlamentarischen Gesetzgeber vorbehalten. Mithin läßt sich der Totalregreßanspruch des Unternehmers aus Art. 1904 Cc. nicht aufgrund einer sich *de facto* über den Wortlaut des Art. 1903 Cc. hinwegsetzenden Rechtsprechung rechtfertigen. Auch die Auslegungsnorm des Art. 3 Abs. 1 Cc. rechtfertigt kein anderes Ergebnis[483]. Zwar sind danach die Normen des *Código civil* der sozialen

---

480 Vgl. EÖRSI, in: Encyclopedia of comparative law (1975), Bd. 11/ 4, S. 60.

481 SIERRA PÉREZ, Responsabilidad del empresario (1997), S. 141.

482 Hierfür plädiert ROCA I TRÍAS sogar ausdrücklich; vgl. ROCA I TRIAS, in: ADC 1998, 7 (24 ff.).

483 So jedoch ROCA I TRIAS, in: ADC 1998, 7 (36).

Wirklichkeit durch Auslegung anzupassen. Dennoch bestimmt die Wortlautgrenze den Rahmen jeder Auslegung.

Mithin ändert auch die Auffassung von ASÚA GONZÁLEZ nichts daran, daß sich aus dem Gesetzeswortlaut ein Widerspruch zwischen dem Totalregreßanspruch aus Art. 1904 Cc. und der Haftung des Geschäftsherrn aus eigenem Verschulden gemäß Art. 1903 Cc. ergibt, der nur durch einen korrigierenden Eingriff des Gesetzgebers ausgeglichen werden kann.

c) Arbeitsrechtlicher Freistellungsanspruch

aa. Haftungsprivilegierungen bei der Regreßhaftung

Die Regreßregelung des Art. 1904 Cc. begegnet besonderen Bedenken im Hinblick auf die Haftung von Arbeitnehmern. Zwar wird der Regreßanspruch gegenüber Arbeitnehmern selten durchgesetzt[484]. Es ist zu vermuten, daß die Gründe hierfür in der regelmäßig mangelnden Solvenz der Arbeitnehmer sowie in einer möglichen Belastung des Betriebsklimas und Demotivierung der Arbeitnehmerschaft liegen[485]. Gesetzlich sind die spanischen Arbeitnehmer indes nicht vor Rückgriffsansprüchen Ihrer Arbeitgeber geschützt. Im Schrifttum wird dies vereinzelt als unbillig empfunden.

ALONSO OLEA argumentiert, der Pflicht des Arbeitnehmers, die Anordnungen des Unternehmers zu erfüllen, stehe als Gegenstück die Verpflichtung des Unternehmers gegenüber, seine Arbeitnehmer vor allen Schäden zu bewahren, die aus der Tätigkeit resultieren könnten[486]. Folglich habe der Unternehmer seine Arbeitnehmer auch vor Ansprüchen Dritter zu schützen, soweit diese geschädigt wurden[487]. Nach dieser Auffassung kommt ein Regreßanspruch nur dann in Betracht, wenn der Arbeitnehmer sich nicht an die speziellen oder allgemeinen Anweisungen gehalten hat. Ferner soll ein Regreß auch dann in Betracht kommen, wenn die Anweisungen zwar grundsätzlich befolgt wurden, dem Arbeitnehmer aber dennoch ein Vorwurf vorsätzlichen oder fahrlässigen Verhaltens unterbreitet werden kann[488].

---

484 SIERRA PÉREZ, Responsabilidad del empresario (1997), S. 137, Fn. 126; ROCA I TRIAS, in: ADC 1998, 7 (18).

485 Vgl. SIERRA PÉREZ, Responsabilidad del empresario (1997), S. 140.

486 ALONSO OLEA, Responsabilidad del empresario (1990), S. 13.

487 ALONSO OLEA, Responsabilidad del empresario (1990), S. 14; allerdings bezieht sich der Autor nur auf den unmittelbaren Zugriff des Geschädigten auf das Vermögen des Unternehmers oder Unternehmens ohne dessen etwaige Regreßmöglichkeiten in Frage zu stellen.

488 ALONSO OLEA/ CASAS BAAMONDE, Derecho del Trabajo (2000), S. 393.

Der Gesetzestext des *Código civil* berücksichtigt diesen Aspekt in Art. 1903 Abs. 4 Cc. nicht. Nach der gesetzlichen Konzeption des *Código civil* haften Unternehmer und Hilfsperson dem Geschädigten nebeneinander. Es findet also keinesfalls eine Verlagerung der Haftung von der Hilfsperson auf den Unternehmer oder eine sonstige Privilegierung statt[489]. Auch die Rechtsprechung berücksichtigt die besondere Situation von Arbeitnehmern unter Haftungsgesichtspunkten grundsätzlich nicht. Eine Ausnahme hiervon stellt die bereits angesprochene Privilegierung von Ärzten dar[490]; zu deren Gunsten erklärt das *Tribunal Supremo* jegliche Beweislastumkehr für unzulässig. Dies erscheint unter dem Gesichtspunkt sozial angemessener Risikoverteilung paradox, denn der Ärztestand befindet sich regelmäßig in einer sozial stärkeren Position als ein durchschnittlicher Arbeitnehmer. Zudem hat der einzelne Arzt die Möglichkeit, sich gegen sein berufsspezifisches Risiko umfassend zu versichern.

Eine Haftungsprivilegierung aufgrund sozialer Aspekte hat hingegen an anderer Stelle Eingang in den *Código civil* gefunden. Durch die Reform der Haftung von Lehrern und Lehranstalten von 1991[491] wurde die Regreßhaftung des Lehrpersonals gegenüber den Lehranstalten gemäß Art. 1904 Abs. 2 Cc. auf Fälle des Vorsatzes und der groben Fahrlässigkeit beschränkt. Die Notwendigkeit dieser Reform wurde in der Veränderung des Lehrer-Schüler-Verhältnisses gesehen, das dem Schüler größere Freiräume gewährt und die Autorität des Lehrpersonals geschwächt hat. Die durch Unterordnung gewährleisteten Überwachungsmöglichkeiten der Vergangenheit und die daraus sich ergebenden Überwachungspflichten der Lehrer sind heute nicht mehr in einem Maß gegeben, das eine uneingeschränkte Regreßhaftung des Lehrpersonals rechtfertigen würde[492].

Damit greift der spanische Gesetzgeber eine Haftungsausgestaltung auf, die den neueren Entwicklungen in anderen Rechtsordnungen entspricht[493]. Dennoch bleibt der Gesetzgeber eine vergleichbare Regelung für den wichtigen Bereich der Gehilfenhaftung aus Art. 1903 Abs. 4 Cc. schuldig.

---

489 SIERRA PÉREZ, Responsabilidad del empresario (1997), S. 101 f., Fn. 24; SANTDIUMENGE, in: Deliktsrecht in Europa/ Spanien (1993), S. 42 f.

490 Hierzu oben, S. 79.

491 Ley 1/1991 vom 7.1.1991.

492 Vgl. hierzu ausführlich MORENO MARTÍNEZ, Responsabilidad de centros docentes (1996), S. 37 ff.; LANDECHO VELASCO/ MOLINA BLÁZQUEZ, Derecho Penal (1996), S. 567.

493 ZELAYA ETCHEGARAY, Responsabilidad del empresario (1995), S. 637 f.

bb. Berücksichtigung von Verschuldensbeiträgen

Eine Lösung dieses Dilemmas könnte in der Berücksichtigung von Verschuldensbeiträgen auf Seiten der Geschäftsherrn bzw. der Hilfsperson liegen[494].

Hiergegen wendet SIERRA PÉREZ ein, es liege schon keine Mitverursachung (*coautoría*) vor. Auch wenn beide schuldhaft handelten, sei das Verschulden von Unternehmer und Hilfsperson verschiedenartig und deshalb nicht zu vergleichen[495].

Die Bezeichnung der jeweiligen Verschuldensbeiträge als „verschiedenartig" führt jedoch in die Irre. Zwar ist es richtig, daß die Haftung des Unternehmers aus einer *culpa in eligendo vel vigilando* resultiert, wohingegen sich die Verantwortlichkeit der Hilfsperson aus einer *culpa in operando* ergibt. Dies sind aber lediglich Beschreibungen eines Verhaltens, das der Gesetzgeber in einem weiteren Schritt als schuldhaft bewertet. Maßgeblich ist vielmehr das einheitliche Ergebnis eines Schuldvorwurfs. Unterschiedlich sind allein die Verhaltensweisen, die zu einem Schuldvorwurf führen. Das Verschulden selbst ist ein einheitlicher Begriff, für den die Spezifizierung einer Handlungsvariante unerheblich ist.

Entscheidend gegen eine Haftungsaufteilung nach Verschuldensbeiträgen ist vielmehr, daß nicht erkennbar ist, auf Grundlage welcher Norm eine Schadensteilung vorgenommen werden könnte. Für den Bereich des Deliktsrechts existiert eine derartige Regelung im *Código civil* nicht. Der Wortlaut des Art. 1904 Cc. legt vielmehr nahe, daß der Gesetzgeber von einem Totalregreß ausgeht („*lo que hubiese satisfecho*")[496]. Für den Bereich der Gehilfenhaftung im Strafrecht ist diese Problematik aufgrund der Reform des Jahres 1995 weggefallen. Art. 116 Abs. 2 S.3 *Código penal* sieht für den Regreß ausdrücklich eine Aufteilung der Haftung nach Verschuldensbeiträgen vor.

cc. Analoge Anwendung des Art. 1904 Abs. 2 Cc.

Möglicherweise läßt sich die Regelung des Art. 1904 Abs. 2 Cc. zum Regreß gegen das Lehrpersonal auch auf andere Fälle der Gehilfenhaftung übertragen. Die Reform des Art. 1904 Abs. 2 Cc. könnte in diesem Sinne wegweisend auch für die Auslegung des ersten Absatzes sein[497].

---

494 GULLÓN BALLESTEROS, Derecho Civil (1968), S. 484 ff.

495 SIERRA PÉREZ, Responsabilidad del empresario (1997), S. 141.

496 ANGEL YAGÜEZ, Responsabilidad civil (1988), S. 133.

497 ZELAYA ETCHEGARAY, Responsabilidad del empresario (1995), S. 618.

Zwar scheint die Regreßregelung des Art. 1904 Abs. 2 Cc. nach ihrem Wortlaut allein auf die Haftungskonstellation des Art. 1903 Abs. 5 Cc. zugeschnitten zu sein. Bei genauerer Betrachtung erscheint diese Restriktion aber nicht angebracht. Die Norm bringt einen allgemeinen Rechtsgedanken zum Ausdruck. Deshalb ist nicht nachvollziehbar, weshalb nur der Berufsgruppe der Lehrer die Haftungsprivilegierung zugute kommen sollte[498].

Zur Rechtfertigung der Regelung ist angeführt worden, die Tätigkeit des Lehrers komme nicht unmittelbar der Lehranstalt zugute. Dies unterscheide die Lehranstalt von einem gewerblichen Unternehmen, das seine Hilfspersonen mit dem Ziel der Gewinnmaximierung einsetze. Insofern sei auch eine unterschiedliche Behandlung des Schulwesens gegenüber anderen Arbeitsverhältnissen gerechtfertigt[499]. Allerdings könnte dieses Argument allenfalls eine Haftungsprivilegierung auf Seiten des Geschäftsherrn erklären. Im Hinblick auf diesen mag es rechtspolitisch von Gewicht sein, ob primär eine Gewinnmaximierung beabsichtigt ist oder andere Motivationen die Betätigung tragen. Für die Haftung der Hilfsperson kann es indes keine Rolle spielen, in welchem Ausmaß ein Dritter, sei dies eine Lehranstalt oder ein sonstiger Geschäftsherr, von der Hilfstätigkeit profitiert. Die Hilfsperson erscheint in jeder der erwähnten Konstellationen gleich schutzwürdig. Mithin ist für die Ungleichbehandlung von Lehrerpersonal gegenüber sonstigen Arbeitnehmern in Art. 1904 Abs. 2 Cc. kein sachlicher Grund festzustellen.

ZELAYA ETCHEGARAY geht deshalb davon aus, es handele sich bei Art. 1904 Abs. 2 Cc. um einen völlig neuen Haftungstatbestand. Art. 1904 Abs. 2 Cc. bestimme als Novum eine verschuldensunabhängige Haftung des Geschäftsherrn (Träger einer Lehranstalt) für das schuldhafte, d.h. vorsätzliche oder grob fahrlässige Verhalten des Lehrpersonals (*responsabilidad vicaria*).

Diese Auffassung übersieht jedoch, daß sich die Haftung der Träger von Lehranstalten in ihrer systematischen Einordnung nicht von den übrigen Tatbeständen des Art. 1903 Cc. unterscheidet. Auf die Haftungsregelung des Art. 1904 Abs. 5 Cc. folgt die Exkulpationsregelung des Art. 1904 Abs. 6 Cc. Damit ist klargestellt, daß auch für die Lehranstalten die Rechtfertigung der Haftpflicht in einem Verschulden, namentlich in einem Auswahl- und Überwachungsverschulden, gesehen wird. Folglich schafft Art. 1904 Abs. 2 Cc. keinen neuen Tatbestand einer verschuldensunabhängigen Geschäftsherrnhaftung, sondern privilegiert eine einzelne Berufsgruppe im Regreß.

---

498 Vgl. LACRUZ BERDEJO u.a., Elementos II (1999), Bd. 2, S. 532.
499 ANGEL YAGÜEZ, Tratado de responsabilidad civil (1993), S. 542 f.

Die Privilegierung der Lehrer in Art. 1904 Abs. 2 Cc. erklärt sich somit weder unter dogmatischen Gesichtspunkten noch aus Sachgründen. Die Regelung erhellt jedoch bei einem Blick auf die Hintergründe und die Entstehungsgeschichte der Reform[500]. Mit der Privilegierung der Lehrer in Art. 1904 Abs. 2 Cc. reagierte der Gesetzgeber auf den starken Druck, der insbesondere seitens der Lehrergewerkschaften (*Unión Confederal de Sindicatos de Trabajadores de la Enseñanza*) ausgeübt wurde. Im Vorfeld der Reform lagen zahlreiche Eingaben sowie Vereinbarungen zwischen dem Erziehungsministerium und der Lehrergewerkschaft, etwa über versicherungsrechtliche Absicherungen der Lehrer öffentlicher Lehranstalten. Folglich liegt es nahe, die Reform nicht als bewußte Privilegierung nur einer bestimmten Arbeitnehmergruppe zu werten, die *e contrario* anderen Arbeitnehmern versagt bleiben soll. Vielmehr haben allein die Vertreter einer bestimmten Berufsgruppe ihre Interessen durchsetzen können, die in anderen Berufssparten ebenfalls vorhanden sind, aber bisher nicht gleichermaßen artikuliert werden konnten.

Der Gesetzgeber hat die Gelegenheit, eine generelle Regelung zur besonderen Haftungssituation von Arbeitnehmern zu schaffen, nicht wahrgenommen. Daß eine solche Regelung dem Willen des Gesetzgebers widerspräche, ist aber nicht erkennbar. Eine analoge Anwendung der Regelung auf andere Berufssparten ist damit grundsätzlich denkbar[501]. Dennoch kann die unbefriedigenden Haftunglage auf diesem Wege nicht abschließend behoben werden. Angebracht wäre auch hier eine umfassende Regelung durch den Gesetzgeber.

10. Stellungnahme zum Verschuldenserfordernis in Art. 1903 Abs. 4 Cc.

Die vorausgegangenen Ausführungen zeigen, daß das Verschuldensprinzip im Anwendungsbereich der Haftung für Hilfspersonen den Anforderungen einer modernen Wirtschaftsordnung nicht mehr genügt. Diese Feststellung begrenzt sich nicht auf das spanische Recht. Die Verschuldenshaftung nimmt heute eine Aufgabe war, auf die sie nicht zugeschnitten ist. Sie muß dort ergänzend eingreifen, wo objektive Zurechnungsgrundsätze nicht existieren oder versagen, obwohl sie auf die technischen Risiken der modernen Gesellschaft nicht zugeschnitten ist[502].

---

500 Vgl. hierzu ausführlich MORENO MARTINEZ, Responsabilidad de centros docentes (1996), S. 37 ff.; Vgl. ferner LACRUZ BERDEJO u.a., Elementos II (1999), Bd. 2, S. 532. Auszüge aus den parlamentarischen Debatten zitiert und kommentiert ANGEL YÁGÜEZ, Tratado de responsabilidad civil (1993), S. 531 ff.

501 Die analoge Anwendung der Regelung zumindest auf den Lehrern verwandte Berufsgruppen (Kindergärtner, usw.) vertritt ANGEL YÁGÜEZ, Tratado de responsabilidad civil (1993), S. 542.

502 V. CAEMMERER, in: RabelsZ 42 (1978), 5 (11 f.).

ROCA I TRÍAS spricht von einer „Hypertrophie des Verschuldens“[503]. Dieses Problem ist in Spanien besonders deutlich, da Gefährdungshaftungstatbestände in Spezialgesetzen noch rar sind[504].

VON CAEMMERER[505] weist in einem allgemeineren Zusammenhang auf die Gefahr hin, daß die Verschuldenshaftung denaturiert und zu einer Haftung für „*negligence without fault*“[506] umgestaltet werde. Diese Beschreibung paßt auch auf die gegenwärtige Situation, die durch die Rechtsprechung des *Tribunal Supremo* in Spanien geschaffen wurde. Verschuldensvorwürfe werden in Bereichen konstruiert, in denen niemandem ernsthaft ein Sorgfaltsverstoß angelastet werden kann[507].

Für eine solche Rechtsprechung können allein Aspekte materieller Gerechtigkeit im Einzelfall streiten. Diese Einzelfallgerechtigkeit wird um den hohen Preis erworben, daß das Verschulden als haftungsbegründendes Kriterium ausgehöhlt wird. Der normative Aussagewert des Verschuldens und damit der geforderten Sorgfaltsanforderungen wird durch die erhebliche Ausweitung des Begriffs relativiert und ungreifbar. Damit werden aber einerseits den Unternehmern objektive Anhaltspunkte dafür genommen, wie sie sich sorgfaltsgemäß zu verhalten haben. Aber auch dem Richter gehen faßbare und nachvollziehbare Kriterien für seine Entscheidungsfindung verloren[508]. Die Urteile zu Fällen der Gehilfenhaftung wirken daher oft willkürlich[509].

Eine Lösung kann nur in einem Tätigwerden des Gesetzgeber liegen. Die Mißstände, die sich gegenwärtig insbesondere in dogmatischer Hinsicht ergeben, können nur durch die Einführung einer verschuldensunabhängigen Haftung für Hilfspersonen behoben werden[510]. Die Haftungswirklichkeit würde hierdurch zwar nicht verändert, denn die Gerichte urteilen derzeit so, als sei die verschuldensunabhängige Haftung des Geschäftsherrn bereits eingeführt. Dennoch würde

---

503 ROCA I TRIAS, in: ADC 1998, 7 (20).

504 Vgl. CAVANILLAS MUGICA, Transformación de responsabilidad (1987), S. 117.

505 Vgl. V. CAEMMERER, in: RabelsZ 42 (1978), 5 (12).

506 Dieser paradox pointierte Begriff stammt von EHRENZWEIG, vgl. V. CAEMMERER, in: RabelsZ 42 (1978), 5 (12).

507 Vgl. DÍEZ-PICAZO, Estudios (1966), Bd. 1, S. 713.

508 ZELAYA ETCHEGARAY, Responsabilidad del empresario (1995), S. 40.

509 Vgl. beispielhaft die zuvor besprochenen Entscheidungen des *Tribunal Supremo*, S. 59 *pasim*.

510 In Deutschland sah der Referentenentwurf eines Gesetzes zur Änderung und Ergänzung schadensrechtlicher Vorschiften aus dem Jahre 1967 eine unbedingte Haftung des Geschäftsherrn für seine Verrichtungsgehilfen vor. Die Reform wurde indes nicht durchgeführt.

die Rechtsprechung in ihrem Vorgehen legitimiert und die Rechtssicherheit insgesamt gesteigert. Für eine verschuldensunabhängige Haftung spricht ferner, daß der Geschäftsherr, insbesondere der Unternehmer, die Risiken seiner Aktivität am ehesten einschätzen, sich gegen diese versichern und die Kosten für das versicherbare Risiko auf die Verbraucher umlegen kann. ALONSO OLEA spricht in diesem Zusammenhang bildlich von einer „Externalisierung" des unternehmerischen Risikos[511].

Die Versicherbarkeit ist auch unter einem anderen Aspekt von Bedeutung. Schon heute wird im Regelfall in den einschlägigen Versicherungsverträgen auch der Rückgriff auf die einzelnen Arbeitnehmer ausgeschlossen[512]. Die Versicherung gilt also auch als zugunsten des jeweils handelnden Arbeitnehmers abgeschlossen. Nur durch eine derartige Absicherung kann ein Arbeitnehmer zu entschlossenem Handeln motiviert werden. Mittelbar könnte auf dem Wege über die Haftpflichtversicherer also auch der zuvor angesprochenen Schutzwürdigkeit der Arbeitnehmer unter Regreßgesichtspunkten entsprochen werden. Dennoch kann eine zusätzliche Aktivität des Gesetzgebers in diesem Bereich hierdurch nicht ersetzt werden.

Die zuvor getroffenen Feststellungen sind um so mehr zu unterstreichen, als für den gegenwärtigen Zeitpunkt in Spanien nicht mit einer Änderung der Haftungslage zu rechnen ist. Im Rahmen der parlamentarischen Debatten betreffend die Änderungen des *Código civil* durch Gesetz vom 7.1.1991 wurde eine Änderung des Art. 1903 Cc. im Sinne der Einführung einer verschuldensunabhängigen Haftung zwar diskutiert, jedoch vom sozialistischen Flügel jedenfalls für jenen Moment abgelehnt. Dennoch wurde die Fragestellung im Hinblick auf eine mögliche zukünftige umfassende Zivilrechtsreform ausdrücklich offen gehalten[513]. Auch im modernen spanischen Schrifttum finden sich vereinzelt Stimmen, welche die aktuelle Rechtslage ausdrücklich verteidigen[514].

---

511 ALONSO OLEA, Responsabilidad del empresario (1990), S. 92.

512 Vgl. SIERRA PÉREZ, Responsabilidad del empresario (1997), S. 141 Fn. 138, mit weiteren Nachweisen.

513 Vgl. SIERRA PÉREZ, Responsabilidad del empresario (1997), S. 142, Fn. 140.

514 GARCÍA CANTERO, in: Centenario (1990), Bd. 2, S. 875 (881).

V. Deliktische Haftung für Hilfspersonen außerhalb der Artt. 1902, 1903 Cc.

1. Haftungsregelungen des *Código penal*

a) Allgemeines

Das spanische Recht kennt außer der zivilrechtlichen Haftung für Dritte im *Código civil* auch eine gesonderte Haftungsregelung im Strafgesetzbuch, vgl. Artt. 109 ff. *Código penal*[515]. Sowohl Art. 1903 Cc. als auch Art. 109 ff. *Código penal* beziehen sich auf eine rein zivilrechtliche Haftung und somit auf identische Tatbestände[516]. In der Folge sind für identische Materien zwei Jurisdiktionen zu beachten[517]. Als weitere Schwierigkeit ist zu berücksichtigen, daß die Rechtsprechung weder innerhalb des jeweiligen Gerichtszweigs noch im Verhältnis der Gerichtszweige zueinander eine einheitliche und damit vorhersehbare Linie aufweist[518].

Zwar geht die spanische Verfassung (*Constitución Española*) in Art. 117 Abs. 5 vom Prinzip der Einheitlichkeit der Rechtsprechung aus (*principio de unidad jurisdiccional*)[519]. Eine Institution, die, etwa der *Assemblée Plénière* in Frankreich oder des Großen Senats in Deutschland vergleichbar, die Vereinheitlichung der Rechtsprechung verfolgt, ist in der spanischen Rechtsordnung jedoch nicht vorgesehen[520]. Auch die Reform der spanischen Zivilprozeßordnung im Jahr 2000 hat insoweit keine Neuerung gebracht.

Ferner darf Art. 117 Abs. 5 CE.nicht in dem Sinne gedeutet werden, daß jede Abweichung innerhalb der Rechtsprechung verfassungswidrig wäre. Richtigerweise ist für Art. 117 Abs. 5 CE.ein weites Normverständnis zugrundezulegen, bei dem Rechtsprechungsdivergenzen in einem gewissen Rahmen innerhalb der einzelnen Zweige der Gerichtsbarkeit jedenfalls bei einem richtigerweise weit anzusetzenden Normverständnis als verfassungskonform anzusehen sind[521].

---

515 Die Strafrechtsreform des Jahres 1995 bringt es mit sich, daß sowohl die im folgenden zitierte Rechtsprechung als auch Literatur sich teilweise noch auf Regelungen der alten Gesetzesfassung beziehen. Soweit die inhaltlichen Aussagen dennoch zutreffen, wird dies im folgenden nicht besonders gekennzeichnet.

516 ZELAYA ETCHEGARAY, Responsabilidad del empresario (1995), S. 23.

517 SANTDIUMENGE, in: Deliktsrecht in Europa/ Spanien (1993), S. 23

518 ALONSO OLEA, Responsabilidad del empresario (1990), S. 15.

519 Vgl. SILVA MELERO, in: RDP 1966, 1066 (1069).

520 CAVANILLAS MÚGICA, in: CCJC, 1990, 761 (767).

521 ALONSO OLEA, Responsabilidad del empresario (1990), S. 32 f.

Anders als im deutschen Adhäsionsverfahren, das eine vergleichbare Zweigleisigkeit vorsieht, haben die Regelungen des spanischen *Código penal* auch in der Rechtswirklichkeit erhebliche Bedeutung. Die Mitbehandlung der zivilrechtlichen Folgeansprüche in einem Strafverfahren ist die Regel, wie die Verweisung des Art. 1.092 Cc. schon vermuten läßt. Dies erscheint auch naheliegend, denn sowohl die Strafbarkeit als auch die zivilrechtliche Verantwortlichkeit haben ihren Ursprung in der gleichen Handlung[522]. Zu einem gesonderten Verfahren vor dem Zivilgericht kommt es gemäß Artt. 108, 112 der spanischen Strafprozeßordnung (*Ley de Enjuiciamento Criminal*) nur dann, wenn der Geschädigte sich dies ausdrücklich vorbehalten hat[523]. Andernfalls können auch Mängel des Strafprozesses in einem nachfolgenden Zivilverfahren nicht mehr vorgebracht werden („*efecto consuntivo de las acciones civiles ex delicto*")[524].

Eine weitere Besonderheit der spanischen Regelung besteht darin, daß die Durchsetzung der zivilrechtlichen Haftung innerhalb des Strafverfahrens gemäß Art. 108 der spanische Strafprozeßordnung (*Ley de Enjuiciamento Criminal*) auch von der Staatsanwaltschaft (*Ministerio Fiscal*) durchgesetzt werden kann[525]. Die Staatsanwaltschaft beschränkt sich allein dann auf die Strafanklage, wenn. der Geschädigte ausdrücklich auf die Geltendmachung von Schadensersatzansprüchen verzichtet.

Verstirbt der Angeklagte im Laufe des Verfahrens, endet das eigentliche Strafverfahren mit seinem Tod[526]. Die zivilrechtlichen Folgeansprüche kann der Verletzte aber noch im gleichen Verfahren gegen die Erben geltend machen[527].

Art. 125 *Código penal* gestattet es dem Richter, nach sorgfältiger Abwägung der Interessen eine Ratenzahlung für den Schadensersatzpflichtigen festzuschreiben, wenn dessen wirtschaftliche Situation es nicht erlaubt, den Schaden in einer einzigen Zahlung zu begleichen.

---

522 LANDECHO VELASCO/ MOLINA BLÁZQUEZ, Derecho Penal (1996), S. 557.

523 Vgl. SILVA MELERO, in: RDP 1966, 1065 (1069 f.); LANDECHO VELASCO/ MOLINA BLÁZQUEZ, Derecho Penal (1996), S. 556.

524 STS (sala 1) 2.11.1987 (RJ 8129).

525 LANDECHO VELASCO/ MOLINA BLÁZQUEZ, Derecho Penal (1996), S. 557; GÓMEZ ORBANEJA, in: RDP 1949, 185 (192); STS (sala 1) 9.2.98 (RJ 75).

526 Dies gilt heute anders als teilweise in der Antike allgemein. Zur Bedeutung dieses Grundsatzes, der schon in der Rechtsparömie „*crimen extinguitur mortalitate*" festgehalten ist, ausführlich WACKE, in: JA 1987, 191 ff.

527 LANDECHO VELASCO/ MOLINA BLÁZQUEZ, Derecho Penal (1996), S. 569.

b) Ursprung des dualistischen Systems

Der Ursprung dieses zweigleisigen Haftungssystems ist historisch zu erklären[528]. Bereits das erste spanische Strafgesetzbuch, der *Código penal* vom 9.7.1822, enthielt eine Regelung zur subsidiären Haftung bestimmter Personengruppen, beispielsweise der Gastwirte oder der Eltern und Großeltern. Der Gesetzgeber hielt es angesichts der Schwierigkeiten, die bei der Verabschiedung und dem Inkrafttreten des spanischen Zivilgesetzbuches entstanden, für angebracht, daß die zivilrechtlichen Folgen des Delikts vorübergehend geregelt würden[529]. Die Schadensersatzvorschriften des damaligen *Código penal* waren weit weniger geordnet als heute und stehen auch methodisch den späteren Regelungen nach[530]. Auch das nachfolgende Strafgesetzbuch aus dem Jahre 1848 enthielt entsprechende Regelungen, die allerdings bereits umfassender und systematischer ausgestaltet waren. Bei der Ausgestaltung dieser Vorschriften hatte auch das brasilianische Strafgesetzbuch von 1830 Einfluß, das bereits entsprechende Regelungen enthielt[531]. Bei Inkrafttreten des Zivilgesetzbuchs im Jahre 1889 wurde die ursprünglich als Provisorium gedachte Regelung schlicht beibehalten[532].

Dennoch wäre es unzutreffend, die geltende Regelung als Relikt aus der Zeit der Gesetzesschaffung oder gar als überholt abzutun. Aus Anlaß der erst kürzlich vorgenommenen umfassenden Strafrechtsreform des Jahres 1995 hätte es sich für den Gesetzgeber angeboten, die Zweigleisigkeit der Deliktshaftung zu beseitigen. Diskussionsbedarf bestand schon insoweit, als das dualistische System in Spanien nicht unangefochten ist und einzelne Autoren für dessen Abschaffung zugunsten einer einheitlichen Lösung plädieren[533].

Jedoch wurde die strafrechtliche Haftungsnorm beibehalten, im Rahmen der Reform sogar neu strukturiert und an anderer Stelle in den *Código penal* eingeordnet[534]. Damit hat der aktuelle spanische Gesetzgeber das zweispurige Haftungs-

528 BARCELO DOMENECH, Responsabilidad del empresario (1995), S. 9.

529 LANDECHO VELASCO/ MOLINA BLÁZQUEZ, Derecho Penal (1996), S. 556.

530 GÓMEZ CALERO, in: RGD 1960, 506 (513).

531 GÓMEZ CALERO, in: RGD 1960, 506 (513).

532 SANTDIUMENGE, in: Deliktsrecht in Europa/ Spanien (1993), S. 22, Fn. 24; LANDECHO VELASCO/ MOLINA BLÁZQUEZ, Derecho Penal (1996), S. 556.

533 Vgl. SILVA MELERO, in: RDP 1966, 1065 (1066); BARCELO DOMENECH, Responsabilidad del empresario (1995), S. 9 ff.

534 Der V. Titel des 1. Buches des *Código penal* widmet sich nunmehr allein der zivilrechtlichen Haftung und der Regelung der Prozeßkosten. Zum den verschiedenen Entwürfen im Gesetzgebungsverfahren vgl. SANTDIUMENGE, in: Deliktsrecht in Europa/ Spanien (1993), S. 22.

system weiter fortgeschrieben bewußt und sich bewußt für dessen Fortbestand entschieden.

c) Praktische Auswirkungen

Die Existenz nebeneinander bestehender Anspruchsgrundlagen aus dem Zivil- und Strafrecht ist über die dogmatischen Fragestellungen hinaus auch von großer praktischer Bedeutung. Hingewiesen sei etwa auf die unterschiedlichen Verjährungsfristen[535]. Die deliktische Haftung nach dem Art. 1968 Nr. 2 des *Código civil* verjährt in einem Jahr; hingegen wird für die Geschäftsherrenhaftung nach dem *Código penal* teilweise eine 15-jährige Verjährung angenommen[536].

Weitere praktische Probleme ergeben sich aus Präklusionsgesichtspunkten (*ne bis in idem*) sowie aus der höchst umstrittenen Frage, unter welchen Umständen der Strafrichter die Normen des Zivilrechts zugrunde legen muß und wann er allein an die Vorschriften des *Código penal* gebunden ist[537]. Anerkannt ist, daß das Strafurteil nur eine limitierte präjudizielle Wirkung (*efecto de cosa juzgada*) für das Zivilverfahren entfaltet.

Stellt das Strafgericht fest, daß schon die fragliche Handlung nicht vorliegt bzw. nicht von dem Angeklagten begangen wurde oder die Handlung gerechtfertigt ist, können diese Punkte nicht in einem Zivilverfahren erneut in Frage gestellt werden[538]. Etwas anderes gilt für die Feststellung der Schuld. Der zivilrechtliche Schuldbegriff ist umfassender als die Schuld im Strafrecht. Daher steht in der Schuldlosigkeit des Angeklagten begründeter Freispruch im Strafverfahren einer Klage im Zivilrechtswege nicht entgegenstehen[539].

Allein in tatsächlicher Hinsicht sind die Feststellungen des Strafgerichts verbindlich, hinsichtlich der rechtlichen Würdigung ist der Richter in einem sich anschließenden Zivilverfahren frei[540]. Ein Freispruch des Schädigers im Strafverfahren nimmt also nicht zwingend den Ausgang eines zivilrechtlichen Schadensersatzprozesses vorweg[541]. Denn die zivil- und strafrechtlichen Haftungstatbestände sind eigenständige und verschiedenartige Anspruchsgrundlagen, die somit unter-

---

535 Vgl. SANTDIUMENGE, in: Deliktsrecht in Europa/ Spanien (1993), S. 23.

536 Die Verjährung der Geschäftsherrnhaftung nach dem *Código penal* ist umstritten. Hierzu ausführlich unten, S. 125.

537 Vgl. zum Ganzen SANTDIUMENGE, in: Deliktsrecht in Europa/ Spanien (1993), S. 23 f. mit weiterführenden Hinweisen. Ausführlich zu dieser Problematik unten, S. 127.

538 STS (sala 1) 2.11.1987 (RJ 8129); vgl. SILVA MELERO, in: RDP 1966, 1065 (1069).

539 Vgl. SILVA MELERO, in: RDP 1966, 1065 (1069).

540 STS (sala 1) 2.11.1987 (RJ 8129); ZELAYA ETCHEGARAY, Responsabilidad del empresario (1995), S. 222, Fn. 288; SILVA MELERO, in: RDP 1966, 1065 (1070).

541 STS (sala 1) 9.2.1988 (RJ 771); STS (sala 1) 1.7.1983 (RJ 4066).

schiedlichen Bewertungen zugänglich sind[542]. Dies kann vorliegend nicht weiter vertieft werden, da es sich insoweit nicht um spezifisch die Problematik der Gehilfenhaftung betreffende Fragenkreise handelt.

d) Reform des *Código penal* von 1995 und deren Auswirkungen auf die Gehilfenhaftung

Mit der spanischen Strafrechtsreform des Jahres 1995 wurde auch das Adhäsionsverfahren neu geregelt. Durch eine geänderte Gesetzessystematik wurden die subjektiven Voraussetzungen der Gehilfenhaftung (nämlich die Frage, wer haftet) und die objektiven Voraussetzungen über deren Umfang (*extensión*) und Vollstreckung (*ejecución*) in einem einheitlichen Abschnitt „über die zivilrechtliche Haftung aufgrund strafbarer Handlungen (*delitos y faltas*) und die Verfahrenskosten" zusammengefaßt[543], vgl. Art. 109 ff. CP n.F. Nach der früheren Gesetzesfassung befanden sich die subjektiven Voraussetzungen einerseits in den Artt. 19 ff., die objektiven hingegen in den Artt. 101 ff. CP. a.F.

Inhaltlich, insbesondere im Hinblick auf die einzelnen Haftungsvoraussetzungen, hat die Reform indes kaum Veränderungen gebracht. Eine wesentliche Neuerung, die im Vorentwurf enthalten war, hat der Gesetzgeber nicht in die endgültige Fassung eingebracht. Dennoch sei sie an dieser Stelle erwähnt, weil in ihr Aspekte eines modernen Haftungskonzepts enthalten sind, wie sie bereits zuvor im Rahmen der Haftung nach dem *Código civil* angesprochen wurden[544]. Der Vorentwurf differenzierte in Art. 120 Nr. 4 danach, ob die Hilfsperson die strafbare Handlung vorsätzlich oder fahrlässig begangen habe. Im ersten Fall resultierte die subsidiäre Haftung des Geschäftsherrn, wenn ihm ein Schuldvorwurf im Sinne einer *culpa in eligendo vel vigilando* zu machen war. Im Falle einer bloßen Fahrlässigkeitstat sollte der Unternehmer verschuldensunabhängig subsidiär haften, wenn die Schädigung (zugleich strafbare Handlung) sich als die Realisierung einer der übertragenen Tätigkeit typischerweise innewohnenden Gefahr darstellte[545]. Die Besonderheit und Neuerung des Entwurfs lag einerseits in einer differenzierten Regreßregelung, die sich von dem im übrigen in Spanien vorherrschenden System des Totalregresses abhebt. Zum zweiten erlaubte dieser Ansatz, die Besonderheiten zu berücksichtigen, die sich im Zusammenhang mit betriebsspezifischen Risiken ergeben, und diese sozial angemessen zu verteilen.

---

542 STS (sala 1) 2.11.1987 (RJ 8129).

543 García Laraña, in: La Ley 1992, 1048 (1048).

544 Siehe oben, S. 102.

545 Vgl. zum Vorentwurf García Laraña, in: La Ley 1992, 1048 (1051).

Aus der Sicht des Geschädigten, dessen vornehmliches Interesse auf einen solventen Schuldner gerichtet ist, mag diese Differenzierung allerdings willkürlich erscheinen. Wohl nicht zuletzt aus diesem Grund hat der Gesetzgeber das bisherige, undifferenzierte Haftungsprinzip zu Lasten des Unternehmers beibehalten und den Entwurf insoweit nicht in Kraft gesetzt.

2. Dogmatische Grundlagen

a) Schadensersatzpflicht als Kriminalstrafe

Daß die Schadensersatzpflicht aus Artt. 109 ff. *Código penal* rein zivilrechtlicher Natur ist, entspricht der Auffassung der Rechtsprechung[546] und ist auch im Schrifttum weitgehend anerkannt[547]. Andere nehmen indes an, es handele sich bei der Schadensersatzpflicht um eine Kriminalstrafe[548]. Hierzu wird an die beiden Hauptbesonderheiten der Haftung nach Artt. 109 ff. Cp. angeknüpft. Einerseits setzt die Haftung aus Art. 120 Cp. nach ganz herrschender Auffassung im Gegensatz zu Art. 1903 Abs. 4 Cc. kein Verschulden des Geschäftsherrn voraus, sondern lediglich das Verschulden der angeklagten Hilfsperson[549]. Zum zweiten haftet der Geschäftsherr nur subsidiär, also ausschließlich bei Insolvenz des Schädigers.[550] Es wird argumentiert, in allen anderen Rechtssystemen verschuldensunabhängiger Geschäftsherrnhaftung hafte der Geschäftsherr unmittelbar und nicht subsidiär. Eine Rechtsordnung, die einerseits eine verschuldensunabhängige Haftung des Geschäftsherrn bestimme, aber dennoch ein System subsidiärer Haftung einführe, welches zunächst die Hilfsperson in die Pflicht nähme, wolle dieser damit eine Art Kriminalstrafe aufbürden[551].

An dieser Auffassung bestehen Zweifel. Der Katalog möglicher Sanktionen ist im *Código penal* abschließend festgelegt, vgl. Artt. 32 ff. Cp. Die Schadensersatzpflicht zählt nicht zu den im Gesetz vorgesehenen Strafen und kann auch nicht einer Geld- oder Vermögensstrafe gleichgesetzt werden, da die Normen des strafrechtlichen Adhäsionsverfahrens allein auf den Geschädigten abzielen. Die strafrechtliche Schadensersatzregelung geht in ihrem Umfang auch nicht über das hinaus, was sich ohnehin aus den zivilrechtlichen Anspruchsgrundlagen ergibt. Auch

---

546 STS (sala 2) 21.11.1991 (RJ 8442).

547 Vgl. ferner GÓMEZ CALERO, in: RGD 1960, 506 (605 f.); GÓMEZ ORBANEJA, in: RDP 1949, 185 (186 und 189); BARCELO DOMENECH, Responsabilidad del empresario (1995), S. 9.

548 ZELAYA ETCHEGARAY, Responsabilidad del empresario (1995), S. 181, Fn. 256; LANDECHO VELASCO/ MOLINA BLÁZQUEZ, Derecho Penal (1996), S. 557.

549 Vgl. BARCELO DOMENECH, Responsabilidad del empresario (1995), S. 11.

550 Zu den Voraussetzungen der Norm ausführlich unten, S. 115 ff.

551 ZELAYA ETCHEGARAY, Responsabilidad del empresario (1995), S. 181, Fn. 256.

die Zurückverweisung in das Zivilrecht, soweit es etwa um die Verjährung des Schadensersatzanspruchs geht, spricht dafür, daß die Schadensersatzpflicht rein zivilrechtlicher Natur ist[552].

Auch aus der Subsidiarität der Haftung des Geschäftsherrn läßt sich kein Sanktionscharakter folgern. Der Grund für die Subsidiaritätsregelung liegt in einer Wertentscheidung des Gesetzgebers hinsichtlich der Haftungsverteilung. Ebenso wie bei der zivilrechtlichen Regreßregelung gibt der Gesetzgeber implizit eine Einschätzung darüber ab, wer dem Schaden am nächsten steht und folglich für diesen aufzukommen hat. Zugleich findet eine Abwägung mit den Interessen des Geschädigten statt, der einen solventen Schuldner erhalten soll.

Durch die Subsidiarität im *Código penal* bringt der Gesetzgeber eine größere Schadensnähe der Hilfsperson zum Ausdruck als bei der Regreßregelung des Art. 1904 Cc. Zwar sind Aspekte der Gefahrschaffung und Gefahrbeherrschung seitens des Geschäftsherrn auch hier nicht von der Hand zu weisen. Diese treten jedoch hinter die massive Rechtsgutsverletzung durch die Hilfsperson, die sogar strafrechtlich relevant ist, zurück. Das Interesse des Geschädigten tritt wiederum hinter diese Wertentscheidung zurück, so daß dieser seine Ansprüche nur subsidiär beim Geschäftsherrn befriedigen kann.

b) Besonderheit bei der Haftung juristischer Personen

Die strafrechtliche Verantwortlichkeit juristischer Personen wirft grundsätzliche Probleme auf. Sowohl das geltende spanische Strafrecht als auch die überwiegenden Stimmen in der Literatur lehnen eine derartige Haftung ab, vgl. Art. 31 Cp.[553]. Strafrechtssubjekt ist stets eine natürliche Person[554].

Hiervon zu trennen ist jedoch die subsidiäre Haftung des Unternehmers, die, wie zuvor erörtert, rein zivilrechtlicher Natur ist. Gegen eine zivilrechtliche Verantwortlichkeit juristischer Personen bestehen auch dann keine Bedenken, wenn diese im Strafgesetzbuch geregelt ist[555]. Dogmatisch wirft die Haftung juristischer Personen die gleichen Schwierigkeiten auf, die bereits im Rahmen der Artt. 1902, 1903 *Código civil* angesprochen wurden. Zwar knüpft die Rechtsprechung be-

---

552 GÓMEZ ORBANEJA, in: RDP 1949, 185 (186).

553 Vgl. BAYLOS/ TERRADILLOS, Derecho Penal del trabajo (1991), S. 55 f.; SANTOS BRIZ, in: RDP 1995, 315 (317).

554 Allerdings ergibt sich eine Besonderheit aus Art. 31 *Código penal* insoweit, als ein Repräsentant der juristischen Person persönlich strafrechtlich verantwortlich sein kann, wenn die Tatbestandsvoraussetzungen einer Straftat zwar nicht in seiner Person aber innerhab der juristischen Person erfüllt sind. Vgl. hierzu auch SANTOS BRIZ, in: RDP 1995, 315 (317).

555 Vgl. BAYLOS/ TERRADILLOS, Derecho Penal del trabajo (1991), S. 56; vgl. bereits STS 18.3.1936 (RJ 594).

züglich der Schädigungshandlung an das Verhalten einer natürlichen Person an. Dies steht einer Vermögenshaftung der juristischen Person selbst jedoch nicht entgegen[556].

Folglich können juristische Personen im Rahmen der Artt. 109 ff. Cp. unmittelbar zur Haftung herangezogen werden. Dies ergibt sich auch aus Art. 120 Nr. 3 und 4 Cp. („*Las personas naturales o jurídicas...*"). Nichts anderes gilt in dem Fall, daß eine Weisung seitens eines Repräsentanten der juristischen Person vorliegt, die im Ergebnis zu einer Drittschädigung mit strafrechtlichen Konsequenzen geführt hat. Ohne Rücksicht auf eine mögliche persönlichen strafrechtliche Verantwortlichkeit des Repräsentanten besteht die zivilrechtliche Haftung der juristischen Person[557].

c) Verschuldensprinzip als dogmatische Grundlage

Uneinigkeit herrscht indessen hinsichtlich der dogmatischen Grundlagen einer Schadensersatzpflicht nach dem Strafgesetzbuch, vor allem bezüglich der Haftungsvoraussetzungen im einzelnen.

aa. Meinungsstand

In dogmatischer Hinsicht werden, wie schon im Rahmen der Haftung nach dem *Código civil*, zwei grundsätzlich verschiedene Standpunkte vertreten. Teilweise[558] wird die Grundlage für die strafrechtliche Verantwortlichkeit des Unternehmers in dessen Verschulden gesehen. Die Gegenauffassung[559] hält Art. 109 ff. *Código penal* für einen Fall verschuldensunabhängiger Haftung.

Für ein verschuldensunabhängiges Verständnis der im *Código penal* geregelte Geschäftsherrnhaftung wird angeführt, daß dort kein Entlastungsbeweis vorgesehen sei[560]. Ebenso wie im Rahmen des *Código civil* nach überwiegender Auffassung aus der Exkulpationsmöglichkeit auf das Verschuldenserfordernis zu schließen ist, erscheint es naheliegend, aus dem Fehlen einer derartigen Regelung *e contrario* auf eine verschuldensunabhängige Haftung zu schließen.

---

556 STS 29.4.1988 (RJ 3326).

557 STS (sala 2) 5.2.1990 (RJ 1.164); STS (sala 2) 22.4.1980 (RJ 1466).

558 BAJO FERNÁNDEZ, in: RdP1978, 707 ff.

559 GÓMEZ CALERO, in: RGD 1960, 506 (778); ZELAYA ETCHEGARAY, Responsabilidad del empresario (1995), S. 222; LANDECHO VELASCO/ MOLINA BLÁZQUEZ, Derecho Penal (1996), S. 567.

560 ZELAYA ETCHEGARAY, Responsabilidad del empresario (1995), S. 140; CAVANILLAS MÚGICA, in: CCJC 1990, 761 (766); LANDECHO VELASCO/ MOLINA BLÁZQUEZ, Derecho Penal (1996), S. 567.

Ferner wird zur Begründung einer verschuldensabhängigen Haftung der Rechtsgrundsatz bemüht, daß derjenige, der sich fremder Aktivität zu seinem Vorteil bedient, auch für deren Nachteile einzustehen hat[561]. Die besondere Weite des Normwortlauts erlaube die Ausdehnung des Haftungskonzepts[562].

Das verschuldensunabhängige Verständnis der Norm findet Befürworter auch unter Zivilrechtlern, namentlich bei den Arbeitsrechtlern[563]. Dies erklärt sich daraus, daß diese zumeist schon bezüglich der zivilrechtlichen Haftungsfragen von einer verschuldensunabhängigen Geschäftsherrnhaftung *de lege lata* ausgehen, oder sich für die Einführung einer solchen aussprechen.

Diejenigen, die als Grundlage der strafrechtlichen Geschäftsherrnhaftung das Verschuldensprinzip sehen, gehen davon aus, Art. 120 Cp. enthalte wie Art. 1903 Cc. eine Schuldvermutung zu Lasten des Unternehmers (*culpa in eligendo, vigilando vel instruendo*)[564] . Die Tatsache, daß die zivilrechtliche Regelung eine Entlastungsmöglichkeit vorsieht, während Art. 120 Cp. das Verschulden des Unternehmers nicht anspricht, wird in dem Sinne gedeutet, daß die Verschuldensvermutung im *Código penal* unwiderleglich sei.

Die Rechtsprechung des *Tribunal Supremo* scheint einen Mittelweg einzuschlagen. Dabei werden Aspekte der Gefahrschaffung berücksichtigt, ohne die Bindung an das Verschuldensprinzip grundsätzlich aufgeben zu wollen. Das Gericht formuliert ausdrücklich, daß die Haftung aus den Artt. 109 ff. *Código penal* Gegenstand einer sich fortentwickelnden Auslegung durch die Rechtsprechung sei. Diese gehe zwar einerseits nicht soweit, daß man sie als objektiv (verschuldensunabhängig) einstufen könne, andererseits sei ihre Ausgestaltung kontinuierlich weniger subjektiv (verschuldensabhängig)[565]. Vereinzelt bekennt sich insbesondere die neuere Rechtsprechung auch kompromißloser zu einer verschuldensunabhängigen Haftung[566]. Dem formellen Festhalten am Verschuldenserfordernis darf angesichts dieser Tendenz kein großes Gewicht mehr beigemessen werden[567]. Jedenfalls ist festzustellen, daß die Rechtsprechung des Strafsenats des *Tribunal Supremo* klarere Vorgaben für die Haftung des Unternehmers entwickelt hat als

---

561 STS (sala 2) 18.6.1985 (RJ 1985, 3022).

562 STS (sala 2) 18.6.1985 (RJ 1985, 3022).

563 ZELAYA ETCHEGARAY, Responsabilidad del empresario (1995), S. 180 f.

564 BAJO FERNÁNDEZ, in: RdP, 1978, S. 707 ff.

565 STS (sala 2) 12.5.1992 (RJ 3869); STS (sala 1) 26.6.1990, in: CCJC 1990, 761 (764); STS (sala 2) 14.5.1990 (RJ 3918); STS (sala 2) 18.6.1985 (RJ 1985, 3022).

566 Vgl. etwa CAVANILLAS MÚGICA, in: CCJC 1990, 761 (766) unter Hinweis insb. auf STS (sala 2) 22.12.1989 (RJ 9763); ALONSO OLEA, Responsabilidad del empresario (1990), S. 17; SANTDIUMENGE, in: Deliktsrecht in Europa/ Spanien (1993), S. 32.

567 In diesem Sinne auch ALONSO OLEA, Responsabilidad del empresario (1990), S. 40.

der Zivilsenat[568]. In ihrem Weg der Abschwächung des Verschuldenserfordernisses, den beide Gerichtszweige verfolgen, bezeichnet CAVANILLAS MÚGICA das Vorgehen des Zivilsenats als vergleichsweise vorsichtig oder behutsam (*cauteloso*)[569].

bb. Stellungnahme

Für das Verschuldensprinzip als Grundlage der strafrechtlichen Geschäftsherrnhaftung könnte der Gesichtspunkt einer einheitlichen Rechtsordnung streiten. Denn hält man sich eng an den Wortlaut der zivilrechtlichen Regelung des Art. 1903 Abs. 6 Cc. und geht folglich für diese von einem Verschuldenserfordernis aus, ließe sich ein Widerspruch zwischen den Voraussetzungen eines Schadensersatzanspruchs aus *Código civil* und *Código penal* vermeiden.

Andererseits spricht insbesondere eine grammatikalische und systematische Auslegung des Art. 120 *Código penal* gegen das Erfordernis eines Verschuldens in der Person des Geschäftsherrn. Diese Norm sieht keine Exkulpationsmöglichkeit vor. Ein Vergleich der Normkonstruktionen, insbesondere im Hinblick auf die in Art. 1903 Abs. 6 Cc. vorgesehene Exkulpationsmöglichkeit, läßt es unwahrscheinlich erscheinen, daß der Gesetzgeber die Haftung des Geschäftsherrn im *Código penal* von dessen Verschulden abhängig machen wollte[570]. Auch wird der Geschäftsherr durch dieses Normverständnis nicht übermäßig belastet, denn unstreitig haftet er nur subsidiär, also bei Insolvenz des unmittelbaren Schädigers[571]. Hierdurch wird der Geschäftsherr vor Ansprüchen des Geschädigten in einer Weise geschützt, die über die Regelung des *Código civil* noch hinausgeht.

Auch die zuvor angestellte Überlegung, durch ein schuldorientiertes Verständnis der Haftung aus Art. 120 Cp. könnte ein Wertungswiderspruch zwischen den Haftungsvoraussetzungen in *Código civil* und *Código penal* vermieden werden, greift im Ergebnis nicht durch. Denn bei genauer Betrachtung der Normen und ihrer Funktionen besteht ein solcher Widerspruch nicht. Es erscheint vielmehr richtig, unterschiedliche Haftungsvoraussetzungen in *Código civil* und *Código penal* zu akzeptieren. Hierfür spricht, daß die Funktion der Geschäftsherrnhaftung in beiden Regelungen unterschiedlich ist. Im Rahmen der strafrechtlichen Schadensersatzregelung ist der Geschäftsherr lediglich Garant für die Liquidität des unmittelbar Verantwortlichen Gehilfen. Ein eigenes Verschulden des Geschäftsherrn tritt nach der Wertung des Gesetzgebers hinter das schädigende Verhalten

---

568 Vgl. CAVANILLAS MÚGICA, in: CCJC 1990, 761 (766).
569 CAVANILLAS MÚGICA, in: CCJC 1990, 761 (766).
570 Vgl. BARCELO DOMENECH, Responsabilidad del empresario (1995), S. 11.
571 Hierzu noch ausführlich unten, S. 122.

des Gehilfen zurück, welches so schwer wiegt, daß es strafrechtlich faßbar wird. In der strafrechtlichen Konstellation stehen Geschäftsherr und Gehilfe dem Geschädigten auf unterschiedlichen Ebenen gegenüber. Es dominiert die Schadensnähe des Gehilfen.

Das Modell einer unwiderleglichen Schuldvermutung, das zur Begründung einer Verschuldenshaftung des Geschäftsherrn vertreten wird, erscheint konstruiert. Es wurde bereits dargelegt, daß der Wortlaut keinen Hinweis auf ein Verschuldenserfordernis bietet. Die Auffassung scheint das Verschuldensprinzip als selbstverständlich vorauszusetzen, ohne daß sich für eine solche Prämisse eine Rechtfertigung finden ließe.

Gegen die Rechtsprechung des *Tribunal Supremo*, die formell am Verschuldenserfordernis festhält, während sie die Haftung faktisch nach objektiven Kriterien ausrichtet, sprechen dieselben Gesichtspunkte, die bereits im Zusammenhang mit der Haftung nach dem *Código civil* angesprochen wurden[572]. Die Rechtsprechung verläßt den Rahmen bloßer Normauslegung und übernimmt Aufgaben, die dem Gesetzgeber vorbehalten sind. In der Folge ergibt sich Rechtsunsicherheit.

Zudem ist die beschriebene Gratwanderung der Rechtsprechung auch nicht erforderlich, wenn man die Regelung des Art. 120 Cp. konsequent als verschuldensunabhängige Haftung des Geschäftsherrn versteht. Die Argumente, die hiergegen seitens der Verfechter eines Verschuldenserfordernisses vorgebracht werden, überzeugen nicht. Ausschlaggebend sind vielmehr die zuvor dargelegten unterschiedlichen Zielsetzungen und Wertungen, die der Haftung des Geschäftsherrn nach Zivil- bzw. Strafrecht zugrunde liegen.

3. Tatbestandsvoraussetzungen im einzelnen

Die Tatbestandsvoraussetzungen sowie ihre Auslegung durch die Rechtsprechung sind den zivilrechtlichen Kriterien ähnlich[573]. Im folgenden werden deshalb im wesentlichen die Unterschiede und Besonderheiten der Schadensersatzregelungen im *Código penal* hervorgehoben.

a) Verschulden der Hilfsperson

Davon ausgehend, daß die Haftung des Geschäftsherrn dessen Verschulden nicht voraussetzt, handelt es sich bei Art. 120 *Código penal* um einen Fall sog. *„re-*

---

[572] Siehe oben, S. 65.

[573] Vgl. CAVANILLAS MÚGICA, in: CCJC 1990, 761 (767).

sponsabilidad vicaria", wie sie auch aus anderen Rechtsordnungen bekannt ist[574]. Der Geschäftsherr steht verschuldensunabhängig für die schuldhafte Schädigungshandlung seiner Hilfsperson ein. Das nachgewiesene Verschulden der Hilfsperson ist im Rahmen der Artt. 109 ff. *Código penal* damit Haftungsvoraussetzung[575]. Das ergibt sich bereits aus dem Schuldprinzip, da eine Strafbarkeit der Hilfsperson notwendige Voraussetzung für die Schadensersatzhaftung des Unternehmers ist[576]. Für die Strafbarkeit der Hilfsperson ist ein Verschulden zwingend vorauszusetzen.

Die im Rahmen des Art. 1903 Cc. aufgeworfene Frage, ob ein Verschulden der Hilfsperson zu vermuten ist, stellt sich für den Bereich des Strafrechts wegen des Grundsatzes „*in dubio pro reo*" nicht.

b) Abhängigkeitsverhältnis

Für die Haftung nach dem *Código civil* ergibt sich das Erfordernis eines Abhängigkeitsverhältnisses bereits aus dem Wortlaut der Norm, nämlich der Verwendung des Begriffs „*dependientes*". Die strafrechtliche Regelung des Art. 120 Abs. 4 Cp. spricht im Unterschied dazu zusätzlich von „*empleados*" (Angestellte; Mitarbeiter).

Dem unterschiedlichen Wortlaut des Art. 120 Nr. 4 Cp. im Vergleich zu Art. 1903 Abs. 4 Cc. kommt hinsichtlich des Abhängigkeitserfordernisses jedoch keine Bedeutung zu. Aus der Tatsache, daß im *Código penal* von „*empleados o dependientes*" die Rede ist, während die zivilrechtliche Regelung allein die „*dependientes*" erwähnt, kann nicht *e contrario* gefolgert werden, daß nach der strafrechtlichen Regelung kein Abhängigkeitsverhältnis zu fordern wäre. Vielmehr bemüht sich der Gesetzgeber in Art. 120 Nr. 4 Cp. um eine möglichst erschöpfende Aufzählung derjenigen Personengruppen für die der Geschäftsherr einzustehen hat. Die aufgezählten Gruppen stehen schon nach der Art ihrer Tätigkeit typischerweise in einem Abhängigkeitsverhältnis zum Geschäftsherrn. Die Abweichungen im Wortlaut erklären sich daraus, daß durch die Strafrechtsreform des Jahres 1991 die Regelung den modernen sprachlichen Anforderungen angepaßt wurde.

Folglich erfordert auch die Haftung nach den Vorschriften des *Código penal* ein besonderes Abhängigkeitsverhältnis des unmittelbaren Schadensverursachers zum

[574] Vgl etwa die Regelung der *vicarious liability* in den Rechtsordnungen des *Common Law*. Vgl. hierzu ZELAYA ETCHEGARAY, Responsabilidad del empresario (1995), S. 224 f.

[575] ZELAYA ETCHEGARAY, Responsabilidad del empresario (1995), S. 222.

[576] Zur Frage, welches Gericht jeweils für die Feststellung der Schuld des unmittelbaren Schadensverursachers zuständig ist, vgl. unten S. 127 ff.

Unternehmer. Mehr noch als bei der zivilrechtlichen Haftungsnorm des Art. 1903 Abs. 4 Cc. stellt das Abhängigkeitsverhältnis das zentrale Kriterium dar. Die Existenz eines Abhängigkeitsverhältnisses ist nach der Rechtsprechung des Strafsenats des *Tribunal Supremo* das ausschlaggebende, wenn nicht gar das einzig entscheidende Kriterium für die Haftung des Geschäftsherrn[577]. In verschiedenen Urteilen des *Tribunal Supremo* wird deutlich, daß, obschon andere haftungsbegründende Kriterien Erwähnung finden, im Ergebnis die bloße Existenz eines Abhängigkeitsverhältnisses über die Haftung entscheidet[578].

Ein wesentlicher Grund für die Dominanz des Abhängigkeitskriteriums liegt darin, daß für die Haftung aus Art. 120 *Código penal,* im Unterschied zur Regelung des Art. 1903 Abs. 4 Cc., ein Verschulden des Unternehmers unerheblich ist. Damit kommt es im Rahmen der strafrechtlichen Regelung nicht zu einer Vermischung des Abhängigkeitskriteriums mit der Verschuldensfrage[579]. Während die Möglichkeiten der Überwachung und Anleitung der Hilfstätigkeiten für die zivilrechtliche Haftung des Unternehmers sowohl zur Bestimmung des erforderlichen Abhängigkeitsverhältnisses als auch zur Klärung der Schuldfrage als entscheidendes Kriterium hergezogen werden mußten[580], stellt sich die letzte Frage im Haftungssystem des *Código penal* erst gar nicht.

Bei dem erforderlichen Abhängigkeitsverhältnis wird es sich typischerweise um ein Arbeitsverhältnis handeln[581]. Dies ist jedoch nicht zwingend[582], es genügt jedes sonstige Abhängigkeits- oder Unterordnungsverhältnis[583]. Die Rechtsprechung hielt es zunächst für ausreichend, daß die Hilfstätigkeit im Interesse des Geschäftsherrn liegt, selbst wenn dieses nicht wirtschaftlicher Natur sein sollte[584]. In späteren Entscheidungen erachtet das *Tribunal Supremo* sogar dieses Minimalerfordernis als entbehrlich[585]. Es zeigt sich damit, daß die Rechtsprechung des *Tribunal Supremo* eine großzügige Auslegung des Abhängigkeitsbegriffs vertritt.

---

577 Vgl. SIERRA PÉREZ, Responsabilidad del empresario (1997), S. 119.

578 Vgl. SIERRA PÉREZ, Responsabilidad del empresario (1997), S. 119

579 In diesem Sinne auch ZELAYA ETCHEGARAY, Responsabilidad del empresario (1995), S. 335 f.

580 Vgl. hierzu oben, S. 26 ff. und S. 58 ff.

581 STS (sala 2) 17.4.1973 (RJ 1766); ALONSO OLEA, Responsabilidad del empresario (1990), S. 62.

582 STS (sala 2) 12.5.1992 (RJ 3869); STS (sala 2) 30.3.1989 (RJ 2776).

583 STS (sala 2) 29.4.1988 (RJ 3326).

584 STS (sala 2) 30.5.1964 (RJ 3054).

585 STS (sala 2) 28.12.1990 (RJ 10102); STS (sala 2) 5.11.1989 (RJ 8638); STS (sala 2) 22.5.1989 (RJ 4238). Vgl. ZELAYA ETCHEGARAY, Responsabilidad del empresario (1995), S. 397 mit zahlreichen Nachweisen.

Zugunsten dieses weiten Verständnisses des Abhängigkeitsbegriffs verweist der Strafsenat des *Tribunal Supremo* zudem regelmäßig auf den Grundsatz „*cuius commoda, eius damnum*" und auf Gesichtspunkte der Gefahrschaffung (*creación del riesgo*)[586]. Die weite Auslegung der Tatbestandsvoraussetzungen, insbesondere auch ihre Bewertung als exemplarisch, ist unproblematisch, obschon es sich um Regelungen des Strafgesetzbuchs handelt. Denn die subsidiäre Haftung ist rein zivilrechtlicher Natur[587].

Die Übertragung von Aufgaben an Subunternehmer schließt das Abhängigkeitsverhältnis und die Haftung des Hauptunternehmers auch nach der Ansicht des Strafsenats des *Tribunal Supremo* nicht grundsätzlich aus[588]. Dies gilt insbesondere in den Fällen, in denen ein Mitarbeiter als Bindeglied zwischen den Unternehmen fungiert[589]. Beispielhaft genannt sei der Fall eines Großmarktes, der ein selbständiges Sicherheitsunternehmen mit Überwachung der Gebäude beauftragt, aber dennoch einen Sicherheitschef mit Weisungsbefugnissen aus den Reihen der eigenen Mitarbeiter stellt. Das *Tribunal Supremo* bejaht hier das Abhängigkeitsverhältnis zwischen den Mitarbeitern des Sicherheitsdienstes und des Großhandelsunternehmens, mit der Konsequenz einer Geschäftsherrnhaftung des letztgenannten[590].

c) Zusammenhang zwischen Schädigungshandlung und übertragener Tätigkeit

Die Anforderungen, welche der Strafsenat des *Tribunal Supremo* an das Tatbestandsmerkmal des Zusammenhangs von Schädigungshandlung und übertragener Tätigkeit stellt, sind gering. Ausgehend von den insoweit identischen Wortlauten der strafrechtlichen und der zivilrechtlichen Regelung sind auch die von den jeweils zuständigen Senaten angelegten Kriterien vergleichbar[591].

Teilweise wird vertreten, ein Zusammenhang der Schädigung mit der Hilfstätigkeit bestehe dann, wenn diese durch Produktionsmittel oder andere Gegenstände verursacht werde, die aus der Sphäre des Geschäftsherrn stammten. Dies gelte auch für die unbefugte Benutzung derartiger Gegenstände. Als Grundlage für diesen Ansatz werden Aspekte der Gefahrschaffung und Gefährdungshaftung ange-

---

586 STS (sala 2) 12.5.1992 (RJ 3869); STS (sala 2) 16.10.1973 (RJ 3846).

587 STS (sala 2) 13.1.1981 (RJ 132); STS (sala 2) 21.12.1990 (RJ 9937).

588 ZELAYA ETCHEGARAY, Responsabilidad del empresario (1995), S. 432.

589 Vgl. etwa STS (sala 2) 30.10.1989 (RJ 1989, 8491); STS (sala 2) 18.6.1985 (RJ 1985, 3022).

590 STS (sala 2) 30.10.1989 (RJ 1989, 8491).

591 CAVANILLAS MÚGICA, in: CCJC 1990, 761 (767).

führt[592]. Die Auffassung weist eine deutliche Nähe zu der bereits erörterten *Gardien*haftung des französischen Rechts auf[593].

Dieses Kriterium erscheint insbesondere im Hinblick auf Berufswaffenträger von Interesse. Man bedenke beispielsweise den Fall eines Polizisten, der außerhalb der Dienstzeit Dritte unter Einsatz seiner Dienstwaffe schädigt[594].

Die Tatsache, daß die Handlungen nicht in der Arbeitszeit vorgenommen werden, sowie die erhebliche Abweichung vom Idealverhalten, könnten für einen relevanten Exzeß sprechen, der die Haftung des Geschäftsherrn (Dienstherrn) ausschließt. Andererseits wurde die Schädigung allein dadurch möglich, daß der Hilfsperson ein gefährliches Werkzeug für seine dienstlichen Tätigkeiten zur Verfügung gestellt wurde. Ferner ergibt sich aus dem spanischen Polizeigesetz[595] für Polizeibeamte die Pflicht, auch außerhalb Ihrer Dienstzeiten bei Verletzung der öffentlichen Sicherheit einzuschreiten, wenn Gefahr im Verzug ist[596]. Dies deutet auf einen besonders engen Zusammenhang der Schädigung mit den übertragenen Tätigkeiten hin.

Weitere Beispiele für ein großzügiges Verständnis des hier erläuterten Kriteriums bieten die sog. Wegeunfälle. Bei Unfällen der Hilfsperson, die auf der Fahrtstrekke zwischen Wohnung und Arbeitsstätte geschehen und bei denen ein Dritter zu Schaden kommt, hat der Strafsenat des *Tribunal Supremo* das Vorliegen eines Zusammenhangs von Schädigungshandlung und übertragener Tätigkeit bejaht[597]. Danach ist es nicht erforderlich, daß die Schädigungshandlung innerhalb der eigentlichen Arbeitszeit erfolgt, solange ein Bezug zu den übertragenen Aufgaben erkennbar ist[598].

---

592 Vgl. etwa CAVANILLAS MÚGICA, in: CCJC 1990, 761 (772).

593 Siehe oben, S. 50 ff.

594 So beispielsweise in STS (sala 2) 11.6.1981 (RJ 2645). Allerdings hat die Rechtsprechung hier den Zusammenhang mit der Diensttätigkeit und folglich die Haftung des Dienstherrn verneint.

595 Ley de Policia, 55/1978 vom 4.12.1978.

596 Vgl. zu diesem Argument auch STS (sala 2) 11.6.1981 (RJ 2645); STS (sala 2) 23.09.1982 (RJ 4955); STS (sala 2) 11.12.1984 (RJ 6263). Im Ergebnis folgen die Urteile dieser Argumentation indes nicht.

597 STS (sala 2) 20.3.1973 (RJ 1366); STS (sala 2) 12.2.1968.

598 STS (sala 2) 16.4.1974; STS (sala 2) 27.09.1967.

aa. Exzeß der Hilfsperson

Der Haftung des Geschäftsherrn steht es grundsätzlich nicht entgegen, daß sich die Hilfsperson über ausdrückliche Weisungen hinwegsetzt[599], es sei denn, daß sich der Arbeitnehmer gerade dadurch völlig außerhalb des Bereichs und völlig außer Bezug zu der übertragenen Tätigkeit stellt[600]. Fälle der Mißachtung ausdrücklicher Weisungen (*desobediencia*) sind insbesondere dann unbeachtlich, wenn der unmittelbare Schadensverursacher innerhalb des Unternehmens mit weitreichenden Handlungsbefugnissen ausgestattet ist[601].

Ob eine vorsätzliche Schädigung seitens der Hilfsperson der Haftung des Geschäftsherrn entgegensteht, wurde zuvor für den Bereich des *Código civil* als problematisch eingestuft[602]. Dies galt insbesondere in dem Fall, daß es sich bei der Schädigung zugleich um eine Straftat handelte. Für die subsidiäre Haftung des Geschäftsherrn auf Grundlage der Vorschriften des *Código penal* ist die Antwort hingegen eindeutig. Ein vorsätzliches oder gegebenenfalls fahrlässiges Verhalten des unmittelbaren Schädigers ist Voraussetzung für dessen Strafbarkeit. Diese Strafbarkeit wiederum ist notwendige Bedingung für die subsidiäre Haftung des Geschäftsherrn. Eine vorsätzliche oder zumindest fahrlässige Schädigung steht der Haftung des Geschäftsherrn somit nicht entgegen. Sie ist darüber hinaus sogar eine Voraussetzung für dessen Haftung[603]. Dies gilt bis hin zu derart schwerwiegenden Delikten wie Mord oder Totschlag[604]. Als extremes Beispiel sei ein Urteil des *Tribunal Supremo* vom 19.12.1990 erwähnt[605]. In diesem Fall fühlte sich ein Zivilbeamter der Polizei in einer Gaststätte durch einen Bettler, der sich aus Hunger Nüsse von seinem Tisch nahm, derart gestört, daß er ihn mit seiner Schußwaffe aus 10 cm Distanz und mit Tötungsvorsatz in den Kopf schoß. Das Gericht hat hier einen Zusammenhang zwischen Schädigungshandlung und übertragener Tätigkeit als Polizeibeamter bejaht. Eine noch deutlichere Befugnisüberschreitung ist indes kaum vorstellbar. Dies läßt den Schluß zu, daß das Gericht dieses Tatbestandsmerkmal bereits dann als erfüllt ansieht, wenn die Schädigungshandlung in die Dienstzeit fällt. Andererseits dürfen in dem erwähnten Fall

---

599 Vgl. ALONSO OLEA, Responsabilidad del empresario (1990), S. 20 f. mit einer Übersicht über die einschlägige Rechtsprechung der zweiten Kammer des *Tribunal Supremo*.

600 STS (sala 2) 26.1.1984 (RJ 412).

601 Vgl. ALONSO OLEA, Responsabilidad del empresario (1990), S. 23.

602 Vgl. hierzu oben, S. 75 ff.

603 Vgl. ALONSO OLEA, Responsabilidad del empresario (1990), S. 36 f. mit weiteren Belegen aus der Rechtsprechung.

604 STS (sala 2) 29.1.1983 (RJ 702); Vgl. auch ALONSO OLEA, Responsabilidad del empresario (1990), S. 38 f.

605 STS (sala 2) 19.12.1990 (RJ 9661).

die Besonderheiten nicht aus dem Blick geraten, die im Zusammenhang mit den Fällen von Berufswaffenträgern bereits zuvor ausgeführt wurden[606].

In diesen Zusammenhang fügt sich auch die Entscheidung des *Tribunal Supremo* vom 23.4.1990[607] ein. Hier wurde der Zusammenhang mit der übertragenen Tätigkeit in einem Fall bejaht, in dem Polizeibeamte einen Verdächtigen zu Verhörzwecken gefoltert haben[608]. Das Gericht stellt auf Sinn und Zweck der subsidiären Haftung sowie auf das Prinzip der Rechtssicherheit ab. Es gehe dem Gesetzgeber gerade darum, derartige Fälle zu erfassen.

Folglich befreit nur die völlige Zusammenhanglosigkeit der Schädigungshandlung mit der übertragenen Verrichtung den Geschäftsherrn von seiner subsidiären Haftung[609].

bb. Bedeutung des Kenntnishorizonts des Geschädigten

Hinsichtlich der Frage, ob die Außerachtlassung von Weisungen dem Abhängigkeitsverhältnis und damit der Haftung des Geschäftsherrn entgegensteht, wird vereinzelt auf den Kenntnisstand des Geschädigten Bezug genommen[610].

Die Frage, ob jemand seinen Aufgabenbereich überschreitet, kann indes nur objektiv beantwortet werden. Maßgeblich ist hierfür stets das Verhältnis zwischen Geschäftsherr und Hilfsperson. Die Frage nach dem Kenntnishorizont des Geschädigten kann hierauf keinen Einfluß haben.

Allerdings kann dem Kenntnisstand des Betroffenen mittelbar Bedeutung zukommen. Es wurde bereits darauf hingewiesen, daß Exzeßhandlungen der Hilfsperson bis zu einem gewissen Grad der Haftung des Geschäftsherrn nicht entgegenstehen. Dies hat seinen Grund in der Schutzwürdigkeit des geschädigten Dritten. Diese Schutzwürdigkeit kann allerdings entfallen, wenn für den Geschädigten das Exzeßverhalten erkennbar war. Die Geltendmachung von Schadensersatzansprüchen gegen den Geschäftherrn ist in diesem Fall rechtsmißbräuchlich.

Allerdings ist auch hier eine Einschränkung vorzunehmen. Hat der Geschädigte auf das Schadensereignis keinen Einfluß, kann ihm die Kenntnis vom Exzeß der Hilfsperson nicht schaden. Es kann dem Geschädigten nicht zum Nachteil gerei-

---

606 Siehe oben, S. 44.

607 STS (sala 2) 23.4.1990 (RJ 3300).

608 Das Delikt der Folter (*tortura*) wird in Artt. 173 ff. *Código penal* explizit unter Strafe gestellt.

609 ALONSO OLEA, Responsabilidad del empresario (1990), S. 37.

610 STS (sala 2) 13.4.1981 (RJ 1637); STS (sala 2) 6.3.1975.

chen, daß er „sehenden Auges" geschädigt wird, wenn er trotzdem keine Abwendungsmöglichkeiten hat. Von Bedeutung ist der Kenntnisstand hingegen, wenn der Geschädigte am Eintritt der Schädigung mitwirkt, obschon ihm der Exzeß bekannt ist.

d) Subsidiarität

Eine weitere Besonderheit besteht darin, daß die Haftung des Geschäftsherrn im *Código penal* nur subsidiär zum Tragen kommt. Aus dem Wortlaut des Art. 22 *Código penal* a.F. ging dies noch ausdrücklich hervor („*la responsabilidad subsidiaria que establece el artículo anterior*..."). Aber auch im Rahmen der Artt. 109 ff. *Código penal* n.F. haftet der Unternehmer nur in dem Fall, daß der unmittelbare Schadensverursacher den Geschädigten nicht befriedigen kann. Durch die redaktionellen Änderungen ist die Subsidiarität nicht entfallen[611]. Gemäß Art. 120 Cp. haften die in der Norm genannten Personengruppen bei Ausfall („*en defecto*") der strafrechtlich Verantwortlichen, woraus sich ergibt, daß der Geschädigte sich bezüglich seiner Schadensersatzansprüche zunächst an den Schädiger zu halten hat.

Liegen indes die wirtschaftlichen Voraussetzungen für die eigene Haftung des unmittelbaren Schädigers vor, spielt es keine Rolle, ob der Unternehmer die Hilfsperson zu seinen Gunsten einsetzte, ob Arbeitsmittel des Unternehmers Verwendung gefunden haben oder die Schädigung in Ausübung der wirtschaftlichen Interessen des Unternehmers geschah[612]. Ist die Hilfsperson solvent, scheidet die Haftung des Unternehmers selbst dann aus, wenn diesen ein eigenes Verschulden trifft[613]. Der Unternehmer erhält die Rolle eines Garanten für die Haftung des unmittelbaren Schädigers, der die Befriedigungsansprüche des Geschädigten schlicht absichert, ohne zu seinen Gunsten etwa die Anwendung besonderer Sorgfalt einwenden zu können[614]. ZELAYA ETCHEGARAY vergleicht die Haftungssituation mit dem Fall einer Bürgschaft[615].

Allerdings gibt es in der Rechtsprechungspraxis kaum Fälle, in denen die Haftung des Unternehmers aus Subsidiaritätsgesichtspunkten gescheitert wäre[616].

---

611 SIERRA PÉREZ, Responsabilidad del empresario (1997), S. 104, Fn. 33. und S. 133, Fn. 120.

612 Vgl. ZELAYA ETCHEGARAY, Responsabilidad del empresario (1995), S. 223.

613 ZELAYA ETCHEGARAY, Responsabilidad del empresario (1995), S. 584, Fn. 665.

614 ZELAYA ETCHEGARAY, Responsabilidad del empresario (1995), S. 224.

615 ZELAYA ETCHEGARAY, Responsabilidad del empresario (1995), S. 584, Fn. 665.

616 ZELAYA ETCHEGARAY, Responsabilidad del empresario (1995), S. 223.

Eine Ausnahme von der Subsidiaritätsregel sieht der *Código penal* bei Pressedelikten gegen Persönlichkeitswerte vor. Art. 212 Cp. bestimmt die gesamtschuldnerische Haftung (*responsabilidad solidaria*) der natürlichen oder juristischen Person, in deren Eigentum sich das Medium befindet, durch das eine Verleumdung (*calumnia*) oder Beleidigung (*injuria*) verbreitet wurde.

Bereits vor Einführung dieser Regelung in den *Código penal* hat der Gesetzgeber das Recht auf Ehre, die Privatsphäre (*intimidad personal y familiar*) und das Recht am eigenen Bild, das in Art. 18 Abs. 1 der spanischen Verfassung (*Constitución Española*) festgeschrieben ist, vor pressespezifischen Gefahren geschützt[617]. Schon durch Art. 65 Abs. 2 des spanischen Pressegesetzes von 1977 *(Ley de Prensa e Imprenta)*[618] wurde die gesamtschuldnerische Haftung (*responsabilidad solidaria*) von Autoren, Direktoren und Verlegern für unzulässige Handlungen, welche die Grenze der Strafbarkeit nicht überschreiten, festgeschrieben[619]. Denn die Verantwortung und Einflußmöglichkeiten der Leitung eines Pressemediums kann mit dem üblichen Verhältnis von Geschäftsherr und Hilfsperson nicht verglichen werden. Gerade dies rechtfertigt die Ausnahme einer gesamtschuldnerischen Haftung (*responsabilidad solidaria*) statt dem Normalfall der subsidiären Haftung des Geschäftsherrn. Außer dem Schutz der Interessen des Geschädigten erscheint es naheliegend, in der Regelung Präventivaspekte sowie einen Sanktionscharakter der Schadensersatzpflicht gegenüber dem Geschäftsherrn zu erblicken.

e) Umfang der Schadensersatzpflicht

Der Umfang der Schadensersatzpflicht ist in Art. 110 *Código penal* geregelt. Danach umfassen die zivilrechtlichen Konsequenzen die Restitution, Reparation und die Entschädigung von Vermögens- und Nichtvermögensschäden (*restitución, reparación e indemnización*). Die Einzelheiten zu den jeweiligen Haftungsformen finden sich in den Artt. 111, 112 bzw. 113 *Código penal.*

Ohne sachliche Auswirkung ist die terminologische Diskussion um die Inhalte der Begriffe „*daños*" (Schäden) und „*perjuicios*" (Nachteile). Es ist streitig, ob die Begriffe jeweils ausschließlich auf Personen bzw. Sachen bezogen sind, ob die

---

617 Vgl. Art. 70 Real Decreto-Ley 24 /1977 vom 1.4.1977; zum Ganzen siehe ALONSO OLEA, Responsabilidad del empresario (1990), S. 75 f.

618 Ley 14/1966 vom 18.03.1966.

619 Vgl zu dieser Vorschrift, insbesondere auch zu deren Verfassungsmässigkeit STS (sala 1) 14.2.1994 (RJ 10110).

Begriffe danach zu unterscheiden sind, ob ein Bezug zu einer Straftat besteht oder ob die Termini schlicht gleichzusetzen sind[620].

Von Bedeutung ist hingegen der Umstand, daß auch Nichtvermögensschäden (*daños morales*) von der Schadensersatzpflicht umfaßt sind, vgl. Artt. 110, 113 Cp. Die Schwierigkeit besteht hier von jeher in der Bestimmung der Schadenshöhe. Diese Aufgabe obliegt dem Instanzgericht und ist auch revisionsfest, allerdings können die Bewertungsgrundlagen mit der Revision angegriffen werden[621]. Die Instanzgerichte sind insoweit durch die mit der Strafrechtsreform des Jahres 1995 eingeführte Regelung des Art. 115 Cp. angehalten, die Grundlagen für die Berechnung der Schadenshöhe offenzulegen[622].

4. Regreß

Zwar ergeben sich in dogmatischer Hinsicht weniger Bedenken gegen eine Regreßregelung, als dies für den *Código civil* der Fall ist[623]. Dennoch erscheinen die praktischen Konsequenzen und die Zweckmäßigkeit der in Art. 116 Abs. 2 S. 3 *Código penal* vorgesehene Regreßmöglichkeit des Geschäftsherrn gegenüber dem unmittelbaren Schadensverursacher fraglich.

Im *Código civil* ergeben sich die dogmatischen Bedenken gegen den Regreßanspruch vornehmlich daraus, daß den Geschäftsherrn ein eigenes Verschulden *in eligendo vel vigilando* trifft. Die Voraussetzungen des *Código penal* sind demgegenüber anders gelagert. Hier kommt es auf ein Verschulden des Geschäftsherrn nicht an, es handelt sich um das Haftungssystem einer sog. *„responsabilidad vicaria"*. Der Geschäftsherr fungiert nur als Liquiditätsgarant. Ist die Hilfsperson im Hinblick auf das Entschädigungsverlangen des Geschädigten zahlungsfähig, entfällt die Haftung des Geschäftsherrn aufgrund ihrer Subsidiarität unmittelbar. Tritt die Zahlungsfähigkeit nachträglich ein, ist der Regreßanspruch des Geschäftsherrn die logische Konsequenz.

Die praktische Bedeutung dieser Konstruktion, selbst wenn sie theoretisch zutrifft, ist indes gering[624]. Durch die Subsidiarität der Geschäftsherrnhaftung, die der *Código penal* im Gegensatz zum *Código civil* bestimmt, muß der Geschädigte zunächst den Versuch unternommen haben, seinen Schaden bei der Hilfsperson zu liquidieren. Dies wird *in praxi* zumeist an der mangelnden Liquidität der

620 Vgl. LANDECHO VELASCO/ MOLINA BLÁZQUEZ, Derecho Penal (1996), S. 558; GÓMEZ ORBANEJA, in: RDP 1949, 185 (209 ff.).
621 Vgl. LANDECHO VELASCO/ MOLINA BLÁZQUEZ, Derecho Penal (1996), S. 559.
622 Vgl. LANDECHO VELASCO/ MOLINA BLÁZQUEZ, Derecho Penal (1996), S. 559.
623 Hierzu bereits ausführlich oben, S. 94.
624 Vgl. ZELAYA ETCHEGARAY, Responsabilidad del empresario (1995), S. 140.

Hilfsperson scheitern. Jedenfalls kommt die Haftung des Geschäftsherrn erst dann zum Zuge, wenn die Hilfsperson den Geschädigten nicht befriedigen konnte. Dann erscheint es jedoch unwahrscheinlich, daß die Hilfsperson in der Lage sein könnte, den gleichlautenden Regreßanspruch des Geschäftsherrn jedenfalls zu diesem Zeitpunkt zu befriedigen. Praktische Bedeutung kann die Regreßregelung daher nur in den wenigen Fällen erlangen, in denen eine nachträgliche Änderung in den Vermögensverhältnissen der Hilfsperson eintritt.

Von Bedeutung ist, daß Art. 116 Abs. 2 S. 3 des neuen *Código penal* von 1995 den Regreß anders als die bereits besprochene Regelung des Art. 1904 Cc. nicht als Totalregreß ausgestaltet. Es ist vielmehr eine Quotelung nach den entsprechenden Verantwortungsanteilen vorgesehen.

5. Verjährung

Der *Código penal* enthält selbst keine Vorschrift bezüglich der Verjährung von Schadensersatzansprüchen. Der Gesetzgeber hat die Gelegenheit der Strafrechtsreform vom 1995 nicht genutzt, um eine derartige Regelung einzuführen, welche die bestehenden Unklarheiten und Diskussionen in dieser Frage beseitigt hätte[625]. Hingegen sah der Vorentwurf von 1992 in Art. 128 vor, daß die zivilrechtlichen Folgeansprüche einer Straftat im allgemeinen in 15 Jahren verjähren[626].

Die Verjährung des strafrechtlichen Schadensersatzanspruchs richtet sich gemäß Art. 109 Abs. 1 Cp. der geltenden Gesetzesfassung nach den Normen des Zivilrechts[627]. Art. 109 Abs. 1 Cp. enthält eine allgemeine Verweisung auf „die Gesetze „ („*las leyes*"), so daß auch für die Verjährung die Vorschriften des *Código civil* maßgeblich sind[628]. Umstritten ist, ob sich die Verjährung nach Art. 1968 Abs. 2 Cc. bestimmt und damit ein Jahr beträgt oder ob die 15-Jahresfrist des Art. 1964 Cc. maßgeblich ist[629].

Die Rechtsprechung des *Tribunal Supremo* spricht sich für die Zugrundelegung einer 15-jährigen Verjährung gemäß Art. 1964 aus[630]. Es ist kritisiert worden, daß nach dieser Auffassung die Verjährungsfristen differieren, je nach dem, ob

---

625 LANDECHO VELASCO/ MOLINA BLÁZQUEZ, Derecho Penal (1996), S. 569.

626 GARCÍA LARAÑA, in: La Ley 1992, 1048 (1053).

627 LANDECHO VELASCO/ MOLINA BLÁZQUEZ, Derecho Penal (1996), S. 569; GÓMEZ CALERO, in: RGD 1960, 506 (883).

628 Es besteht, trotz unterschiedlichen Wortlauts, sachlich kein Unterscheid zur Verweisungsnorm des Art. 117 *Código penal* a.F., die ausdrücklich auf das „Zivilrecht" (*derecho civil*) verwies.

629 LANDECHO VELASCO/ MOLINA BLÁZQUEZ, Derecho Penal (1996), S. 569.

630 STS (sala 1) 7.12.1989 (RJ 1989).

der Schädiger verurteilt oder freigesprochen wird[631]. Hat sich der Geschädigte die Beschreitung des Zivilrechtswegs vorbehalten und kommt es zu einer Verurteilung des Schädigers, kommt dem Geschädigten die 15-jährige Verjährungsfrist zugute. Wird der Schädiger hingegen freigesprochen, ohne daß an der Schädigungshandlung als solcher Zweifel bestünden, richtet sich die Frist unmittelbar nach dem *Código civil*, der für deliktische Ansprüche eine Verjährungsfrist von einem Jahr bestimmt, vgl. Art. 1968 Abs. 2 Cc[632].

Der kritisierte Widerspruch jedoch besteht bei genauer Betrachtung nur scheinbar. Kommt es im Strafverfahren zum Freispruch, richtet sich auch die zivilrechtliche Haftung im Regelfall nicht mehr nach dem Strafgesetzbuch. Bei Kenntnis aller Umstände *ex ante* hätte die Haftung des freigesprochenen Schädigers und des Geschäftsherrn unmittelbar durch ein Zivilgericht geklärt werden müssen. Man könnte sich ebenso vorstellen, daß der Schädiger nie mit einem Strafgericht in Berührung gekommen wäre. Folglich erscheint es gerechtfertigt, die Umstände der zivilrechtlichen Haftung unterschiedlich zu bewerteten, je nachdem ob es zu einer strafrechtlichen Verurteilung gekommen ist oder nicht.

Es ist auch nichts dagegen einzuwenden, die Verjährung von Schadensersatzansprüchen in Zivil- und in Strafsachen unterschiedlich auszugestalten. Insbesondere ist es als Wertentscheidung des Gesetzgebers zu akzeptieren, daß die Verjährung für Schäden die mit einer Straftat in Verbindung stehen länger ausgestaltet ist.

Eine Ausnahme gilt für die Straftatbestände der Beleidigung (*injuria*) und Verleumdung (*calumnia*). Hier gilt für die Verjährung die Sonderregelung des Art. 1968 Nr. 2 Cc., so daß der Schadensersatzanspruch nur im Laufe eines Jahres geltend gemacht werden kann.

Klagt ein an seinem Körper oder seiner Gesundheit Geschädigter, so beginnt die Verjährung erst zum Zeitpunkt seiner Genesung, sofern erst mit diesem Zeitpunkt die Entschädigung bestimmbar sein sollte[633]. Dies ergibt sich daraus, daß der Beginn der Verjährung voraussetzt, daß die Geltendmachung des Anspruchs möglich ist, wie sich aus Art. 1969 Cc. ergibt[634].

In Einzelfällen gilt es Verknüpfungen zwischen den Vorschriften des Straf- und des Zivilrechts zu beachten. Beispielsweise ist die zivilrechtliche Ersitzung be-

---

631 Vgl. LANDECHO VELASCO/ MOLINA BLÁZQUEZ, Derecho Penal (1996), S. 569.

632 STS (sala 1) 9.2.98 (RJ 75); STS (sala 1) 13.7.1984 (RJ 3945); STS (sala 1) 14.7.1983 (RJ 4222).

633 STS (sala 1) 22.4.97 (RJ 3249).

634 Vgl. ALONSO OLEA, Responsabilidad del empresario (1990), S. 77 f.

weglicher Sachen, die gestohlen oder geraubt wurden, durch den Dieb oder Räuber erst nach Verjährung der strafrechtlichen Schadensersatzansprüche möglich, vgl. Art. 1956 Cc[635]. Die Verjährung des zivilrechtlichen Schadensersatzanspruchs ist gehemmt, solange das Strafverfahren anhängig ist[636].

6. Rechtsweg

Hinsichtlich des zu beschreitenden Rechtsweges steht dem Geschädigten bezogen auf seine zivilrechtlichen Ansprüche gegen den subsidiär haftenden ein Wahlrecht zu. Dies ergibt sich unmittelbar aus Art. 108 der spanischen Strafprozeßordnung (*Ley de Enjuiciamento Criminal*) sowie aus Art. 109 Abs. 2 Cp. Danach kann der Geschädigte sich entscheiden, seine zivilrechtlichen Ansprüche auf dem Zivilrechtsweg zu verfolgen („*El perjudicado podrá optar, en todo caso, por exigir la responsabilidad civil ante la Jurisdicción Civil*").

Stirbt der geschädigte Kläger, können die Rechtsnachfolger die Schadensersatzansprüche des geschädigten Erblassers nur auf dem Zivilrechtsweg verfolgen[637].

Bezweifelt der subsidiär Haftende die Richtigkeit der Verurteilung des unmittelbaren Schädigers, die ja Voraussetzung seiner Haftung ist, kann er sich dennoch nicht mit Rechtsmitteln gegen die strafrechtliche Verurteilung wenden. Allein bezüglich seiner Verurteilung als subsidiär Haftender kann sich der Unternehmer zu Wehr setzten[638].

7. Verhältnis straf- und zivilrechtlicher Anspruchsgrundlagen

Der *Código civil* verweist in Art. 1.092 für Ansprüche, die ihren Grund in Straftaten (*delitos o faltas*) haben, auf die Regelungen des *Código penal*. Dies wurde auch im Zuge der Strafrechtsreform von 1995 beibehalten, obschon nach einem Vorentwurf aus dem Jahre 1990 die gegenteilige Regelung vorgesehen war, nämlich bezüglich zivilrechtlicher Ansprüche strafrechtlichen Ursprungs *en bloque* auf das Zivilrecht zu verweisen[639].

Behält sich der Geschädigte im Strafverfahren die Beschreitung des Zivilrechtswegs gemäß Art. 108 der spanischen Strafprozeßordnung (*Ley de Enjuiciamento Criminal*) bzw. Art. 109 Abs. 2 Cp. vor, so wendet der Zivilrichter ebenfalls die einschlägigen Haftungsnormen des *Código penal* an und berücksichtigt auch die

---

635 Vgl. GÓMEZ CALERO, in: RGD 1960, 506 (602).
636 Vgl. ALONSO OLEA, Responsabilidad del empresario (1990), S. 76.
637 ALONSO OLEA, Responsabilidad del empresario (1990), S. 79.
638 STS (sala 2) 20.9.1988 (RJ 6806).
639 Vgl. GARCÍA LARAÑA, in: La Ley 1992, 1048 (1048).

Rechtsprechung des Strafsenats[640]. Im Regelfall wird die Feststellung der Schuld des unmittelbaren Schädigers bereits durch das Strafgericht erfolgen. Ausnahmen gelten in den Fällen, in denen ein Schuldspruch nicht in Betracht kommt, beispielsweise bei Amnestien, Begnadigung, Tod des Angeklagten, Ausbleiben des Angeklagten in der Verhandlung oder Geistesstörungen. Hier muß das Zivilgericht auch über die strafrechtliche Schuld des unmittelbaren Schädigers urteilen.

Andererseits sind auch aus der Sicht des Strafrichters, der über den zivilrechtlichen Schadensersatzanspruch mitzuentscheiden hat, die Vorschriften des Zivilgesetzbuchs nicht ohne Bedeutung. Es liegt nahe, daß das Strafgericht entgegen dem Wortlaut des Art. 1.092 Cc. die Wertungen und Regelungen des *Código civil* nicht gänzlich außer acht lassen kann. Denn der Schadensersatzanspruch ist unstreitig zivilrechtlicher Natur und die einschlägigen Regelungen im *Código penal* nur fragmentarisch[641].

Es besteht folglich eine Wechselwirkung und gegenseitige Abhängigkeit beider Gesetzbücher. Das *Tribunal Supremo* bezeichnet die jeweiligen Verweisungsvorschriften als „wahre Blankettnormen"[642]. Einserseits zwinge Art. 1092 Cc. die Zivilgerichte, die Normen des Strafgesetzbuches zur Anwendung zu bringen, andererseits verweise Art. 117 *Código penal* a.F. (heute Art. 109 Abs. 1 Cp.) den Strafrichter auf das Zivilrecht.

8. Vergleich und Bewertung des zivil- und strafrechtlichen Schadensersatzanspruchs

Geht man davon aus, daß die Regelung des Art. 120 *Código penal* ein Verschulden des Unternehmers für dessen Haftung nicht erfordert, reduzieren sich die praktischen Unterschiede zwischen der zivilrechtlichen und der strafrechtlichen Unternehmerhaftung auf ein Minimum.

Im *Código penal* wird bereits *ex lege* auf das Verschuldenserfordernis bezüglich des Geschäftsherrn verzichtet. Im zivilrechtlichen Bereich ist dasselbe Ergebnis auf dem Wege der zuvor skizzierten Rechtsprechung erreicht worden. Neben dem Fehlen einer Exkulpationsmöglichkeit beschränkt sich damit der einzig verblei-

---

640 LANDECHO VELASCO/ MOLINA BLÁZQUEZ, Derecho Penal (1996), S. 557; SILVA MELERO, in: RDP 1966, 1065 (1069 f.); vgl. ferner SIERRA PÉREZ, Responsabilidad del empresario (1997), S. 119, Fn. 75; STS (sala 1) 2.7.1990 (RJ 5766).

641 Vgl. GÓMEZ ORBANEJA, in: RDP 1949, 185 (188).

642 STS (sala 1) 13.7.1984 (RJ 3945).

bende signifikante Unterschied zwischen beiden Regelungen auf die Besonderheit der Subsidiarität in der Regelung des *Código penal*[643].

In ihrem praktischen Anwendungsbereich reicht die zivilrechtliche Praxis jedoch weiter und bietet einen umfassenderen Verbraucherschutz[644]. Denn mit dem Rückgriff der Zivilrechtsprechung unmittelbar auf Art. 1902 Cc. bzw. durch die Rechtsfigur des „anonymen Verschuldens" ist es überflüssig geworden, eine konkrete Hilfsperson als Schädiger zu benennen[645]. Hingegen kann aufgrund der Regelung des *Código penal*, die zumindest in ihrem strafrechtlichen Aspekt auf den Schädiger persönlich abzielt, nicht darauf verzichtet werden, diesen zu identifizieren. Ohne die konkrete Benennung des unmittelbaren Schädigers fällt die in Art. 120 Cp. vorgesehene Haftung des Geschäftsherrn aus.

Die Benennung des unmittelbaren Schädigers ist für die Haftung nach dem *Código penal* auch deshalb unumgänglich, weil dessen mangelnde Solvenz Voraussetzung der subsidiären Haftung ist. Diese ist aber nur dann feststellbar, wenn die Hilfsperson als unmittelbarer Schadensverursacher namhaft gemacht wird[646].

Soweit die zivil- und strafrechtliche Rechtsprechung Unterschiede aufweist, hängt dies auch mit dem bereits erwähnte Umstand zusammen, daß in Spanien eine harmonisierende Einrichtung fehlt, die der *Assemblée Plenière* in Frankreich[647] oder in Deutschland dem Großen Senat bzw. den Vereinigten Senaten vergleichbar wäre.

Insgesamt erscheint es nachvollziehbar, daß die unterschiedlichen Haftungsausgestaltungen im *Código civil* und *Código civil* auf Kritik stoßen[648]. Teilweise wird vorgebracht, eine Rechtfertigung für die unterschiedlichen Haftungen sei nicht auszumachen[649]. Dem Gesetzgeber scheint es jedoch darauf anzukommen, die zivilrechtlichen Folgen einer lediglich deliktischen im Gegensatz zu einer strafbewährten Schädigung unterschiedlich zu gewichten.

Praktikabilitätsgründe sowie Aspekte der Rechtssicherheit und Akzeptanz seitens der Betroffenen sprechen indes deutlich für eine einheitliche Handhabung der zi-

---

643 ZELAYA ETCHEGARAY, Responsabilidad del empresario (1995), S. 293; LLAMAS VALBUENA, in: RGLJ 1972, 251 (265 f.).

644 ZELAYA ETCHEGARAY, Responsabilidad del empresario (1995), S. 237.

645 Siehe oben, S. 83.

646 Vgl. SIERRA PÉREZ, Responsabilidad del empresario (1997), S. 133, Fn. 120.

647 CAVANILLAS MÚGICA, in: CCJC 1990, 761 (767).

648 BARCELO DOMENECH, Responsabilidad del empresario (1995), S. 11; CAVANILLAS MÚGICA, in: CCJC 1990, 761 (765 f.); SILVA MELERO, in: RDP 1966, 1065 (1066). Vgl. auch GÓMEZ CALERO, in: RGD 1960, 506 (602).

649 CAVANILLAS MÚGICA, in: CCJC 1990, 761 (765).

vilrechtlichen Folgen deliktischer Schädigung. Anläßlich der Reform des *Código penal* im Jahr 1995 hätte es sich angeboten, diese zumeist als Mißstand kritisierten Unterschiede abzuschaffen, insbesondere die zivilrechtliche Haftung ganz den Regelungen des *Código civil* zu überlassen, wie dies auch der Vorentwurf zum neuen spanischen Strafgesetzbuch vorsah[650].

c. Haftung innerhalb von Sonderverbindungen

Neben der deliktischen Haftung stellt die Haftung des Geschäftsherrn für Hilfspersonen, derer er sich innerhalb einer bestehenden Sonderverbindung bedient, einen eigenständigen Bereich dar.

Die zentrale Anspruchsgrundlage für die vertragliche Haftung findet sich in Art. 1101 Cc. Die Norm übersetzt das deliktische Prinzip des *neminem laedere* in die Sprache des Vertragsrechts in dem Sinne, daß nicht irgendjemand, sondern der konkrete Vertragspartner nicht geschädigt werden darf[651]. Eine abstrakte Regelung der vertraglichen Gehilfenhaftung enthält der *Código civil* jedoch nicht[652]. Das spanische Zivilgesetzbuch kennt neben der deliktischen Gehilfenhaftung des Art. 1903 Cc. nur noch eine Haftung für Hilfspersonen innerhalb im Gesetz aufgeführter konkreter Schuldverhältnisse, auf die im einzelnen noch einzugehen sein wird.[653]

Terminologisch ist indes auch in Spanien von verschiedenen Autoren der Begriff des „Erfüllungsgehilfen" eingeführt worden (*auxiliar de cumplimiento*)[654], um die Besonderheit einer zugrundeliegenden Sonderverbindung hervorzuheben. Somit erscheint es gerechtfertigt, auch im folgenden die im deutschen Recht gebräuchliche Differenzierung von Erfüllungs- und Verrichtungsgehilfen auf das spanische Recht anzuwenden.

---

650 Vgl. CAVANILLAS MÚGICA, in: CCJC 1990, 761 (765 f.).

651 YZQUIERO TOLSADA, in: RCDI 1991, 443 (444).

652 SIERRA PÉREZ, Responsabilidad del empresario (1997), S. 102; JORDANO FRAGA, Responsabilidad por auxiliares (1994), S. 291.

653 CRISTÓBAL MONTES, in: ADC 1989, 5 (7); LACRUZ BERDEJO u.a., Elementos II (2000), Bd. 1, S. 173; STS (sala 1) 22.6.1989 (RJ 4776). Zu den einschlägigen Schuldverhälnissen im einzelnen unten, S. 148 ff.

654 SIERRA PÉREZ, Responsabilidad del empresario (1997), S. 127 (oben); TORRALBA SORRIANO, in: ADC 1971, 1143 (1143); JORDANO FRAGA, Responsabilidad por auxiliares (1994), S. 45; derselbe, in: ADC 1993, 915 (926).

Der Erfüllungsgehilfe (*auxiliar de cumplimiento*) ist nach JORDANO FRAGA[655] eine „natürliche oder juristische Person, die in der Rolle eines Dritten, der selbst dem Gläubiger gegenüber nicht verpflichtet ist, als Hilfsperson (*colaborador o auxiliar*) des Schuldners an Handlungen teilhat, die im Zusammenhang mit der Erfüllung der Verbindlichkeit stehen, die zwischen Schuldner und Gläubiger besteht".

I. Fehlen einer abstrakten Haftungsnorm in Spanien

Ein Grund dafür, daß sich im spanischen Recht keine abstrakte Regelung zur Haftung für Erfüllungsgehilfen findet, liegt in der Struktur des Gesetzeswerks. Zwar enthält auch der *Código civil* Abschnitte mit allgemeinen Regelungen, insbesondere auch ein allgemeines Schuldrecht in den Artt. 1.088 ff. Doch sind die dort getroffenen Regelungen ihrer Natur nach nicht mit dem allgemeinen Schuldrecht des BGB, §§ 241 ff., zu vergleichen. Eine derartige Abstraktionshöhe erreicht der *Código civil* nicht[656]. Vielmehr hielt der spanische Gesetzgeber übermäßigen Abstraktionsaufwand allgemein für unangebracht („*omnis definitio est periculosa*")[657]. Auch der französische *Code civil*, der den spanischen *Código civil* stark beeinflußt hat[658], enthält keine ausdrückliche abstrakte Regelung zur Haftung für Erfüllungsgehilfen[659].

II. Tendenzen einer eigenständigen Würdigung der Haftung für Erfüllungsgehilfen

Obgleich im spanischen Zivilrecht eine ausdrückliche Regelung hinsichtlich der Haftung für Erfüllungsgehilfen nicht existiert, scheint dennoch vereinzelt ins Bewußtsein zu rücken, daß die Besonderheiten einer Sonderverbindung auch spezielle Haftungsfolgen mit sich bringen müssen[660]. Es besteht weitgehend Einigkeit[661], daß die Gruppe der in den verschiedenen Spezialnormen geregelten Tat-

---

655 JORDANO FRAGA, Responsabilidad por auxiliares (1994), S. 45 mit zahlreichen weiteren Nachweisen aus dem Schrifttum.

656 ADOMEIT/ FRÜHBECK, Spanisches Recht (1993), S. 62.

657 ADOMEIT/ FRÜHBECK, Spanisches Recht (1993), S. 50.

658 ADOMEIT/ FRÜHBECK, Spanisches Recht (1993), S. 45.

659 BARCELO DOMENECH, Responsabilidad del empresario (1995), S. 18 f.

660 Vgl. etwa die Urteile STS (sala 1) 1.3.1990 (RJ 1656) sowie STS (sala 1) 22.6.1989 (RJ 4776), in diesen Entscheidungen erwähnt das *Tribunal Supremo* die Regelung des § 278 BGB ausdrücklich. Vgl. ferner STS (sala 1) 9.1.1985 (RJ 167); STS (sala 1) 2.3.1990 (RJ 1659). In diesem Sinne auch CAVANILLAS MÚGICA/ TAPIA FERNÁNDEZ, Concurrencia de responsabilidad (1992), S. 31; ALBALADEJO, Derecho Civil II (1997), Bd. 1, S. 171.

661 SIERRA PÉREZ, Responsabilidad del empresario (1997), S. 99; JORDANO FRAGA, Responsabilidad por auxiliares (1994), S. 479; PANTALEÓN PRIETO, in: ADC 1991, 1019 (1058).

bestände nicht abschließender Natur ist. Als Begründung werden sowohl rechtliche als auch wirtschaftliche Gesichtspunkte angeführt[662]. Einzelne Stimmen im spanischen Schrifttum sowie einige Urteile des *Tribunal Supremo* sprechen sich für die Existenz eines allgemeinen Rechtssatzes aus, nach welchem der Schuldner als Geschäftsherr (*principal*) für Dritte haftet, derer er sich willentlich bedient, um Verbindlichkeiten gegenüber seinem Gläubiger zu erfüllen[663].

Würde man die deliktische Haftung aus Art. 1903 Cc., abgesehen von den zuvor erwähnten Spezialtatbeständen, als einzige Regelung zur Gehilfenhaftung genügen lassen, entstünden Haftungslücken in relevanten Bereichen[664]. Denn der Anwendungsbereich der vertraglichen Gehilfenhaftung reicht weiter als die Deliktshaftung[665]. So versagt etwa die Haftung des Art. 1903 Cc. stets dann, wenn es an einem Abhängigkeitsverhältnis (*dependencia*) der Hilfsperson fehlt. Selbst bei weitestmöglicher Normauslegung ist das Abhängigkeitserfordernis nicht aus Art. 1903 Abs. 4 Cc. auszuklammern[666].

Ein wichtiger Fall eines fehlenden Abhängigkeitsverhältnisses ist, wie bereits erläutert[667], die Einschaltung selbständiger Unternehmer (*contratante independiente*), soweit kein Vorbehalt besonderer Weisungsbefugnisse besteht. Es erscheint aber nicht nachvollziehbar, weshalb sich ein Geschäftsherr seiner Haftung allein dadurch entziehen können soll, daß er sich eines unabhängigen Unternehmens zur Vertragserfüllung gegenüber seinem Vertragspartner bedient.

Der Geschäftsherr entscheidet in der Regel frei über das Ob und die Umstände des Einsatzes von Hilfspersonen zu einer konkret bestimmten Tätigkeit. Ebenso steht es ihm frei, für die konkrete Tätigkeit weisungsgebundene oder aber weisungsfreie Hilfspersonen einzusetzen. Es wäre paradox, hierin zugleich die Möglichkeit zu sehen, über die Existenz seiner eigenen Haftpflicht *ex ante* und zu Lasten des Vertragspartners zu entscheiden.

---

662 Vgl. SIERRA PÉREZ, Responsabilidad del empresario (1997), S. 99.

663 Vgl. JORDANO FRAGA, Responsabilidad por auxiliares (1994), S. 497 mit umfassenden Nachweisen; STS (sala 1) 1.3.1990 (RJ 1656); STS (sala 1) 22.6.1989 (RJ 4776).

664 CRISTOBAL MONTES, in: ADC 1989, 5 (7 f.).

665 ATAZ LOPEZ, Médicos y responsabilidad (1985), S. 371 f.

666 In diesem Sinne selbst JORDANO FRAGA, in: ADC 1993, 915 (921). Dennoch spricht sich der Autor im Grundsatz für eine analoge Anwendbarkeit des Art. 1.903 Cc. auch auf Fälle von Erfüllungsgehilfen aus, vgl. JORDANO FRAGA, Responsabilidad por auxiliares (1994), S. 491 f.

667 Siehe oben, S. 27.

Folglich erweist sich die Weisungsgebundenheit von Hilfspersonen als ungeeignetes Kriterium für die Haftung des Geschäftsherrn im Rahmen einer Sonderverbindung.

Auch im Hinblick auf andere Voraussetzungen erscheint die deliktische Haftung unzureichend. Insbesondere erfordert die deliktische Haftung des Art. 1903 Cc. nach ihrem Wortlaut ein Verschulden des Geschäftsherrn. Die Anwendung dieses Erfordernisses auf die Gehilfenhaftung innerhalb einer Sonderbeziehung, insbesondere einer Vertragsbeziehung, erschiene gänzlich ungeeignet. Denn in diesem Fall besteht die Besonderheit, daß sich die Vertragspartner aus freiem Willen gegenseitigen Verpflichtungen unterwerfen und somit auch in besonderem Maß zu gegenseitiger Verantwortung verpflichtet sind. Auch insoweit erscheint es notwendig, die engen Grenzen der deliktischen Haftung für den Bereich der Gehilfenhaftung in Sonderverbindungen zu überwinden.

Trotz ihrer potentiellen Bedeutung[668] für die Praxis ist die Frage nach einer Haftung für Erfüllungsgehilfen im spanischen Schrifttum und auch von der spanischen Rechtsprechung bislang wenig beachtet worden[669].

III. Die Konstruktion einer Haftung für Erfüllungsgehilfen

Soweit die angesprochenen Haftungsbesonderheiten erkannt werden, besteht Streit über die dogmatische Begründung einer Haftung des Geschäftsherrn.

1. Die Rechtsprechung des *Tribunal Supremo*

Die Rechtsprechung hat sich mit dieser Frage bislang nur sehr vereinzelt auseinandergesetzt[670]. Im Regelfall wird pauschal das Deliktsrecht zur Anwendung gebracht[671]. Soweit die Problematik einer Sonderverbindung von der Rechtsprechung erkannt und angesprochen wird, fehlt es regelmäßig an dogmatisch fundierten Lösungen. Ein derartiges Beispiel aus der neueren Rechtsprechung bietet ein Urteil des *Tribunal Supremo* vom 22.2.1991[672]. Zugrunde lag ein Sachverhalt aus dem Bereich der Arzthaftung. Die Klägerin hatte im Rahmen einer Behandlung in

---

668 Von einer „potentiellen" Bedeutung muß insofern gesprochen werden, als die Rechtsfigur des Erfüllungsgehilfen nur dann eine reale Bedeutung erlangt, wenn sie von der Rechtspraxis zur Kenntnis genommen und in die Rechtsprechung integriert wird. Diese Entwicklung hat in Spanien erst ihren Anfang genommen.

669 JORDANO FRAGA, Responsabilidad por auxiliares (1994), S. 50; vgl. ATAZ LOPEZ, Médicos y responsabilidad (1985), S. 368.

670 Vgl. etwa die Urteile STS (sala 1) 1.3.1990 (RJ 1656); STS (sala 1) 22.6.1989 (RJ 4776); STS (sala 1) 22.2.1991, in: ADC 1993, 915 ff.

671 BARCELO DOMENECH, Responsabilidad del empresario (1995), S. 28.

672 STS (sala 1) 22.2.1991, in: ADC 1993, 915 ff.

einer privaten Zahnklinik Körperschäden durch das Abbrechen eines Bohrers erlitten und begehrte Schadensersatz unter anderem von der Zahnklinik. Die Schädigung war entweder auf ein Fehlverhalten des behandelnden Arztes oder auf Materialermüdung des verwendeten Gerätes zurückzuführen. Das *Tribunal Supremo* bezieht in dogmatisch nicht nachvollziehbarer Weise Aspekte der vertraglichen Haftung in die deliktische Anspruchsgrundlage des Art. 1903 Abs. 4 Cc. mit ein. Anstatt die beiden grundsätzlich verschiedenen Haftungsgründe zu differenzieren oder sich mit der Frage analoger Normanwendung bzw. der Existenz eines allgemeinen Rechtssatzes auseinanderzusetzen, werden die Begriffe in dem genannten Urteil ohne erkennbares System vermischt[673]. Wichtiger als eine unanfechtbare Dogmatik scheint dem *Tribunal Supremo* auch hier ein als gerecht empfundenes Haftungsergebnis zu sein. Das von *Tribunal Supremo* gefundene Urteil, nämlich die Haftung der Klinik, hätte indes zwanglos auch durch eine konsequente Anwendung der deliktischen Haftungsnormen erreicht werden können. JORDANO FRAGA wirft der Rechtsprechung in seiner Besprechung dieses Urteils sogar eine grundlegende Unkenntnis der vertraglichen Geschäftsherrnhaftung vor[674].

Die Vermischung beider Haftungssysteme erscheint problematisch, da sowohl die jeweiligen Zielrichtungen als auch die Voraussetzungen der vertraglichen und der deliktischen Haftung im einzelnen unterschiedlich sind[675]. Die Stellungnahmen des *Tribunal Supremo* räumen den Besonderheiten des Einsatzes eines Erfüllungsgehilfen keine eigenständige Bedeutung ein. Eindeutige Haftungskriterien sind den Entscheidungen gleichfalls nicht zu entnehmen. Insgesamt erscheinen die Urteile insoweit konturenlos. Folglich ergibt sich aus der skizzierten Rechtsprechung auch kein eigenständiger Lösungsansatz. Bedeutsam sind die genannten Entscheidungen aber insoweit, als sie deutlich machen, daß das *Tribunal Supremo* die Existenz einer Haftung für Erfüllungsgehilfen grundsätzlich zur Kenntnis nimmt. Im Hinblick auf die dogmatische Begründung dieser Haftung sind die Ausführungen indes unergiebig.

Die in der Literatur vertretenen Erklärungsmodelle sind dagegen differenzierter. Ohne der Bestimmung einzelner Haftungsvoraussetzungen vorgreifen zu wollen[676], müssen zunächst zwei Grundpositionen unterschieden werden. Nach einer Auffassungsgruppe wird die Haftung des Unternehmers für seine Hilfspersonen

---

[673] Insbesondere werden auch Verschuldenskriterien und Aspekte der Gefährdungshaftung vermengt. Hierzu kritisch: BARCELO DOMENECH, Responsabilidad del empresario (1995), S. 19 f.

[674] JORDANO FRAGA, in: ADC 1993, 915 (921).

[675] Hierzu ausführlich unten, S. 170.

[676] Dazu unten, S. 148.

dem Verschuldensdogma untergeordnet. Die Gegenansicht geht davon aus, daß es sich um einen Fall verschuldensunabhängiger Haftung handele. Fraglich ist, ob es im Rahmen der Erfüllungsgehilfenhaftung auf ein Verschulden ankommen kann.

2. Verschuldensorientierte Erklärungsmodelle

Innerhalb der Gruppe derjenigen, welche für die Erfüllungsgehilfenhaftung auf das Verschuldensprinzip abstellen, ist die dogmatische Herleitung dieses Ergebnisses umstritten.

a) Substitutionstheorie (*teoría de la sustitución*)

Nach einem als Substitutionstheorie (*teoría de la sustitución*) bezeichneten Erklärungsansatz wird das Verhalten des Erfüllungsgehilfen als eigene Aktivität des Schuldners begriffen. Die Hilfsperson wird nicht bloß als Werkzeug in der Hand des Schuldners, sondern gleichsam als Verlängerung seiner Persönlichkeit gesehen. Damit ist auch das Verschulden der Hilfsperson als eigenes Verschulden des Geschäftsherrn zu werten. Im Ergebnis haftet der Geschäftsherr somit aufgrund eigenen Verschuldens.[677]

b) Repräsentationstheorie (*teoría de la representación*)

Ein anderes Erklärungsmodell, die sog. Repräsentationstheorie (*teoría de la representación*), sieht als Grundlage der Haftung des Geschäftsherrn für seine Erfüllungsgehilfen die Rechtsfigur der Stellvertretung (*representación*). Nach dieser Auffassung wird dem Geschäftsherrn das Verschulden der Hilfsperson zugerechnet. Im Ergebnis kommt es somit zwar nicht unmittelbar auf ein Verschulden des Geschäftsherrn an. Aufgrund der Zurechnung ist das Verschuldenserfordernis aber dennoch ausschlaggebend für die Haftung und der Geschäftsherr muß sich so behandeln lassen, als hätte er selbst schuldhaft gehandelt. Diese Ansicht wird in Frankreich etwa von MAZEAU/TUNC vertreten[678]. Sie läßt sich ebenso auf das spanische Recht übertragen. PASCUAL ESTEVILL vertritt diesen Ansatz einer Verschuldenszurechnung im Rahmen der deliktischen Gehilfenhaftung[679]. Für den Bereich der vertraglichen Gehilfenhaftung kann unter Zugrundelegung des Erklärungsmodells von PASCUAL ESTEVILL nichts anderes gelten.

---

[677] Vgl. zu dieser Theorie JORDANO FRAGA, Responsabilidad por auxiliares (1994), S. 347 f.

[678] Vgl. hierzu JORDANO FRAGA, Responsabilidad por auxiliares (1994), S. 381 ff.

[679] Hierzu bereits oben, S. 73.

c) Theorie einer culpa in eligendo vel vigilando

Eine wieder andere Sichtweise überträgt nicht das Verschulden der Hilfsperson auf den Geschäftsherrn, sondern läßt diesen aufgrund eigenen Auswahl- bzw. Überwachungsverschuldens haften[680]. Für die Haftung des Geschäftsherrn kommt es nach dieser Ansicht darauf an, ob ihn der Vorwurf einer *culpa in eligendo vel vigilando* in bezug auf die Person des Erfüllungsgehilfen trifft. Im Hinblick auf das Verschuldenserfordernis behandelt diese Auffassung die vertragliche Haftung genauso wie die deliktische Haftung des Geschäftsherrn nach Art. 1903 Cc.

d) Stellungnahme

Gegen alle auf dem Verschuldensprinzip fußenden Ansätze bestehen Bedenken.

Die Substitutionstheorie geht von einer Fiktion aus. Denn die Handlung eines Menschen kann niemals zugleich die Handlung eines anderen sein[681]. Diese Fiktion entbehrt jedoch jeder Grundlage. Das von der Substitutionstheorie angestrebte Ergebnis könnte allein mittels einer gesetzlichen Zurechnungsvorschrift erreicht werden. Eine solche Norm enthält der *Código civil* jedoch nicht. Die Substitutionstheorie ist daher abzulehnen.

Hinsichtlich der Repräsentationstheorie ist zu beachten, daß die Anwendung der Stellvertretungsvorschriften stets eine Bevollmächtigung voraussetzt. Eine solche hat aber im Regelfall nicht stattgefunden. Es handelt sich dann allenfalls, wie zuvor bei der Substitutionstheorie, um eine Fiktion, die um des gewünschten Ergebnisses willen in Kauf genommen wird[682]. Ferner werden nach dieser Theorie die Begriffe des Gehilfen (*auxiliar*) und des Stellvertreters (*representante*) zu Unrecht gleichgesetzt. Denn eine Hilfsperson muß nicht notwendigerweise die Qualitäten eines Stellvertreters aufweisen[683]. Zwar ist den Verfechtern der Repräsentationstheorie darin zuzustimmen, daß sich auf dem Wege der Stellvertretung eine Zurechnung (*imputación*) des Gehilfenverschuldens zum Geschäftsherrn begründen läßt. Jedoch stellt die Stellvertretung nur einen Ausschnitt aus dem Spektrum möglicher Zurechnungsspielarten dar. Die Verschuldenszurechnung und die Rechtsfigur der Stellvertretung sind nicht schlicht gleichzusetzen[684]. Auch die Repräsentationstheorie ist daher abzulehnen.

---

680 BADOSA COLL, Diligencia del deudor (1987), S. 775; STS (sala 1) 22.6.1989 (RJ 4776) weist ebenfalls auf diese dogmatische Begründungsmöglichkeit hin, jedoch ohne Stellung zu beziehen.

681 Vgl. JORDANO FRAGA, Responsabilidad por auxiliares (1994), S. 348 f.

682 Vgl. JORDANO FRAGA, Responsabilidad por auxiliares (1994), S. 386.

683 JORDANO FRAGA, Responsabilidad por auxiliares (1994), S. 386.

684 Vgl. JORDANO FRAGA, Responsabilidad por auxiliares (1994), S. 391 f.

Auch die Auffassung derjenigen, die auf ein Auswahl- bzw. Überwachungsverschulden des Geschäftsherrn im Hinblick auf den Erfüllungsgehilfen ausgehen, ist anzuzweifeln.

Zwar stellt das Verschuldensprinzip in der Ausprägung einer *culpa in eligendo vel vigilando* einen dogmatisch grundsätzlich zulässigen Weg dar, eine Haftung für Dritte zu begründen[685]. Dies zeigt sich schon daran, daß der Gesetzgeber sich im Rahmen der deliktischen Gehilfenhaftung nach Art. 1903 Cc. für diesen Weg entschieden hat.

Für den Fall des Erfüllungsgehilfen erscheint dieser Ansatz jedoch weder zwingend noch zweckmäßig. Dem Gesetz kann dieses Erfordernis im Hinblick auf die Haftung für Erfüllungsgehilfen nicht entnommen werden. Vielmehr weisen die gesetzlich geregelten Fälle einer Haftung für Erfüllungsgehilfen insgesamt ein System verschuldensunabhängiger Haftung auf, was sogar gegen die These einer Verschuldenshaftung spricht[686].

Es besteht darüber hinaus auch kein zwingender Grund, im Sinne einer logischen Notwendigkeit, die vertragliche Haftung für Erfüllungsgehilfen als Verschuldenshaftung des Geschäftsherrn auszugestalten[687]. Teilweise wird sogar angenommen, daß es im Hinblick auf die Realitäten und Erfordernisse des modernen Wirtschaftsverkehrs einen Anachronismus darstellen würde, bezüglich der Erfüllungsgehilfen an dem überkommenen Verschuldensprinzip, so wie es im deliktischen Bereich geregelt ist, festhalten zu wollen[688]. Vieles spricht dafür, daß das Verschuldensprinzip den Bedürfnissen der modernen Rechtspraxis nicht genügt. Das System einer *culpa in eligendo vel vigilando* erweist sich insbesondere bezüglich der Haftung großer Unternehmen als ungeeignet. Diese würden bei konsequenter Anwendung des Verschuldensprinzips allein durch ihre Größe und die Komplexität ihrer Betriebsstrukturen in der Haftung privilegiert[689]. Die Folge wären unsachgerechte Haftungsergebnisse, die mit Kriterien materieller Gerechtigkeit nicht in Einklang zu bringen wären. Derartige Ungleichbehandlungen könnten nur durch eine kasuistische, von Fiktionen geprägte und nicht vorhersehbare Rechtsprechung ausgeglichen werden. Vergleichbares zeigt sich heute bereits in der Rechtsprechung des *Tribunal Supremo* zur deliktischen Gehilfenhaftung. Hier ist die Rechtsprechung aufgrund des eindeutigen Normwortlauts des Art. 1903 Cc.

685 BADOSA COLL, Diligencia del deudor(1987), S. 774.

686 Vgl. hierzu ausführlich unten, S. 159; ebenso JORDANO FRAGA, Responsabilidad por auxiliares (1994), S. 364; BADOSA COLL, Diligencia del deudor (1987), S. 775 f.

687 JORDANO FRAGA, Responsabilidad por auxiliares (1994), S. 353.

688 CRISTÓBAL MONTES, in: ADC 1989, 5 (7).

689 JORDANO FRAGA, Responsabilidad por auxiliares (1994), S. 370.

gezwungen, formell am Verschuldenserfordernis festzuhalten. Andererseits ist sie im Hinblick auf die Notwendigkeit materiell gerechter Urteile bemüht, das Verschuldensprinzip weitestmöglich zu umgehen[690]. Die Folge einer derartigen Judikatur ist stets Rechtsunsicherheit. Es ist absehbar, daß die Rechtsprechung im Hinblick auf gerechte Haftungsergebnisse einen ähnlichen Weg gehen würde, wenn man die Einstandspflicht für den Erfüllungsgehilfen von einem Verschulden des Geschäftsherrn abhängig machte. Mithin ist auch die Theorie eines Auswahl- bzw. Überwachungsverschuldens abzulehnen.

e) Zwischenergebnis

Alle auf dem Verschuldensprinzip basierenden Theorien sind entweder aus dogmatischen Erwägungen abzulehnen oder erscheinen ungeeignet, um den Haftungserfordernissen des modernen Rechtsverkehrs gerecht zu werden. Folglich kommen zur Begründung einer Haftung des Geschäftsherrn für seine Erfüllungsgehilfen lediglich die Erklärungsansätze in Betracht, die von einer verschuldensunabhängigen Haftung ausgehen.

3. Verschuldensunabhängige Erklärungsmodelle

Geht man richtigerweise von einer verschuldensunabhängigen Haftung des Geschäftsherrn für seine Erfüllungsgehilfen aus, kommen alternativ zwei dogmatische Erklärungsmodelle in Betracht. Einerseits könnten bestehende Einzelnormen zur Gehilfenhaftung analog angewendet werden (*analogia legis*), andererseits könnte man einen allgemeinen Rechtssatz (*analogia iuris*) zugrunde legen, dessen Existenz und Inhalt aus dem Gesamtzusammenhang aller einschlägigen Normen zu schließen wäre[691].

a) Gesetzesanalogie (*analogia legis*)

Sowohl der *Código civil* als auch der *Código de Comercio* regeln verschiedene Einzelkonstellationen einer Haftung für Erfüllungsgehilfen[692]. Ausgehend von einer Gesetzesanalogie (*analogia legis*) stellt sich die Frage, ob diese speziellen Fälle einer Haftung für Erfüllungsgehilfen auf ungeregelte Haftungssachverhalte übertragbar sind. Wenn die Gesetzesanalogie grundsätzlich möglich erscheint, ist in einem weiteren Schritt zu unterscheiden, ob sich eine Norm findet, die generell

---

690 Vgl hierzu ausführlich bereits oben, S. 59 ff.

691 SIERRA PÉREZ, Responsabilidad del empresario (1997), S. 102; JORDANO FRAGA, Responsabilidad por auxiliares (1994), S. 489 ff.

692 Vgl. etwa Artt. 1550, 1564, 1596, 1601, 1721, 1783, 1784, 1890 *Código civil* sowie Artt. 285, 292 Abs. 2, 293, 618 *Código de Comercio*. Zu diesen Vorschriften im einzelnen unten, S. 148.

auf alle Fälle der Erfüllungsgehilfenhaftung angewendet werden kann oder ob sich die Analogie jeweils auf Einzelfälle beschränkt.

aa. Analogieverbot bei Ausnahmevorschriften

Die grundsätzlichen Voraussetzungen einer Gesetzesanalogie (*analogia legis*) sind in Art. 4 des spanischen *Código civil* geregelt. Danach ist zunächst zu untersuchen, ob die analoge Anwendung einzelner Normen im jeweiligen Fall überhaupt zulässig ist (Analogieverbot).

Gemäß Art. 4 Abs. 2 Cc. ist eine Analogie ausgeschlossen, wenn es sich bei der fraglichen Norm um eine Ausnahmevorschrift handelt (*leyes excepcionales*)[693]. Dies gilt für die Gesetzesanalogie ebenso wie für die Rechtsanalogie[694]. Es stellt sich daher zunächst die Frage nach dem grundsätzlichen Verhältnis der Haftung für eigenes Handeln (*responsabilidad directa*) zur Haftung für das Verhalten Dritter (*responsabilidad indirecta*). Begreift man die Haftung für eigenes schuldhaftes Verhalten als den Normalfall und die Haftung für Erfüllungsgehilfen im Verhältnis dazu als Ausnahme, müßte die analoge Anwendung der Normen über die Gehilfenhaftung gemäß Art. 4 Abs. 2 Cc. ausscheiden[695]. Denn jede Regelung zur Gehilfenhaftung würde dann eine Ausnahmevorschrift darstellen und wäre einer Analogie nicht zugänglich. Die Möglichkeit einer Analogie würde hingegen voraussetzen, daß es sich bei der Haftung für eigenes und für fremdes Handeln um jeweils verschiedenartige Institute und nicht um ein Regel-Ausnahme-Verhältnis handelt[696].

Für die Annahme einer Verschiedenartigkeit, und damit für die grundsätzliche Anwendbarkeit des Analogieschlusses, spricht zunächst die Unterschiedlichkeit der jeweiligen Sachverhalte. Im Gegensatz zur unmittelbaren Haftung entsteht bei der Haftung für Hilfspersonen ein Drei-Personen-Verhältnis. Hieraus ergeben sich eigenständige Haftungssituationen der Beteiligten untereinander und damit in Zusammenhang stehende Regreßfragen. Der Gesetzgeber hat gerade im Hinblick auf diese Unterschiede jeweils eigene Tatbestände mit je individuellen Voraussetzungen geschaffen[697].

---

693 Zwar enthält das BGB keine ausdrückliche Regelung diesen Inhalts. Allerdings geht auch die Rechtsprechung des BGH davon aus, daß Ausnahmevorschriften nicht analogiefähig sind, vgl. BGH, Urt. vom 2.11.1988, in: NJW 1989, 460 (461).

694 Capilla Roncero, in: López/ Montés, Derecho Civil (1995), S. 201.

695 Zu dieser Schlußfolgerung gelangt Sierra Pérez, Responsabilidad del empresario (1997), S. 99 f.; ebenso Jordano Fraga, Responsabilidad por auxiliares (1994), S. 489.

696 Diese Verschiedenartigkeit verteidigt Jordano Fraga, Responsabilidad por auxiliares (1994), S. 21 und S. 489.

697 Vgl. hierzu Jordano Fraga, Responsabilidad por auxiliares (1994), S. 20 ff.

Als weiterer Gesichtspunkt läßt sich ein quantitatives Argument anbringen. Nach einer Untersuchung von JORDANO FRAGA[698] behandelt die Mehrzahl der in der spanischen Rechtsprechung entschiedenen Schadensfälle eine Haftung für fremdes Verschulden. Als Ausnahmeerscheinung kann die Haftung für das Verhalten Dritter mithin schon allein aufgrund ihrer praktischen Bedeutung nicht gewertet werden. Art. 4 Abs. 2 Cc. steht der Anwendung eines Analogieschlusses damit nicht entgegen.

bb. Analogievoraussetzungen im Einzelnen

Gemäß Art. 4 Abs. 1 Cc. ist eine Regelungslücke zu fordern. Eine abstrakte Regelung zur Haftung für Erfüllungsgehilfen fehlt im *Código civil*, so daß diese Bedingung erfüllt ist.

Nicht ausdrücklich erwähnt, aber logisch vorauszusetzen ist, daß die Regelungslücke planwidrig ist. Die Planwidrigkeit wäre dann nicht gegeben, wenn die bestehenden Haftungstatbestände nach dem objektiven Willen des Gesetzgebers eine abschließende Regelung zur Haftung für Hilfspersonen darstellen würden. Den Besonderheiten, die sich aus dem Einsatz Dritter im Rahmen einer Sonderverbindung ergeben, werden die deliktischen Haftungsregelungen aber nicht gerecht. Die Sonderregelungen zur Gehilfenhaftung, die sich insbesondere im *Código civil* und *Código de Comercio* finden, beziehen sich lediglich auf einzelne konkret bezeichnete Schuldverhältnisse und sind insoweit fragmentarisch. Die Lückenhaftigkeit in diesem Haftungsfeld erklärt sich aus den industriellen und gesellschaftlichen Entwicklungen seit der Gesetzesschaffung, die für den Gesetzgeber nicht vorhersehbar waren. Folglich kann die Planwidrigkeit der Regelungslücke angenommen werden.

Des weiteren erfordert ein Analogieschluß gemäß Art. 4 Abs. 1 Cc. die Vergleichbarkeit des ungeregelten Sachverhaltes mit einer bestehenden Norm (*supuesto semejante*) sowie eine vergleichbare Interessenlage (*identidad de razón*)[699]. Die angesprochenen Spezialnormen sowohl des *Código civil* als auch des *Código de Comercio* behandeln die Haftung für Erfüllungsgehilfen innerhalb einzelner Schuldverhältnisse. Der den Normen zugrundeliegende Leitgedanke ist indes jeweils gleich. Der Einsatz von Hilfspersonen darf den Schuldner gegenüber seinen Gläubigern nicht entlasten. Dies gilt ganz allgemein für den Einsatz von Hilfspersonen im Rahmen einer besonderen Pflichtenbindung, so daß von einer grundsätzlichen Vergleichbarkeit auszugehen ist.

---

[698] JORDANO FRAGA, Responsabilidad por auxiliares (1994), S. 24.

[699] Vgl. CAPILLA RONCERO, in: López/ Montés, Derecho Civil (1995), S. 200; DÍEZ-PICAZO/ GULLÓN, Instituciones (1998), Bd. 2/1, S. 105 f.

cc. Anwendungsbereich der Gesetzesanalogie

Damit erweisen sich die erwähnten Spezialnormen zur Haftung für Erfüllungsgehilfen als grundsätzlich analogietauglich. Eine analoge Anwendung der gesetzlich normierten Sonderfälle einer Haftung für Erfüllungsgehilfen auf ungeregelte Einzelfälle ist zulässig und möglich. Dies setzt allerdings voraus, daß in jedem zu prüfenden Einzelfall die für die Analogie erforderlichen Kriterien erfüllt sind. Insbesondere muß die Vergleichbarkeit des gesetzlichen Tatbestandes mit dem ungeregelten Sachverhalt in dem konkreten Einzelfall gegeben sein.

Fraglich ist, ob sich darüber hinaus einzelne Normen dazu anbieten, ungeregelte Fälle der Haftung für Erfüllungsgehilfen generell über sie zu lösen. Besondere Bedeutung könnte insoweit den Vorschriften zukommen, die trotz ihres spezifischen Anwendungsbereichs einen weiten Tatbestand aufweisen. Als Beispiel sei auf das Auftragsrecht, namentlich auf Art. 1721 *Código civil* verwiesen[700].

Dies scheitert jedoch bereits an grundsätzlichen Erwägungen, ohne daß auf die genannte oder andere Einzelnormen vertieft eingegangen werden müßte. Würde man eine einzelne Regelung im Wege der Gesetzesanalogie zur Blankettnorm für alle Fälle der Haftung für Erfüllungsgehilfen umfunktionieren, wäre sie im Ergebnis von einer abstrakten Regelung im Sinne etwa des § 278 BGB nicht zu unterscheiden. Gerade dies entspricht indes nicht dem Willen des spanischen Gesetzgebers. Gegenstand der jeweiligen Regelungen sind Einzelkonstellationen, die aus der Sicht des Gesetzgebers aufgrund bestimmter Erwägungen in der Zeit der Gesetzesschaffung einer positiven Regelung bedurften. Im Mittelpunkt der Gesetzesanalogie muß stets der Einzelfall stehen. Dies ergibt sich aus dem Wortlaut des Art. 4 Abs. 1 Cc. Die Vorschrift stellt das Erfordernis auf, daß ein spezifischer Sachverhalt im Gesetz nicht geregelt ist, während ein vergleichbarer Fall sich im Gesetz findet. Soweit generell auf die Frage nach einer Haftung für das Verhalten von Erfüllungsgehilfen abgestellt wird, handelt es sich nicht um einen spezifischen Sachverhalt (*supuesto específico*) im Sinne des Art. 4 Abs. 1 Cc. Die analoge Anwendung einzelner Normen kann damit nicht pauschal, sondern nur bei einer Vergleichbarkeit im Einzelfall erfolgen. Es entspräche nicht den gesetzlichen Voraussetzungen einer Analogie, jede sich ergebende Haftungskonstel-

---

[700] Vgl. DÍEZ-PICAZO/ GULLÓN, Sistema (1999), Bd. 2, S. 201; JORDANO FRAGA, Responsabilidad por auxiliares (1994), S. 314.

lation mit Beteiligung eines Erfüllungsgehilfen durch Rückgriff auf eine beliebige der genannten Einzelregelungen zu lösen. Entscheidend ist die Vergleichbarkeit im konkreten Einzelfall.

dd. Zwischenergebnis

Im Wege der Gesetzesanalogie lassen sich einzelne Konstellationen einer Haftung für Erfüllungsgehilfen bewältigen, die einem geregelten Spezialfall jeweils ähnlich sind. Es ist indes ausgeschlossen, ungeregelte Fälle einer Haftung für Erfüllungsgehilfen grundsätzlich über eine ausgesuchte Spezialregelung als Blankettnorm im Wege der Gesetzesanalogie zu lösen. Dies widerspräche dem Wesen der Gesetzesanalogie.

b) Rechtsanalogie (*analogia iuris*)

Hiervon zu unterscheiden ist die Frage, ob die angesprochenen Spezialnormen Ausdruck eines allgemeinen übergesetzlichen Haftungsgrundsatzes sind. Eine grundsätzliche Aussage über die Haftung für das Verhalten von Erfüllungsgehilfen kann sich aus dem Gesamtzusammenhang der einschlägigen Haftungsnormen im Wege einer Rechtsanalogie (*analogia iuris*) ergeben[701]. Die beiden Ansätze, Gesetzes- bzw. Rechtsanalogie, werden in der Judikatur und im Schrifttum Spaniens nicht stets klar differenziert.

aa. Existenz eines allgemeinen Rechtsgrundsatzes zur Haftung für Erfüllungsgehilfen

Die Rechtsfigur des allgemeinen Rechtsgrundsatzes oder -prinzips wird als Rechtsquelle im *Código civil* ausdrücklich angesprochen, vgl. Art. 1 Abs. 4 Cc. Auch nimmt eine verbreitete Auffassung an, es existiere im spanischen Recht ein Rechtsgrundsatz, der die Haftung für Erfüllungsgehilfen zum Inhalt habe[702]. Unterschiedliche Ansichten bestehen darüber, aus welchen Normen die Existenz eines allgemeinen Rechtssatzes abzuleiten sei. Für die Herleitung werden teils schuldrechtliche Normen[703], teils die Vorschriften des Deliktsrechts[704] herange-

[701] Hiergegen JORDANO FRAGA, Responsabilidad por auxiliares (1994), S. 491, der alternativ sowohl die Gesetzes- als auch die Rechtsanalogie zur Lösung ungeregelter Haftungsfälle für anwendbar hält. Jedoch bleibt der Autor die Prüfung der konkreten Voraussetzungen einer Gesetzesanalogie schuldig.

[702] TORRALBA SORRIANO, in: ADC 1971, 1143 (1154 ff.); JORDANO FRAGA, Responsabilidad por auxiliares (1994), S. 490 f.; SIERRA PÉREZ, Responsabilidad del empresario (1997), S. 99 und 102; STS (sala 1) 22.6.1989 (RJ 4776); zweifelnd etwa RODRÍGUEZ MORATA, in: CCJC 1990, 319 (331 f.), bezogen allerdings speziell auf das Auftragsrecht (*mandato*).

[703] Die schuldrechtlichen Normen wählen als Ausgangspunkt: TORRALBA SORRIANO, in: ADC 1971, 1143 (1155 ff.); ATAZ LÓPEZ, Médicos y responsabilidad (1985), S. 370.

zogen. Eine andere Auffassung lehnt sich an einen französischen Erklärungsansatz an und stellt darauf ab, ob die Schädigung ein außerhalb des Einflußbereichs des Schuldners liegendes Ereignis darstellt[705]. Schließlich wird vertreten, ein allgemeiner Rechtsgrundsatz zur Haftung für Erfüllungsgehilfen ergebe sich aus dem Gesamtzusammenhang derjenigen Rechtsnormen, die eine vertragliche Gehilfenhaftung für besondere Einzelkonstellationen regeln[706].

bb. deliktische Normen

Soweit auf die deliktischen Haftungsnormen zur Herleitung eines allgemeinen Rechtssatz Bezug genommen wird, ist insbesondere auf Art. 1903 Abs. 4 *Código civil* sowie Art. 120 *Código penal*[707] abzustellen. Zwar behandeln diese deliktischen Anspruchsgrundlagen nicht spezifisch vertragliche Haftungssituationen. Auch ist ihr Anwendungsbereich durch die Voraussetzung der Existenz eines Abhängigkeitsverhältnisses zwischen Geschäftsherrn und Hilfsperson limitiert. Dennoch verkörpern auch die deliktischen Anspruchsgrundlagen den Grundsatz, daß derjenige, der sich zu seinem Vorteil der Hilfe eines Dritten bedient, für die Nachteile einzustehen hat, die sich hieraus ergeben können.[708] Vereinzelt nennen Urteile des *Tribunal Supremo* daher neben anderen Normen auch Art. 1903 Abs. 4 Cc., um eine Haftung des Geschäftsherrn für seine Erfüllungsgehilfen zu begründen[709].

Jedoch bestehen Bedenken gegen einen solchen Rückgriff auf das Deliktsrecht. Gegen die Vermischung deliktischer und vertraglicher Anspruchsnormen spricht die Wesensverschiedenheit von Vertrag und Delikt[710]. Im Rahmen der außervertraglichen Haftung besteht keine vorgelagerte Rechtsbeziehung zum Geschädigten, diese entsteht erst mit der Schädigung selbst[711]. Hingegen tangiert die Schädigung im Rahmen einer Vertragsbeziehung die Schuldnerrolle des Geschäftsherrn nicht. Dieser ist nach wie vor dem Gläubiger verpflichtet, primär auf Erfül-

704 JORDANO FRAGA, Responsabilidad por auxiliares (1994), S. 491 f.; STS (sala 1) 22.6.1989 (RJ 4776).

705 TORRALBA SORIANO, in: ADC 1971, 1143 (1154).

706 DÍEZ-PICAZO/ GULLÓN, Sistema (1999), Bd. 2, S. 201; SIERRA PÉREZ, Responsabilidad del empresario (1997), S. 99.

707 Zu Art. 120 *Código penal*, der ebenfalls eine zivilrechtliche Schadensersatzregelung enthält, bereits ausführlich oben, S. 105 ff..

708 JORDANO FRAGA, Responsabilidad por auxiliares (1994), S. 491 f.

709 Vgl. etwa STS (sala 1) 22.6.1989 (RJ 4776).

710 In diesem Sinne auch: SIERRA PÉREZ, Responsabilidad del empresario (1997), S. 100, Fn. 20; GORDILLO CAÑAS, in: CCJC 1989, 583 (591 f.).

711 SIERRA PÉREZ, Responsabilidad del empresario (1997), S. 101.

lung der vertraglich vereinbarten Leistung. GORDILLO CAÑAS[712] charakterisiert diese Situation dahingehend, daß der Schuldner durch die Schädigung nicht zu einem „primär Haftenden" werde (im Verhältnis zum Erfüllungsgehilfen), sondern ein „immer noch Verpflichteter" bleibe.

Auch sind die jeweiligen Regelungsgründe unterschiedlich. Der deliktischen Haftung liegt lediglich das allgemeine Prinzip des *neminem laedere* zugrunde[713]. Hingegen ergibt sich die vertragliche Haftung aus den gegenseitigen Verpflichtungen autonomer Parteien, die Art und Umfang der gegenseitigen Pflichten selbst festlegen und einander daher in gesteigertem Maß verpflichtet sind. Es geht also einerseits um Rechtsgutsverletzungen, andererseits um Vertragsverletzungen.

Ferner ist zu berücksichtigen, daß das spanische Zivilgesetzbuch gerade zwischen deliktischen Haftungstatbeständen und vertraglichen Haftungsnormen unterscheidet. Dieses zweigleisige Regelungssystem würde aber verwischt, wenn man für den Bereich der Erfüllungsgehilfenhaftung eine Übertragung deliktischer Haftungsnormen auf den Bereich der vertraglichen Haftung zuließe[714].

Zwar mag es richtig sein, daß sich aus den deliktischen Normen der Grundsatz ablesen läßt, wonach derjenige, der sich im eigenen Interesse der Hilfe Dritter bedient, auch die Folge zu tragen habe[715]. Als Rechtsgrundsatz zur Haftung für Erfüllungsgehilfen ist diese Aussage jedoch zu unbestimmt und daher unbrauchbar.

Folglich kann ein allgemeiner Rechtssatz zur Haftung für Erfüllungsgehilfen nicht aus den deliktischen Anspruchsgrundlagen, Art. 1903 Abs. 4 Cc, und Art. 120 Cp., gewonnen werden.

cc. Wirkungskreismodell

Teilweise werden auch schuldrechtliche Vorschriften als Grundlage für eine vertragliche Gehilfenhaftung herangezogen[716]. Die Schädigung durch die Hilfsperson sei eine Vertragsverletzung in spezifischer Gestalt. Art. 1101 Cc. bestimme die Schadensersatzpflicht für den Vertragspartner, der dem Vertragsziel in irgendei-

---

[712] GORDILLO CAÑAS, in: CCJC 1989, 583 (592).

[713] STS (sala 1) 19.6.1984 (RJ 3250).

[714] In diesem Sinne auch SIERRA PÉREZ, Responsabilidad del empresario (1997), S. 101, Fn. 20.

[715] So etwa JORDANO FRAGA, Responsabilidad por auxiliares (1994), S. 492.

[716] TORRALBA SORRIANO, in: ADC 1971, 1143 (1155 ff.); ATAZ LÓPEZ, Médicos y responsabilidad (1985), S. 370; YZQUIERDO TOLSADA, Responsabilidad del profesional liberal (1989), S. 76 ff.

ner Art und Weise zuwider handele. Die weite Formulierung erlaube es, auch die Schädigung des Vertragspartner durch eine Hilfsperson zu erfassen[717]. Eine Besonderheit dieses Ansatzes liegt darin, daß es auf ein Abhängigkeitsverhältnis zwischen Hilfsperson und Geschäftsherr nicht ankommt. Denn hinsichtlich der Mängel bei der Vertragserfüllung wird allein auf den Vertragspartner, mithin auf den Geschäftsherrn abgestellt[718].

Die Grenze für die Haftung des Geschäftsherrn ergibt sich nach diesem Ansatz aus Art. 1105 *Código civil*[719]. Diese Norm des allgemeinen Schuldrechts bestimmt, daß niemand für unvorhersehbare oder unvermeidbare Ereignisse einzustehen hat („*sucesos que no hubieran podido preverse, o que, previstos, fueran inevitables*"). TORRALBA SORRIANO[720]sieht in der Norm einen Hinweis darauf, daß der Schuldner grundsätzlich nicht für Umstände verantwortlich ist, die außerhalb seines Wirkungskreises geschehen („*acontecimientos extraños al deudor*"). Beim Einsatz von Hilfspersonen handle es sich aber gerade nicht um derartige außerhalb seines Wirkungskreises liegende Umstände.

Das Abstellen auf außerhalb des Schuldners liegende Umstände lehnt sich an Art. 1147 des französischen *Code civil* an, wonach der Schuldner im Falle einer *cause étrangère* nicht haftet[721]. Dem Wortlaut des Art. 1105 *Código civil* ist dies jedoch nicht zu entnehmen. Die Voraussetzungen der spanischen Norm sind vielmehr enger gefaßt, so daß die Schlußfolgerung TORRALBA SORRIANOS zu weit greift[722]. Auch kommt der *cause étrangère,* wie sie im französischen Zivilgesetzbuch ausdrücklich vorgesehen ist, nicht der Charakter eines allgemeinen Rechtsprinzips zu. Daß der Schuldner außerhalb seines eigenen Wirkungsbereichs nicht haftet, ist keineswegs zwingend, sondern eine freie gesetzgeberische Wertung. Diese Wertung hat der Gesetzgeber des *Código civil* im Gegensatz zum französischen Gesetzgeber gerade nicht vorgenommen[723].

Dennoch ist Art. 1105 *Código civil* als Hinweis auf die Existenz eines allgemeinen Rechtsgrundsatzes zur Haftung für Erfüllungsgehilfen zu werten. Denn es entspricht der Lebenserfahrung, daß selbst bei Anwendung größtmöglicher Sorgfalt menschliche Fehler unterlaufen können. Der Einsatz von Hilfspersonen birgt

---

717 ATAZ LÓPEZ, Médicos y responsabilidad (1985), S. 370; YZQUIERDO TOLSADA, Responsabilidad del profesional liberal (1989), S. 76 f.

718 Vgl. ATAZ LOPEZ, Médicos y responsabilidad (1985), S. 370.

719 TORRALBA SORIANO, in: ADC 1971, 1143 (1154); CRISTÓBAL MONTES, in: ADC 1989, 5 (8 f.).

720 TORRALBA SORIANO, in: ADC 1971, 1143 (1154).

721 JORDANO FRAGA, Responsabilidad por auxiliares (1994), S. 493.

722 Im Ergebnis ebenso JORDANO FRAGA, Responsabilidad por auxiliares (1994), S. 493.

723 Vgl. hierzu JORDANO FRAGA, Responsabilidad por auxiliares (1994), S. 493.

damit grundsätzlich die Gefahr einer Schädigung des Gläubigers. Die Schädigung ist damit zumindest abstrakt vorhersehbar und vermeidbar. Im Umkehrschluß läßt sich dem Normwortlaut damit jedenfalls ein Indiz für eine gesetzliche Wertung entnehmen, nach der ein Schuldner für die von ihm vorhersehbar gesetzten Risiken einzustehen hat. Allerdings sind aus der Norm keine konkreten Voraussetzungen zum Inhalt eines allgemeinen Rechtsgrundsatzes abzuleiten, so daß dieser sich nicht unmittelbar hieraus ergibt.

dd. Konsensmodell

In Spanien gibt es außerdem Stimmen, die einen allgemeinen Grundsatz der Haftung für Erfüllungsgehilfen aus der vertraglichen Übereinkunft selbst herleiten wollen[724]. Dieser Erklärungsansatz betrachtet die Haftung für eingesetzte Hilfspersonen bei der Vertragserfüllung als mitvereinbart.

Zwar mag sich eine dahingehende Verpflichtung im Einzelfall aus der ausdrücklichen Übereinkunft oder der Art des Geschäfts ergeben[725]. Für die Herleitung eines allgemeinen Rechtssatzes kann dies jedoch nicht genügen. So weist etwa JORDANO FRAGA[726] darauf hin, daß offen bleibe, ob eine verschuldensunabhängige Haftung konsentiert sei. Die Vereinbarung einer verschuldensunabhängigen Haftung grundsätzlich zu unterstellen, liefe auf eine Fiktion hinaus, für die es keine sachlichen Anhaltspunkte gibt.

ee. Gesamtzusammenhang der Rechtsnormen

Soweit das Gesetz in verschiedenen Einzelregelungen den Schuldner für das Verhalten seiner Hilfspersonen haften läßt, wird vertreten, daß aus dem Gesamtzusammenhang dieser Vorschriften die Existenz eines allgemeinen Rechtsgrundsatzes abzuleiten sei[727].

Im französischen Zivilrecht, das die gleiche kasuistische Struktur aufweist wie der spanische *Código civil*, ist ein allgemeines Prinzip einer Haftung für Dritte anerkannt, sog. « *responsabilité contractuelle pour autrui* »[728]. Ein allgemeiner Rechtsgrundsatz zur Haftung für Erfüllungsgehilfen wird dort aus dem Gesamtzu-

---

724 DÍEZ-PICAZO/ GULLÓN, Sistema (1999), Bd. 2, S. 201; zustimmend, aber im Ergebnis das Wirkungskreismodel verteidigend: CRISTÓBAL MONTES, in: ADC 1989, 5 (12 f.); vgl. zum Ganzen: JORDANO FRAGA, Responsabilidad por auxiliares (1994), S. 496 f.;

725 DÍEZ-PICAZO/ GULLÓN, Sistema (1999), Bd. 2, S. 201.

726 JORDANO FRAGA, Responsabilidad por auxiliares (1994), S. 496

727 DÍEZ-PICAZO/ GULLÓN, Sistema (1999), Bd. 2, S. 201; JORDANO FRAGA, Responsabilidad contractual (1987) (1987), S. 577 f.; in diesem Sinne auch SIERRA PÉREZ, Responsabilidad del empresario (1997), S. 99.

728 Vgl. hierzu KRÜGER, Dienstherrenhaftung (1980), S. 65.

sammenhang der Rechtsordnung abgeleitet[729]. Ausgangspunkt für diese Sichtweise in Frankreich war eine Abhandlung von BECQUÉ[730] aus dem Jahre 1914. Dieser betonte insbesondere die Unterscheidung von vertraglicher und deliktischer Haftung, da diese jeweils unterschiedlichen Regeln folgten[731]. Gerungen wurde in der Folgezeit allein um die rechtspolitische Begründung und positiv-rechtliche Ausgestaltung dieser Haftung. In dieser Diskussion sind auch bedeutende Einflüsse aus Deutschland zu verzeichnen[732].

Aufgrund der vergleichbaren Normstruktur kann man in Frankreich nicht zu anderen Ergebnissen gelangen als in Spanien[733]. In zahlreichen Einzeltatbeständen hat der spanische Gesetzgeber die Besonderheit einer Gehilfenhaftung im Rahmen vertraglicher Beziehungen angesprochen. Es liegt daher nahe, diese als positivrechtliche Ausprägung eines allgemeinen Rechtssatzes zu werten. Der Gesetzgeber wollte mittels der erwähnten Spezialtatbestände lediglich solche Konstellationen erfassen, die aufgrund ihrer Häufigkeit und Wichtigkeit einer ausdrücklichen Regelung bedurften. Es kann indes nicht angenommen werden, daß diese Aufzählung erschöpfend sein sollte. In der Zeit der Gesetzesschaffung wurden, der kasuistischen Struktur des *Código civil* und *Código de Comercio* entsprechend, allein die Konstellationen einer Regelung zugeführt, die für diesen Zeitpunkt regelungsbedürftig erschienen.

c) Zwischenergebnis

Zwar kann ein allgemeiner Rechtssatz zur Haftung für Erfüllungsgehilfen nicht aus den zuvor angesprochenen einzelnen Normen abgeleitet werden. Das Fehlen einer allgemeinen Regelung zur Haftung für Erfüllungsgehilfen im *Código civil* bedeutet jedoch nicht, daß das spanische Zivilrecht auf die Besonderheiten der Gehilfenrolle innerhalb bestehender Schuldverhältnisse nicht einginge. Das spanische Recht enthält in seinem Zivilgesetzbuch sowie im Handelsgesetzbuch zahlreiche Einzelregelungen zur Haftung für Erfüllungsgehilfen[734]. Die Herleitung eines allgemeinen Rechtssatzes kann überzeugend nur im Wege einer Rechtsanalogie (*analogia iuris*) unter Betrachtung der Gesamtrechtsordnung, insbesondere

---

729 SIERRA PÉREZ, Responsabilidad del empresario (1997), S. 98, mit weiteren Hinweisen; Vgl. BARCELO DOMENECH, Responsabilidad del empresario (1995), S. 16.

730 BECQUÉ, in: RTDC (13) 1914, 251 ff.

731 BECQUÉ, aaO., 251 (307 ff.).

732 KRÜGER, Dienstherrenhaftung (1980), S. 65.

733 JORDANO FRAGA, Responsabilidad por auxiliares (1994), S. 488.

734 DÍEZ-PICAZO/ GULLÓN, Sistema (1999), Bd. 2, S. 201; SIERRA PÉREZ, Responsabilidad del empresario (1997), S. 99; JORDANO FRAGA, Responsabilidad por auxiliares (1994), S. 291; CRISTÓBAL MONTES, in: ADC 1989, 5 (7). Zu den wichtigsten Einzelregelungen vgl. unten, S. 148 ff.

durch Beleuchtung dieser Sondertatbestände zur Gehilfenhaftung geleistet werden.

IV. Inhalt eines allgemeinen Rechtssatzes zur Haftung für Erfüllungsgehilfen

Zur Bestimmung des Inhalts eines allgemeinen Rechtssatzes bedarf es einer Analyse der Voraussetzungen der im einzelnen geregelten Sondertatbestände zur Haftung für Erfüllungsgehilfen. Die Vielfalt bestehender Spezialregelungen zur Haftung für Erfüllungsgehilfen bietet grundsätzlich die Möglichkeit, konkrete Voraussetzungen eines allgemeinen Rechtsgrundsatzes abzuleiten, es sei denn, die Tatbestandsvoraussetzungen würden sich als widersprüchlich erweisen.

1. Bedeutung der Einzelregelungen

Ein allgemeiner Rechtssatz kann aus den einschlägigen Spezialregelungen des *Código civil* und anderer Gesetzeswerke nur dann herausgefiltert werden, wenn die Normen hinsichtlich der Haftungsvoraussetzungen ein einheitliches und verallgemeinerbares Bild bieten.

Dabei wird einzelnen Regelungen, wie etwa Art. 1721 Cc. innerhalb des Auftragsrechts, besondere Bedeutung zugesprochen[735]. Einzelne einschlägige Regelungen sind bezüglich des Norminhalts und ihrer Voraussetzungen umstritten. Das Hauptaugenmerk liegt dabei auf der Frage, ob sich aus den Einzelvorschriften das grundsätzliche Bild einer verschuldensunabhängigen Gehilfenhaftung ergibt[736]. Die Bedeutung dieses Merkmals für die Gehilfenhaftung wurde bereits an anderer Stelle hervorgehoben[737].

2. Regelungen im *Código civil*

Eine bedeutende Anzahl von Einzelregelungen, die Sachverhalte einer vertraglichen Gehilfenhaftung regeln, findet sich innerhalb der im *Código civil* geregelten besonderen Schuldverhältnisse.

a) Mietrecht

Der spanische *Código civil* bestimmt zwei Fälle, in denen der Mieter dem Vermieter gegenüber für das Verhalten eines Dritten haftet. Der Mieter hat einerseits gemäß Art. 1550 Cc. für Schäden einzustehen, die sein Untermieter verursacht. Zum anderen haftet der Mieter für die „Personen seines Hausstandes" (*personas de su casa*) gemäß Art. 1564 Cc. Hier ist ein weites Begriffsverständnis anzuset-

---

[735] Vgl. etwa DÍEZ-PICAZO/GULLÓN, Sistema (1993), Bd. 2, S. 219.
[736] CRISTÓBAL MONTES, in: ADC 1989, 5 (7).
[737] Siehe oben, S. 136 und S. 66.

zen, so daß die Norm sich nicht auf Familienmitglieder beschränkt[738]. Umfaßt sind beispielsweise auch Hauspersonal, Gäste und Besucher[739].

Es erscheint fraglich, ob es sich bei den hier genannten Fällen um eine Haftung für Hilfspersonen handelt. Stellte man allein darauf ab, daß der Mieter Nutznießer der überlassenen Sache ist, die gegebenenfalls von Dritten aus seiner Sphäre mitgenutzt werden, erschiene es unpassend, einen Fall von Gehilfenhaftung anzunehmen[740]. Andererseits treffen den Mieter jedoch über die Pflicht zur Zahlung des Mietzinses hinaus noch weitere Verpflichtungen, etwa hinsichtlich der Erhaltung der Mietsache oder bezüglich der vertragsgemäßen Nutzung. Soweit der Mieter sich hier in der Schuldnerrolle befindet, erscheint es richtig, die Normen als Regelungen zur Haftung für Erfüllungsgehilfen anzusehen[741].

Selbst wenn man diese Auffassung ablehnt, ist jedenfalls festzuhalten, daß die aufgeführten Vorschriften eine Haftung für das Verhalten Dritter (*responsabilidad indirecta*) regeln, woraus sich Rückschlüsse auf die Existenz eines allgemeinen Haftungsgrundsatzes ziehen lassen[742]. Die Vorschriften sind als Ausprägung eines allgemeinen Rechtssatzes zur Haftung für Hilfspersonen zu werten.

Jedoch erscheint es überzeugender, mit der überwiegenden Auffassung die Schuldnerrolle des Mieters zu betonen und damit die Regelungen der Artt. 1550, 1564 Cc. als Spezialnormen zur Haftung für Erfüllungsgehilfen zu begreifen. Denn gerade für den Bereich des Mietrechts sind die besonderen Schuldnerpflichten des Mieters, an denen dieser in aller Regel auch Dritte beteiligt, gesetzlich explizit geregelt, vgl. etwa Artt. 1555 Nr. 2, 1561, 1563, 1568 Cc.[743]

Steht somit fest, daß es sich bei den genannten mietrechtlichen Normen um Regelungen bezüglich der Haftung für Hilfspersonen handelt, sind des weiteren die wichtigsten Haftungsvoraussetzungen zu beleuchten. Insbesondere beruht die Haftung nicht auf einer *culpa in eligendo vel vigilando* des Mieters[744]. Die Normen folgen vielmehr dem Prinzip einer verschuldensunabhängigen Haftung nach Maßgabe des Risikogedankens[745]. Hieraus erklärt sich, daß dem Mieter keine Exkulpationsmöglichkeiten eingeräumt sind.

---

738 JORDANO FRAGA, Responsabilidad por auxiliares (1994), S. 299.

739 DÍEZ-PICAZO/GULLÓN, Sistema (1993), Bd. 2, S. 372.

740 So früher noch JORDANO FRAGA, Responsabilidad contractual (1987) (1987), S. 577, Fn. 289.

741 JORDANO FRAGA, Responsabilidad por auxiliares (1994), S. 295 f.

742 JORDANO FRAGA, Responsabilidad por auxiliares (1994), S. 293 f.

743 Vgl. JORDANO FRAGA, Responsabilidad por auxiliares (1994), S. 295.

744 Vgl. insoweit oben, S. 135 ff.

745 JORDANO FRAGA, Responsabilidad por auxiliares (1994), S. 294.

Ein Abhängigkeitsverhältnis i.S. einer Weisungsgebundenheit zwischen dem Mieter (als Schuldner) und dem unmittelbaren Schadensverursacher dürfte die Regel sein. Im Falle des Untermieters ergibt sich die Weisungsgebundenheit aus der Vertragsbeziehung zwischen Mieter und Untermieter. Bezüglich der Personen des Hausstandes folgt das Abhängigkeitsverhältnis aus dem Hausrecht des Mieters bzw. aus familienrechtlichen Befugnissen.

Das Abhängigkeitsverhältnis als spezifische Haftungsvoraussetzung zu bewerten, erschiene jedoch verfehlt. Die Existenz eines Abhängigkeitsverhältnisses zwischen dem Mieter und den zuvor aufgeführten Personengruppen liegt in der Natur von Mietverhältnissen. Für die Schutzwürdigkeit des Vermieters kommt es auf das Kriterium eines Abhängigkeitsverhältnisses zwischen Mieter und Schadensverursacher zudem nicht an. Mithin ist das Abhängigkeitsverhältnis in den aufgeführten mietrechtlichen Konstellationen als falltypische Zufälligkeit, nicht jedoch als Haftungsvoraussetzung zu bewerten.

b) Auftragsrecht

aa. Anwendungsfall einer Gehilfenhaftung

Gemäß Art. 1721 Cc. kann der Beauftragte unter bestimmten Voraussetzungen einen Unterbeauftragten (*sustituto*) bestimmen. Die Vorschrift behandelt damit ein Drei-Personen-Verhältnis von Schuldner, Gläubiger und Hilfsperson (Unterbeauftragter). Daher wird auch diese Norm teilweise als Grundlage eines allgemeinen Rechtsgrundsatzes zur Haftung für Erfüllungsgehilfen herangezogen[746].

Hingegen handelt es sich nach Ansicht von TORRALBA SORRIANO[747] bei Art. 1721 Cc. nicht um einen Fall der Gehilfenhaftung. Im wesentlichen stützt TORRALBA SORRIANO seine Auffassung darauf, daß im Fall rechtmäßiger Unterbeauftragung der ursprünglich Beauftragte dem Gläubiger gegenüber frei werde und sodann allein der Unterbeauftragte diesem verpflichtet sei. Dann sei der Unterbeauftragte keine Hilfsperson des ursprünglich Beauftragten, vielmehr liege ein Schuldnerwechsel vor.

Jedoch legt TORRALBA SORRIANO ein zu enges Verständnis des Begriffs des Unterbeauftragten (*sustituto*) zugrunde. Der Fall eines Schuldnerwechsels, auf den sich die Kritik von TORRALBA SORRIANO stützt, betrifft nur einen geringen Teil des Anwendungsbereichs der Norm. Denn ein Schuldnerwechsel kann nur gegeben sein, wenn der Gläubiger (Auftraggeber) einem solchen Schuldnerwechsel zustimmt, vgl. Art. 1205 Cc. Hingegen trifft Art. 1721 Cc. Regelungen auch für

---

746 DÍEZ-PICAZO/ GULLÓN, Sistema (1999), Bd. 2, S. 201.

747 TORRALBA SORIANO, in: ADC 1971, 1143 (1153).

die Fälle, in denen ein Unterbeauftragter gegen den Willen bzw. ohne das Vorliegen ausdrücklicher Zustimmung oder Ablehnung eingesetzt wird. Hier kommt eine Zustimmung im Sinne des Art. 1205 Cc. nicht in Betracht. In dieser überwiegenden Zahl von Fallkonstellationen bleibt das ursprüngliche Schuldverhältnis zwischen Auftraggeber und Auftragnehmer bestehen und es erscheint berechtigt, eine von Schuldnerseite zur Vertragserfüllung eingesetzte Person als Hilfsperson zu qualifizieren.[748]

Nach Ansicht von RODRÍGUEZ MORATA läßt das Auftragsrecht aus einem anderen Grund keinen Raum für einen allgemeinen Rechtssatz zur Haftung für Erfüllungsgehilfen[749]. Im Falle einer wirksamen Auftragserteilung bestimmten die Grenzen des Auftrags auch den Umfang der Haftung des Auftraggebers. Dies dürfte nicht durch die Konstruktion einer Haftung für Erfüllungsgehilfen umgangen werden. Dabei beruft sich der Autor auf die Schutzwürdigkeit des Auftraggebers.

Außer acht läßt diese Auffassung aber die Schutzinteressen des Geschädigten und auch den Gedanken der Risikoverteilung, auf den bereits hingewiesen wurde. Auch im Rahmen des Auftragsrecht erweitert ein Schuldner, der sich Hilfspersonen bedient, seine eigenen Handlungsmöglichkeiten und schafft damit zugleich eine Gefahr für Dritte. Es erscheint somit nicht überzeugend, das Auftragsrecht aus den Überlegungen zu einem allgemeinen Rechtsgrundsatz über die Erfüllungsgehilfenhaftung auszugrenzen.

bb. Haftungsvoraussetzungen

Hinsichtlich der Haftungsvoraussetzungen sind zunächst die Fallvarianten des Art. 1721 Cc. zu beachten. Die Norm differenziert die Fälle, in denen die Unterbeauftragung mit dem Willen, gegen den Willen bzw. ohne eine Willensäußerung des Auftraggebers vollzogen wird. Eine Haftung des Unterbeauftragenden sieht die Norm zunächst in den letzten beiden Fällen vor, dann also, wenn die Hilfsperson aufgrund alleiniger Initiative des Beauftragten im Rahmen der Vertragserfüllung tätig wurde. Hierin zeigt sich, daß der Schuldner (Beauftragter) für diejenigen Personen haftet, die er frei und auf eigene Initiative in die Erfüllung der Verbindlichkeit integriert und die nicht der Seite des Gläubigers zuzurechnen sind, sondern Dritte im Verhältnis zu den Parteien sind.

Fraglich ist, ob die Norm eine Verschuldenshaftung bestimmt oder von einer verschuldensunabhängigen Haftung ausgeht. Im Falle der Zustimmung des Auftraggebers, Art. 1721 Nr. 2 Cc., setzt die Haftung des Beauftragten voraus, daß der von diesem ausgewählte Unterbeauftragte ungeeignet (*incapaz*) oder insolvent

[748] Vgl. hierzu ausführlich JORDANO FRAGA, Responsabilidad por auxiliares (1994), S. 315 ff.
[749] RODRÍGUEZ MORATA, in: CCJC 1990, 319 (331 f.).

(*insolvente*) war. Dies scheint darauf hinzudeuten, daß an dieser Stelle die Haftung für die Hilfsperson von einem Verschulden des Schuldners in Form einer *culpa in eligendo* abhängt[750]. Dies könnte der Annahme entgegenstehen, daß eine Haftung für Erfüllungsgehilfen nach den Vorstellungen des Gesetzgebers grundsätzlich verschuldensunabhängig (*responsabilidad objetiva*) ausgestaltet sei.

Nach Auffassung von JORDANO FRAGA muß die Besonderheit des Art. 1721 Nr. 2 Cc. aber nicht zwingend als systematischer Bruch gewertet werden[751]. Der Anwendungsbereich der Haftung des Beauftragten für den Einsatz Dritter gehe weit über den genannten Bereich hinaus. Art. 1721 Nr. 2 Cc. sei auf Fälle einer Unterbevollmächtigung im Sinne einer Schuldersetzung (*novación*) zugeschnitten, mithin auf Konstellationen, in denen der Unterbeauftragte, mit befreiender Wirkung für den Beauftragenden, selbst zum Schuldner des Auftraggebers werde. Das sei aber nur dann der Fall, wenn der Gläubiger der Schuldersetzung mit befreiender Wirkung für den Erstbevollmächtigten gemäß Art. 1205 Cc. zustimme. Allein für diese enge Fallgruppe sei die Haftung durch ein Auswahlverschulden bedingt, nicht hingegen hinsichtlich der Mehrzahl der Fälle, in denen sich der Schuldner (Beauftragter) schlicht der Hilfe Dritter bediene. Als einen Ausnahmefall von dem Grundsatz verschuldensunabhängiger Haftung für Erfüllungsgehilfen könne man die Norm daher nicht werten.[752]

c) Fremdgeschäftsführung

Ein hinsichtlich seiner Voraussetzungen unstreitiger Fall der Erfüllungsgehilfenhaftung findet sich im Recht der Geschäftsführung ohne Auftrag, namentlich in Art. 1890 Cc. Danach haftet der Geschäftsführer, der seine Aufgaben ganz oder teilweise einem Dritten überträgt, für dessen Aktivitäten.

Anders als im Rahmen des Auftragsrechts, Art. 1721 Cc., gestattet Art. 1890 Cc. nicht ausdrücklich die Einschaltung Dritter, sondern regelt allein die Haftungsfolgen[753]. Es erscheint jedoch selbstverständlich, daß derjenige, der aus freien Stükken eine Aufgabe übernimmt, auch die Modalitäten der Ausführung bestimmen kann. Dies erstreckt sich auch auf den Einsatz Dritter als Hilfspersonen[754]. Ebenso erscheint es zwingend, daß der Geschäftsführer für die möglichen Folgen seiner selbstbestimmten Aktivitäten einsteht, insbesondere also auch für die von ihm eingesetzten Hilfspersonen haftet. Daß diese Haftung durch die Norm verschul-

[750] LEÓN ALONSO, in: Paz-Ares u.a., Com. del Cc. (1993), zu Art. 1721, S. 1555.
[751] JORDANO FRAGA, Responsabilidad por auxiliares (1994), S. 320 ff.
[752] Vgl. JORDANO FRAGA, Responsabilidad por auxiliares (1994), S. 321 f. und 364.
[753] DÍEZ-PICAZO, in: Paz-Ares, Com. del Cc. (1993), zu Art. 1.890, S. 1947.
[754] JORDANO FRAGA, Responsabilidad por auxiliares (1994), S. 326; BADOSA COLL, Diligencia del deudor (1987), S. 791.

densunabhängig ausgestaltet ist, steht damit in Zusammenhang, daß sich der Geschäftsführer willentlich der Hilfe eines Dritten bedient. Es zeigt sich auch hier die verschuldensunabhängige Haftung als Charakteristikum einer Haftung für Erfüllungsgehilfen[755].

d) Werkvertragsrecht

Eine weitere Spezialregelung zur Haftung für Erfüllungsgehilfen findet sich in Art. 1596 Cc. im Rahmen des Werkvertragsrechts. Gemäß dieser Vorschrift haftet der Unternehmer für Personen, welcher er sich bei der Herstellung des Werks bedient (*personas que ocupare en la obra*).

Der persönliche Anwendungsbereich der Norm ist umstritten. Teilweise wird die Auffassung vertreten, der Unternehmer (*contratista*) hafte nur für solche Personen, die in einem Abhängigkeitsverhältnis zu ihm stünden, namentlich in einem Arbeitsverhältnis[756]. Damit griffe die Haftung des Art. 1596 Cc. bei Schädigungen durch Subunternehmer nicht durch[757], die etwa im Baugewerbe eine bedeutende Rolle spielen.

Gegen diese Ansicht wendet sich das überwiegende Schrifttum und die Rechtsprechung des *Tribunal Supremo*[758]. Dem Wortlaut des Art. 1596 Cc. sei eine derartige Einschränkung nicht zu entnehmen[759]. Unter den Wortlaut passe vielmehr jede Person, die der vertragliche Hauptschuldner benutzt oder anstellt, um das Bauwerk ganz oder teilweise herzustellen. Dies sei unabhängig davon, welche Beziehungen zwischen dem Gehilfen und dem Hauptschuldner bestünden. Insbesondere spiele es damit auch keine Rolle, ob zwischen diesen ein Abhängigkeitsverhältnis bestehe oder nicht[760]. Der Wortlaut (*ocupare*) lege sogar nahe, daß Subunternehmer in die Haftung des Geschäftsherrn einbezogen würden. Denn auch der Subunternehmer trage für das Gelingen des Werks Sorge und kümmere sich darum (*ocupar*)[761].

---

[755] Vgl. JORDANO FRAGA, Responsabilidad por auxiliares (1994), S. 327 f.

[756] BADOSA COLL, Diligencia del deudor (1987), S. 782 ff.; SALVADOR CODERCH, in: Paz-Ares, Com. del Cc. (1993), zu Art. 1.596, S. 1206.

[757] Vgl. JORDANO FRAGA, Responsabilidad por auxiliares (1994), S. 329

[758] Vgl. zum Meinungsstand ZURITA MARTÍN, in: RGD 1995, 3161 (3162 f.) mit weiteren Nachweisen.

[759] ZURITA MARTÍN, in: RGD 1995, 3161 (3162); JORDANO FRAGA, Responsabilidad por auxiliares (1994), S. 328, Fn. 505.

[760] ZURITA MARTÍN, in: RGD 1995, 3161 (3162); JORDANO FRAGA, Responsabilidad por auxiliares (1994), S. 329.

[761] Vgl hierzu mit weiteren Nachweisen ZURITA MARTÍN, in: RGD 1995, 3161 (3162), Fn. 3.

Gegen ein enges Verständnis der Vorschrift spreche ferner der Normzweck. Selbst wenn man unterstellte, die Norm bezöge sich nur auf die Mitarbeiter des Werkunternehmers, folgte die Rechtfertigung der Haftpflicht dennoch nicht aus dem Bestehen dieses Abhängigkeitsverhältnisses, sondern aus der Eigenschaft der Mitarbeiter als Erfüllungsgehilfen. Somit erscheine die Norm selbst dann als Ausdruck eines allgemeinen Prinzips der Haftung für Erfüllungsgehilfen, wenn man allein Schädigungen durch abhängige Mitarbeiter als vom Normwortlaut umfaßt ansähe[762].

Der Kritik der herrschenden Auffassung ist beizupflichten. Für eine Beschränkung der Norm auf Abhängigkeitsverhältnisse bieten sich keine hinreichenden Anhaltspunkte. Die Norm begründet die Haftung für jeden, den der Auftraggeber in die Erbringung der Werkleistung integriert. Ein Abhängigkeitsverhältnis mag für eine derartige Konstellation typisch sein, insbesondere im Hinblick auf Arbeitsverhältnisse. Andere Fallgestaltungen, insbesondere die Beauftragung selbständiger und spezialisierter Unternehmer, sind aber ebenso denkbar. Eine derartige Differenzierung wäre insbesondere aus der Sicht des Geschädigten nicht nachzuvollziehen. Auf dessen Schutz zielt der Normzweck des Art. 1596 Cc. jedoch ab.

Damit ergibt sich bezüglich der Haftungsvoraussetzungen das bereits aus den zuvor besprochenen Vorschriften bekannte Bild. Zunächst kommt es auf das Bestehen einer Sonderverbindung, hier in Form eines Werkvertrags, an. Die Hilfsperson ist auf Initiative des Schuldners in die Erfüllung der Verbindlichkeit integriert worden, wurde von diesem frei bestimmt und ist Dritter im Verhältnis zu den Vertragsparteien. Unerheblich ist, ob zwischen dem Schuldner und der Hilfsperson ein Abhängigkeitsverhältnis im Sinne einer Weisungsgebundenheit besteht. Als wesentliches Kriterium ist zu unterstreichen, daß die Haftung verschuldensunabhängig ausgestaltet ist[763]. Anstatt an das Verschulden, knüpft die Haftung allein an die willentliche Einbeziehung eines Dritten in den Bereich eigener Vertragspflichten an[764].

762 JORDANO FRAGA, Responsabilidad por auxiliares (1994), S. 330.
763 ZURITA MARTÍN, in: RGD 1995, 3161 (3163).
764 JORDANO FRAGA, Responsabilidad por auxiliares (1994), S. 335.

e) Haftung der Gastwirte und Wirtsleute

Artt. 1783, 1784 Cc. bestimmen die Haftung der Gastwirte und Wirtsleute (*fondistas* und *mesoneros*) gegenüber ihren Gästen und regeln auch die Haftung für das schädigende Verhalten bestimmter Dritter[765]. Die vom Gast eingebrachten Sachen werden gemäß Art. 1783 Cc. haftungsrechtlich den Verwahrungsgegenständen i.S. der Artt. 1781 ff. Cc. gleichgestellt. Der Unterschied zum echten Aufbewahrungsvertrag liegt darin, daß der Gast die Sachen lediglich einbringt und nicht zur Verwahrung übergibt. Ein Besitzwechsel findet also nicht statt[766].

Nach der gesetzlichen Verweisung haften die *fondistas* und *mesoneros* somit wie Verwahrer. Hieraus folgt weiter, daß die Haftungsnormen allein Sachschäden zum Gegenstand haben, während für Körperschäden der Gäste auf die allgemeinen deliktischen Anspruchsgrundlagen zurückgegriffen werden muß, sofern man nicht einen allgemeinen Rechtsgrundsatz zur Erfüllungsgehilfenhaftung anerkennt.

Bezüglich der Haftung für Dritte gemäß Art. 1784 Cc. sind zwei Fallgruppen zu unterscheiden.

Einerseits haftet der Geschäftsherr für das Verhalten seines Personals (*criados* und *dependientes*). Bei den Beschäftigten des Unternehmers handelt es sich um typische Erfüllungsgehilfen, derer sich der Schuldner willentlich bedient und für die er einzustehen hat.

Darüber hinaus bestimmt Art. 1784 Cc. eine Haftung für Fremde (*extraños*), durch die der Gast innerhalb des Beherbergungs- oder Bewirtschaftungsbetriebs zu Schaden kommt. Diese Haftungsvariante bezieht sich auf das Verhalten Dritter, die in keiner Verbindung zum Unternehmer stehen. Es handelt sich folglich bei diesen Dritten nicht um Erfüllungsgehilfen[767].

Hinsichtlich der in der Norm genannten Mitarbeiter (*criados, dependientes*) ist ein weites Begriffsverständnis anzusetzen. Die Begriffe sind nicht in dem Sinne zu deuten, daß ein Abhängigkeitsverhältnis zum Geschäftsherrn Haftungsvoraussetzung ist. Vielmehr umfaßt die Vorschrift all diejenigen Personen, derer sich

---

[765] Der Grund für das Bestehen besonderer Haftungsregelungen für Gastwirte ist vermutlich römisch-rechtlich zu erklären. Die auch in anderer Hinsicht verschärfte Haftung von Herbergs- und Stallwirten sowie Reedern (zu diesen sogleich, siehe S. 161) – *nautae, caupones, stabularii* – wurde in Rom wegen der angeblichen notorischen Unzuverlässigkeit dieser Berufe mit einem dringenden Verkehrsbedürfnis gerechtfertigt. Vgl. dazu Seiler, in: JZ 1967, 525 (526).

[766] BADOSA COLL, in: Paz-Ares, Com. del Cc. (1993), zu Art. 1.783, S. 1697; JORDANO FRAGA, Responsabilidad por auxiliares (1994), S. 336.

[767] JORDANO FRAGA, Responsabilidad por auxiliares (1994), S. 340.

der Schuldner willentlich zur Erfüllung seiner Verbindlichkeiten bedient[768]. JORDANO FRAGA[769] nennt als Beispiel die Haftung für einen selbständigen Sicherheitsdienst, durch den Gäste geschädigt werden.

Es wird bezweifelt, daß es sich bei der Haftung aus Artt. 1783 f. Cc. um eine solche vertraglicher Natur handle[770]. Die Rechtsbeziehung des Gastwirts zum Gast im Hinblick auf die Sache sei weder als Verwahrungsvertrag noch als ein sonstiges Vertragsverhältnis zu bewerten. Es liegt aber auch nach dieser Ansicht jedenfalls eine Sonderbeziehung *ex lege* vor.

Von größerer Bedeutung ist die Frage, ob Haftungsvoraussetzung ein Verschulden des Schuldners ist oder ob es sich um einen Fall verschuldensunabhängiger Haftung handelt[771].

Nach SANTOS BRIZ[772] könnte sich die Einordnung als Verschuldenshaftung aus der Gesetzessystematik ergeben. Die Haftung des Gastwirts für die Sachen der Gäste aus Artt. 1783 f. Cc. ist in den Gesetzesabschnitt zur Verwahrung (*título XI*) eingebettet. Art. 1766 Cc. verweist für die Haftung des Verwahrers auf den 1. Titel des 4. Buches und damit auch auf die allgemeine Haftungsregelung des Art. 1101 Cc., aus der sich ein Verschuldenserfordernis ergibt.

Indes gesteht SANTOS BRIZ zu, daß bei einem weiten Verständnis des Art. 1101 Cc. auch eine verschuldensunabhängige Haftung für den Fall der Verwahrung abgeleitet werden könne. Denn außer dem Verschulden berücksichtigt Art. 1101 Cc. auch einen sonstigen Verstoß gegen die, hier vertraglichen, Verpflichtungen (*contravención „de qualquier modo"*). Dies kann als Anknüpfungspunkt für eine verschuldensunabhängige Gefährdungshaftung gewertet werden[773].

Gegen ein Verschuldenserfordernis spricht weiter, daß die Normen eine Exkulpationsmöglichkeit des Gastwirts bei sorgfältiger Auswahl und Überwachung nicht vorsehen[774]. Auch schließt Art. 1384 Cc. *in fine* eine Haftung nur bei höherer

768 JORDANO FRAGA, Responsabilidad por auxiliares (1994), S. 339 f.

769 JORDANO FRAGA, Responsabilidad por auxiliares (1994), S. 340.

770 DÍEZ-PICAZO/ GULLÓN, Sistema (1999), Bd. 2, S. 412; JORDANO FRAGA, Responsabilidad por auxiliares (1994), S. 336 f.

771 Für einen Fall verschuldensunabhängiger Haftung: JORDANO FRAGA, Responsabilidad por auxiliares (1994), S. 337; derselbe, Responsabilidad contractual (1987), S. 513 ff.

772 Vgl. SANTOS BRIZ, Responsabilidad civil (1993), Bd. 1, S. 486.

773 SANTOS BRIZ aaO.; im Ergebnis ebenfalls für ein verschuldensunabhängiges Verständnis der Norm: DÍEZ-PICAZO, Fundamentos (1996), Bd. 2, S. 412; JORDANO FRAGA, Responsabilidad por auxiliares (1994), S. 336 f.

774 Badosa Coll, in: Paz-Ares, Com. del Cc. (1993), zu Art. 1783, S. 1698; zu Art. 1784, S. 1700.

Gewalt (*fuerza mayor*) sowie bei bewaffnetem Raubüberfall (*robo a mano armada*) aus. In anderen Extremfällen, wie etwa einfachem Raub besteht die Haftung des Geschäftsherrn fort. Derartige Extremfälle entziehen sich aber zumindest im Hinblick auf die eigenen Mitarbeiter dem Bereich des Vorhersehbaren. Dies alles spricht dagegen, daß die Norm von einem Auswahl- oder Überwachungsverschulden ausgeht[775].

f) Transportrecht

Nach Art. 1601 Cc. haftet der Transportunternehmer seinem Vertragspartner bei Schädigungen des Transportguts durch seine Hilfspersonen. Wie bei der Haftung der Gastwirte verweist das Gesetz bezüglich der Haftung für das Transportgut auf das Recht der Verwahrung, Artt. 1783, 1784 Cc. Anders als der Gastwirt hat der Transportunternehmer aber notwendigerweise Besitz an dem Transportgut. Auch beziehen die Vertragspflichten sich hier unmittelbar auf den Gegenstand[776].

Hinsichtlich der weiteren Haftungsvoraussetzungen kann auf die vorausgegangenen Ausführungen zum Auftragsrecht verwiesen werden. Durch die Verweisung des Art. 1601 Cc. auf das Auftragsrecht in den Artt. 1783, 1784 Cc. ergeben sich für das Transportrecht keine Abweisungen zu dem zuvor Gesagten.

3. Regelungen im Código de Comercio

Neben den Regelungen des *Código civil* enthält auch das spanische Handelsgesetzbuch (*Código de Comercio*) Bestimmungen über die Gehilfenhaftung innerhalb eines Vertragsverhältnisses.

a) Regelungen mit Bezug zum Stellvertretungsrecht

Einzelne handelsrechtliche Vorschriften behandeln die rechtsgeschäftliche Haftung eines Geschäftsherrn für seine Hilfspersonen unter Bezugnahme auf das Recht der Stellvertretung, vgl. Artt. 285, 292 Abs. 2, 293 *Código de Comercio*. Die Aussagekraft dieser Normen ist im Hinblick auf die Existenz und die Voraussetzungen eines allgemeinen Rechtssatzes zur Gehilfenhaftung gering. Denn die Vorschriften sind durch ihren Bezug zum Stellvertretungsrecht auf die rechtsgeschäftliche Haftung des Geschäftsherrn beschränkt. Das Stellvertretungsrecht ist im Hinblick auf eine grundsätzliche Haftung für Erfüllungsgehilfen jedoch ohne Belang[777]. Vielmehr kommt es nur darauf an, daß ein Dritter vom Schuldner in die Vertragserfüllung eingebunden wird, unabhängig davon, ob ein Fall rechtsge-

---

[775] Vgl. hiezu BADOSA COLL, in: Paz-Ares, Com. del Cc. (1993), zu Art. 1784, S. 1700 und zu Art. 1783, S. 1698.

[776] Vgl. BADOSA COLL, in: Paz-Ares, Com. del Cc. (1993), zu Art. 1.783, S. 1698.

[777] CRISTÓBAL MONTES, in: ADC 1989, 5 (5).

schäftlicher Stellvertretung vorliegt. Auch der Rahmen der Haftpflicht kann nicht auf den rechtsgeschäftlichen Bereich beschränkt sein, denn das Feld möglicher Schädigungen ist erheblich weiter.

b) Die Haftung des Reeders nach Art. 618 C. Com.

Besondere Bedeutung kommt hingegen der Regelung des Art. 618 C. Com. zu. Die Norm regelt die Haftung des Reeders gegenüber Dritten, die in einer Vertragsbeziehung mit diesem stehen („*terceros que hubieren contratado con él*"). Einerseits haftet der Reeder für das Fehlverhalten des Schiffsführers, durch das beispielsweise die Ladung beschädigt wird, gemäß Art. 618 Nr. 1 C. Com. Zum anderen erstreckt sich die Haftung des Reeders auch auf Schädigungen, die durch die Besatzung bei Dritten verursacht werden, vgl. Art. 618 Nr. 2 C. Com. Sowohl der Schiffsführer als auch die Besatzung können als unmittelbare Hilfspersonen des Reeders betrachtet werden.

Daß die Norm eine verschuldensunabhängige Haftung des Reeders bestimmt, ergibt sich bereits daraus, daß in bezug auf diesen keine Exkulpationsmöglichkeit vorgesehen ist, welche die Anwendung der erforderlichen Sorgfalt berücksichtigen würde. Es existiert allein eine Exkulpationsklausel in Nr. 4 der Vorschrift, welche die Haftung für Schäden festlegt, die u.a. aus Auseinandersetzungen an Bord (*discordias en el buque*) resultieren. Hier wird der Einsatz maximaler Autorität durch den Schiffsführer gefordert (*toda la extensión de su autoridad*) um derartigen Situationen zuvorzukommen und sie zu vermeiden.

Aus der Exkulpationsregelung ergibt sich das Erfordernis einer *culpa in vigilando* des Schiffsführers. Soweit die Norm also ein Verschuldenserfordernis aufstellt, bezieht sich dieses allein auf die Person des Schiffsführers. Dieser ist seinerseits Hilfsperson des Reeders. Für die Haftung des Reeders als Geschäftsherrn besteht hingegen keine Exkulpationsmöglichkeit und kein Verschuldenserfordernis. Somit bestätigt die Regelung des Art. 618 C.Com., wie auch alle zuvor besprochenen Normen, den Grundsatz einer verschuldensunabhängigen Haftung des Geschäftsherrn für Personen, die als seine Erfüllungsgehilfen tätig werden. Dagegen ist ein Verschulden der Hilfsperson, wie die Regelung zeigt, unabdingbar.

4. Stellungnahme zur Auswertung der Einzelnormen

Die deutsche Regelung des § 278 BGB sieht allein die verschuldensunabhängige Haftung des Geschäftsherrn vor. Hingegen stellt sich für den Inhalt eines nicht positivierten allgemeinen Rechtssatzes in Spanien jedenfalls grundsätzlich die Alternative einer Verschuldenshaftung i.S. einer *culpa in eligendo vel vigilando*. Der Rückgriff auf das Verschuldensprinzip liegt auch nahe. Denn in allen Konstellationen, in denen Hilfspersonen zum Einsatz kommen, ist grundsätzlich ein unsorgfältiges Verhalten bei Auswahl und Überwachung dieser Dritten denkbar.

Die Nachteile des Verschuldensprinzips im Rahmen der Haftung eines Geschäftsherrn für seine Hilfspersonen sind bereits ausführlich erörtert worden[778]. Mit Blick auf die wirtschaftlichen und praktischen Erfordernisse stellt eine verschuldensunabhängige Haftung für den Erfüllungsgehilfen daher eine sinnvolle Alternative dar. DÍEZ-PICAZO spricht sogar von der wirtschaftlichen und juristischen Notwendigkeit einer verschuldensunabhängigen Haftung[779]. Dennoch muß sich das Prinzip der Verschuldensunabhängigkeit gerade auch aus dem Gesamtzusammenhang der angesprochenen Normen ergeben[780].

Die vorausgegangene Analyse der wichtigsten Einzelregelungen des *Código civil* und des *Código de Comercio* hat gezeigt, daß das Verschulden des Geschäftsherrn entweder keine Rolle für dessen Haftung spielt oder jedenfalls nicht das tragende Element seiner Haftpflicht darstellt. Grundlage der Haftungstatbestände ist der Grundsatz, daß derjenige, der sich zu seinem Vorteil des Einsatzes Dritter bedient, auch die Nachteile hieraus tragen muß. Insoweit trägt die Rechtsparömie *ubi commoda, ibi incommoda*. Soweit die im Gesetz geregelten Fälle einer Haftung für Hilfspersonen innerhalb bestehender Vertragsverhältnisse also eine verschuldensunabhängige Haftung des Schuldners bestimmen, läßt sich hieraus folgern, daß auch ein aus diesen Normen abgeleiteter allgemeiner Rechtsgrundsatz eine verschuldensunabhängige Haftung des Schuldners enthält[781].

Im Hinblick auf die Hilfsperson, die den Schaden unmittelbar verursacht, stellt sich ebenfalls die Frage nach dem Verschuldenserfordernis. In einigen der untersuchten Vorschriften wird diese Voraussetzung ausdrücklich genannt. So kommt

---

778 Siehe oben, S. 50 ff.

779 DÍEZ-PICAZO/ GULLÓN, Sistema (1999), Bd. 2, S. 201; zustimmend CRISTÓBAL MONTES, in: ADC 1989, 5 (8).

780 Vgl. SIERRA PÉREZ, Responsabilidad del empresario (1997), S. 103; CRISTÓBAL MONTES, in: ADC 1989, 5 (12).

781 JORDANO FRAGA, Responsabilidad por auxiliares (1994), S. 364; SIERRA PÉREZ, Responsabilidad del empresario (1997), S. 126; BADOSA COLL, Diligencia del deudor (1987), S. 776.

es etwa für die Haftung des Reeders aus Art. 618 C. Com. darauf an, ob der Schiffsführer die maximale Autorität zur Anwendung gebracht hat, um bei Streitigkeiten an Bord einzuschreiten. Hat der Schiffsführer dies unterlassen, sieht er sich insoweit einem Verschuldensvorwurf ausgesetzt, der in der Konsequenz zur Haftung des Reeders führt[782]. Aber auch soweit auf das Verschulden der Hilfsperson in den jeweiligen Vorschriften nicht ausdrücklich Bezug genommen wird, ergibt sich nichts anderes. Denn es bedarf eines Zurechnungsgrundes für die Haftung des Geschäftsherrn[783]. Allein die Tatsache, daß Dritte zum Einsatz gebracht werden, kann nicht genügen. Zwar darf der Geschäftsherr durch den Einsatz von Hilfspersonen im Hinblick auf seine Haftpflicht nicht besser stehen, als wenn er selbst agierte. Andererseits ist aber nicht begründbar, wieso er schärfer haften sollte als im Falle eigenhändiger Erfüllung seiner Pflichten. Denn in diesem Fall wäre die Haftung unstreitig schuldbedingt. Hieraus ergibt sich, daß die Haftung des Geschäftsherrn von einem schuldhaften Verhalten des Erfüllungsgehilfen abhängig ist. Eine Ausnahme ergibt sich allein dann, wenn der Schuldner seinem Gläubiger verschuldensunabhängig zur Haftung verpflichtet ist. In diesen Fällen darf kein zusätzliches, nicht von den Parteien vorhergesehenes Verschuldenserfordernis im Umweg über die Hilfsperson in das Schuldverhältnis eingebracht werden[784].

Auch hinsichtlich der übrigen Voraussetzungen eines allgemeinen Rechtsgrundsatzes ergibt die Auswertung der Einzelnormen ein deutliches Bild. Zunächst kann nicht bezweifelt werden, daß die Haftung für Erfüllungsgehilfen eine Sonderverbindung zwischen Schuldner und Gläubiger erfordert. Denn nur hieraus kann sich die gesteigerte Pflichtenstellung des Schuldners gegenüber dem Gläubiger ergeben. Zum anderen weisen alle untersuchten Haftungsnormen ein zugrundeliegendes Vertragsverhältnis oder eine besondere Pflichtenbindung *ex lege*[785] als Tatbestandsvoraussetzung auf. Diese Pflichtenbindung muß eine gewisse Intensität aufweisen, die etwa bei einem bloßen Nachbarschaftsverhältnis nicht gegeben ist[786]. Das *Tribunal Supremo* hat auch eine öffentlich-rechtliche Beziehung genügen lassen, die einem privatrechtlichen Vertrag ähnelte[787].

---

782 Vgl. hierzu oben, S. 157.

783 CRISTÓBAL MONTES, in: ADC 1989, 5 (15 f.).

784 JORDANO FRAGA, Responsabilidad contractual (1987), S. 585.

785 Vgl. hierzu oben die Ausführung zu Artt. 1.783, 1.784 Cc. Zum Fall einer vertragsähnlichen Sonderverbindung vgl. auch STS (sala 1) 26.1.1984 (RJ 386).

786 MIQUEL, in: ADC 1983, 1501 (1509 f.).

787 Vgl. STS (sala 1) 26.1.1984 (RJ 386). In der Entscheidung ging es um die rechtliche Einordnung des Verhältnisses eines geschädigten Bürgers zu einem Unternehmen, dem Auf-

Hingegen kommt es nicht darauf an, ob zwischen der Hilfsperson und dem Geschäftsherrn ein Abhängigkeitsverhältnis besteht[788]. Zwar steht dies der Haftung nicht entgegen, es handelt sich aber keinesfalls um eine Haftungsvoraussetzung[789]. Sofern die dargestellten Haftungstatbestände Konstellationen beschreiben, in denen ein Abhängigkeitsverhältnis gegeben ist, liegt dies in der Natur des jeweiligen Schuldverhältnisses. Das Abhängigkeitsverhältnis trägt die Haftung jedoch nicht. Vielmehr übernimmt das Merkmal einer bestehenden Sonderbeziehung eines Dritten im Rahmen der Haftung für Erfüllungsgehilfen die Rolle, welche dem Abhängigkeitsverhältnis für die deliktische Haftung zukam. Sie rechtfertigt die gesteigerte Verantwortung des Geschäftsherrn.

Ferner zeigt sich, daß die Hilfsperson aufgrund eines freien Willensentschlusses des Schuldners eingesetzt worden sein muß[790], der ausdrücklich oder stillschweigend konkludent erklärt werden kann[791]. Dabei muß die Hilfsperson selbst außerhalb der Vertragsbeziehung stehen[792].

Der Schaden muß schließlich zwingend die Folge der Vertragsverletzung sein[793]. Hier stellt sich regelmäßig das Problem der Abgrenzung zwischen Vertrag und Delikt. Denn die Reichweite der vertraglichen Verpflichtung muß exakt bestimmt werden[794].

Die Verjährungsfrist für Ansprüche gegen den Geschäftsherrn beträgt 15 Jahre. Es gilt die allgemeine Verjährungsfrist für vertragliche Ansprüche aus Art. 1964 Cc., denn die Haftung für den Erfüllungsgehilfen ist vertraglicher Natur. Etwas anderes würde allein dann gelten, wenn gesetzlich eine besondere Verjährungs-

---

gaben der Daseinsvorsorge von der Gemeinde übertragen worden waren (Instandhaltung des Kanalsystems). Auch die deutsche Rechtsentwicklung ist dadurch gekennzeichnet, daß § 278 BGB im Hinblick auf das erforderliche Schuldverhältnis eher weit ausgelegt wird. Auch im deutschen Recht begründen etwa öffentlichrechtliche Fürsorgepflichten ein besonderes Pflichtenverhältnis in das Erfüllungsgehilfen eingeschaltet werden können. Vgl. WESTERMANN, in JA 1961, 333 (340).

788 LACRUZ BERDEJO u.a., Elementos II (2000), Bd. 1, S. 174.

789 Vgl. SIERRA PÉREZ, Responsabilidad del empresario (1997), S. 128 f. und S. 132.

790 Vgl. SIERRA PÉREZ, Responsabilidad del empresario (1997), S. 128; JORDANO FRAGA, Responsabilidad por auxiliares (1994), S. 113 f.

791 SIERRA PÉREZ, Responsabilidad del empresario (1997), S. 128; JORDANO FRAGA, Responsabilidad por auxiliares (1994), S. 114.

792 SIERRA PÉREZ, Responsabilidad del empresario (1997), S. 128, Fn. 98; Torralba Soriano, in: ADC 1971, 1143 (1156); JORDANO FRAGA, Responsabilidad por auxiliares (1994), S. 119.

793 SIERRA PÉREZ, Responsabilidad del empresario (1997), S. 127.

794 SIERRA PÉREZ, Responsabilidad del empresario (1997), S. 127.

frist festgeschrieben wäre[795]. Hier gelten keine Besonderheiten gegenüber der Verjährung sonstiger vertraglicher Ansprüche.

5. Zwischenergebnis

Im Wege der Rechtsanalogie (*analogia iuris*) läßt sich aus dem Gesamtzusammenhang der Einzelnormen zur Haftung für Erfüllungsgehilfen ein allgemeiner Rechtssatz ableiten. Wer sich eines Dritten zur Erfüllung seiner Verbindlichkeiten bedient, haftet ohne Rücksicht auf ein eigenes Verschulden für die von diesem schuldhaft verursachten Schäden unabhängig davon, ob die Hilfsperson sich in einem Abhängigkeitsverhältnis zu dem Geschäftsherrn befand.

Hieraus ergibt sich, daß eine angemessene Haftung für Erfüllungsgehilfen auch ohne eine ausdrückliche und abstrakte Regelung erreicht werden kann. Dennoch erscheint es aus Gründen der Rechtsklarheit und Rechtssicherheit geboten, die Prinzipien einer Haftung für Erfüllungsgehilfen auch im Gesetzeswortlaut festzuschreiben[796].

Die konsequente Anerkennung einer verschuldensunabhängigen Haftung für Erfüllungsgehilfen würde zudem Unklarheiten und Unstimmigkeiten im derzeitigen Haftungsrecht beseitigen. Zur Verdeutlichung kann wiederum auf die Arzthaftung verwiesen werden. Einerseits ist anerkannt, daß die zivilrechtliche Haftung des Arztes vertraglicher Natur ist[797]. Für die Möglichkeit eines Geschädigten, auf den Träger eines Krankenhauses zurückzugreifen, was aus Gründen des Patientenschutzes und insbesondere aus Liquiditätsgesichtspunkten als unabdingbar betrachtet wird, greift die Rechtsprechung dennoch regelmäßig auf die deliktische Anspruchsgrundlage des Art. 1903 Cc. zurück. Hieraus ergeben sich weitere Konflikte.

Es wurde bereits dargelegt, daß die Rechtsprechung des *Tribunal Supremo* Ärzte im Gegensatz zu sonstigen deliktischen Schädigern insoweit privilegiert, als zu deren Lasten weder eine Beweislastumkehr noch Schuldvermutungen zur Anwendung kommen[798]. Da ein Beweis über das Verschulden eines konkreten Arztes von den Patienten oft kaum erbracht werden kann, fehlt es für die Haftung des Krankenhausträgers nach Art. 1903 Cc. regelmäßig an einer notwendigen Voraussetzung, nämlich dem Verschulden der Hilfsperson.

---

[795] CAVANILLAS MÚGICA/ TAPIA FERNÁNDEZ, Concurrencia de responsabilidad (1992), S. 51.

[796] In diesem Sinne auch SIERRA PÉREZ, Responsabilidad del empresario (1997), S. 102 f.

[797] MANRIQUE LÓPEZ, in: RT 1981, 313 (319); ROMEO CASABONA, El médico ante el Derecho (1985), S. 101.

[798] Siehe oben, S. 79.

Um andererseits aus Gründen der Ergebnisgerechtigkeit zu einer Haftung des Krankenhausträgers gelangen zu können, ohne dem geschädigten Patienten eine kaum erfüllbare Beweislast aufzubürden, verzichtet das *Tribunal Supremo* auf die Individualisierung des Schädigers[799]. Zwar kann diese Konstruktion nicht als unzulässig gewertet werden. Sie wirkt jedoch gezwungen und wäre bei konsequenter Beachtung des hier vertretenen allgemeinen Rechtsgrundsatzes zur Haftung von Erfüllungsgehilfen entbehrlich. Diese Beispiel sowie die vorausgegangenen allgemeinen Erwägungen unterstreichen die Notwendigkeit, die Haftung für Erfüllungsgehilfen einer generellen gesetzlichen Regelung zuzuführen.

V. Vorvertragliche und nachvertragliche Gehilfenhaftung

Zuvor wurde bereits darauf hingewiesen, daß in Spanien den Besonderheiten der Haftung für Erfüllungsgehilfen bislang wenig Aufmerksamkeit gespendet wurde. Dies gilt in noch stärkerem Maße für den Sonderfall der vor- und nachvertraglichen Gehilfenhaftung.

Soweit in der spanischen Literatur auf diese Frage eingegangen wird, erkennen die Autoren die Existenz einer vorvertraglichen Gehilfenhaftung überwiegend an[800]. Auch die Rechtsprechung hat diesen Aspekt bereits vereinzelt berücksichtigt[801]. Daß eine Haftung für vorvertragliches Verschulden mit dem *Código civil* in Einklang gebracht werden kann, ergibt sich schon aus Art. 1270 Abs. 2 Cc[802].

Teilweise wird der vorvertraglichen Haftung für Erfüllungsgehilfen nur ein enger Anwendungsbereich zugestanden. Nach Auffassung GARCÍA RUBIOS[803] soll die vorvertragliche Haftung für Erfüllungsgehilfen nur in den Fällen greifen, in denen eine vorvertragliche Haftung aus Delikt ausscheidet. Jedoch gesteht die Autorin selbst zu, daß dieser Schluß nicht zwingend sei, da der Rechtssatz „*ubi commodum, ibi incommodum*" in jedem Fall greife. Ferner lassen sich auch die grundsätzlichen Zweifel anführen, die allgemein gegen den ausschließlichen Rückgriff auf das Deliktsrecht innerhalb von Vertragsverhältnissen bestehen. In der Ver-

799 Vgl. insoweit die Ausführungen zum sog. „anonymen Verschulden", S. 83.

800 Vgl. JORDANO FRAGA, Responsabilidad por auxiliares (1994), S. 83 ff.; GARCÍA RUBIO, Responsabilidad precontractual (1991), S. 219 ff.; ALONSO PÉREZ, in: RCDI 1971, 859 (910 f.); gegen eine *culpa in contrahendo* für das spanische Recht allgemein: PANTALEÓN PRIETO, in: Paz-Ares u.a., Com. del Cc. (1993), zu Art. 1.902, S. 1994; differenzierend: ASÚA GONZÁLEZ, Culpa in contrahendo, S. 294, die die Existenz einer *culpa in contrahendo* grundsätzlich anerkennt, jedoch in Anbetracht der umfassenden Haftungsmöglichkeiten nach Deliktsrecht den Rückgriff auf dieses Institut für überflüssig hält.

801 STS (sala 1) 22.6.1989, in: CCJC 1989, 583 (587).

802 Vgl. JORDANO FRAGA, Responsabilidad por auxiliares (1994), S. 87.

803 GARCÍA RUBIO, Responsabilidad precontractual (1991), S. 224 f. unter Bezugnahme auf DÍEZ-PICAZO, Representación, S. 262 f.

tragsanbahnung, ebenso wie im Rahmen eines bestehenden Vertrages, erscheint es nicht angemessen, dem Schuldner eine Exkulpationsmöglichkeit *in eligendo vel vigilando* zu gewähren, so daß sich dieser durch den Einsatz von Hilfspersonen einen Vorteil verschaffen kann. Mithin kann eine vorvertragliche Haftung für Erfüllungsgehilfen auch neben dem Deliktsrecht zur Anwendung kommen.

Das gleiche gilt auch hinsichtlich nachvertraglicher Schädigungen durch Hilfspersonen. Aus Vertrauenschutzgesichtspunkten muß auch für diesen Bereich die Haftung des Schuldners für seine Erfüllungsgehilfen bejaht werden, soweit die übrigen Voraussetzungen einer nachvertraglichen Haftung vorliegen[804].

VI. Verhältnis vertraglicher und deliktischer Haftung

Die Unterscheidung zwischen Ansprüchen vertraglicher und deliktischer Natur findet sich bereits in den Institutionen des GAIUS[805] und ist in ihrer Existenz auch heute unbestritten. Angezweifelt wird aber vereinzelt, ob die strenge Differenzierung beibehalten werden sollte oder vielmehr eine Angleichung erforderlich ist[806], was an dieser Stelle nicht vertieft werden kann.

Innerhalb eines Haftungssystems, das sowohl deliktische als auch vertragliche Ansprüche im Hinblick auf eine einheitliche Schädigung vorsieht, ergibt sich die Problematik des Verhältnisses der Ansprüche zueinander. Dem kann unter verschiedenen Gesichtspunkten praktische Bedeutung zukommen. SÁNCHEZ VÁZQUEZ verweist auf Aspekte der Beweislast, der Gerichtszuständigkeiten sowie der Verjährung[807].

1. Haftung des Geschäftsherrn

Treffen eine deliktische Schädigung und eine Vertragsverletzung zusammen, so stellt sich grundsätzlich die Frage, ob dem Geschädigten ein Wahlrecht zwischen dem deliktischen und dem vertraglichen Anspruch zusteht. Im Hinblick auf die unterschiedlichen Voraussetzungen der Anspruchsgrundlagen kann dies für den Geschädigten von Bedeutung sein.

Für das deutsche Recht ist ein solches Wahlrecht zu bejahen. Als Schlüsselentscheidung gilt ein Urteil des Bundesgerichtshofs vom 9.5.1957[808]. In der genann-

---

804 JORDANO FRAGA, Responsabilidad por auxiliares (1994), S. 91 f.

805 Gai. 3, 88: *„omnis enim obligatio vel ex contractu nascitur vel ex delicto"*.

806 Vgl. dazu etwa YZQUIERDO TOLSADA, in: RCDI 1991, 443 ff.; SÁNCHEZ VAZQUEZ, in: RDP 1972, 963 (967). Zum Diskussionsstand in Deutschland vgl. KREBS, Sonderverbindung (2000), S. 62 ff.

807 SÁNCHEZ VAZQUEZ, in: RDP 1972, 963 (973).

808 BGHZ 24, 188 ff.; vgl. auch die kritische Stellungnahme von SCHLECHTRIEM, Vertragsordnung (1972), S. 367 f.

ten Entscheidung ging es um den Diebstahl wertvollen Gepäcks durch einen Gepäckträger der Bundesbahn. Die Problematik hinsichtlich des bestehenden vertraglichen Anspruchs aus positiver Vertragsverletzung des Aufbewahrungsvertrags iVm. § 278 BGB bestand in einer vertraglichen Haftungsbeschränkung, die im konkreten Fall unbillig erschien. Der BGH bejahte die deliktische Haftung, obschon die Voraussetzungen des vertraglichen Anspruchs unproblematisch vorlagen.

Hingegen hat sich die französische Rechtsprechung für das Prinzip des *„non cumul"* entschieden, wonach der Geschädigte kein Wahlrecht zwischen den konkurrierenden Ansprüchen hat. Wenn die Voraussetzungen der vertraglichen Haftung erfüllt sind, ist eine deliktische Haftung ausgeschlossen[809]. Eine Ausnahme hiervon gilt allein teilweise in Strafverfahren, in denen man den Opfern die Vorteile des Adhäsionsverfahrens erhalten wollte[810].

Zum Verhältnis vertraglicher und deliktischer Haftung werden in Spanien unterschiedliche Ansätze vertreten[811]. Auch die Rechtsprechung bietet kein einheitliches Bild[812]. Dies müßte grundsätzlich zu einer unerträglichen Rechtsunsicherheit führen. Die Folgen der Konfusion in der Rechtsprechung werden aber dadurch abgemildert, daß die Besonderheiten der vertraglichen Haftung in den meisten Fällen schlicht übergangen, und die Schädigungen pauschal dem Deliktsrecht unterworfen werden[813]. Durch die Modifikationen der deliktischen Haftungsvoraussetzungen seitens der Rechtsprechung, die sich für die Geschädigten in der Regel günstig auswirken, lassen sich zwar auch im Wege des Deliktsrechts befriedigende Haftungsergebnisse erzielen[814]. Allerdings wird darauf hingewiesen, daß eine undifferenzierte Anwendung des Deliktsrechts mit seinem großen Anwendungsbereich weite Teile des *Código civil* in Frage stellt[815].

---

809 HÜBNER, *Gardien*-Haftung (1972), S. 13 f.; WITZ/ WOLTER, in: ZEuP 1993, 592 (594); CAVANILLAS MÚGICA/ TAPIA FERNÁNDEZ, Concurrencia de responsabilidad (1992), S. 61; BARCELO DOMENECH, Responsabilidad del empresario (1995), S. 29.

810 KRÜGER, Dienstherrenhaftung (1980), S. 67, mit Hinweisen auf die französische Rechtsprechung.

811 Zum Verhältnis vertraglicher und deliktischer Haftung ausführlich etwa CAVANILLAS MÚGICA/ TAPIA FERNÁNDEZ, Concurrencia de responsabilidad (1992), S. 5 ff.; BLANCO GÓMEZ, Concurrencia de responsabilidad (1996), S. 15 ff.

812 VILA RIBAS, in: CCJC 1987, 4297 (4305); BLANCO GÓMEZ, Concurrencia de responsabilidad (1996), S. 153 ff.

813 Vgl. PANTALEÓN PRIETO, in: CCJC 1985, 2609 (2617), der darauf hinweist, daß auch die meisten Klagen in Spanien auf deliktische Anspruchsgrundlagen gestützt werden.

814 Ausführlich hierzu bereits oben, S. 59.

815 Vgl. YZQUIERDO TOLSADA, in: RCDI 1991, 443 (486); SÁNCHEZ VAZQUEZ, in: RDP 1972, 963 (984).

a) Theorien

Zum Verhältnis von vertraglicher und deliktischer Haftung sind zwei grundsätzliche Ansätze zu unterscheiden[816].

Eine Ansicht[817] geht von der Verschiedenheit und Eigenständigkeit der jeweiligen Ansprüche aus. Hierzu soll in jedem Einzelfall eine eindeutige Zuordnung geleistet werden. Nach dieser Auffassung kommen die vertraglichen Anspruchsgrundlagen bei allen Schädigungen zur Anwendung, die in einem natürlichen Zusammenhang mit dem Vertrag stehen[818]. Dies entspricht inhaltlich im wesentlichen dem in Frankreich vorherrschenden Grundsatz des „*non cumul*"[819].

Nach anderer Auffassung können deliktische und vertragliche Ansprüche grundsätzlich nebeneinander bestehen[820]. Ein Vorrang der vertraglichen Haftung kommt dann nur in Ausnahmefällen in Betracht. Obschon die Rechtsprechung in dieser Problematik nicht einheitlich ist, dominiert diese Sichtweise auch in den Urteilen des *Tribunal Supremo*[821]. Das Gericht geht überwiegend davon aus, das vertragliche Haftungsrecht habe nur dann Anspruch auf Ausschließlichkeit, wenn die Schädigung sich im engen Rahmen des Vereinbarten halte[822]. In allen anderen Fällen sei der Rückgriff auf die deliktische Haftung der Artt. 1902 ff. Cc. möglich. Mit Blick auf das Deliktsrecht formuliert das *Tribunal Supremo*, daß dieses solange neben der vertraglichen Haftung bestehe, wie die Schädigung nicht gänzlich außerhalb des Schuldverhältnisses liege[823].

---

816 Vgl. VILA RIBAS, in: CCJC 1987, 4297 (4305); PANTALEÓN PRIETO, in: CCJC 1984, 1257 (1263 f.).

817 BLANCO GÓMEZ, Concurrencia de responsabilidad (1996), S. 173; SÁNCHEZ VAZQUEZ, in: RDP 1972, 963 (977); YZQUIERDO TOLSADA, in: RCDI 1991, 443 (485 f.); derselbe, Responsabilidad del profesional liberal (1989), S. 218; RODRIGO BERCOVITZ, in: CCJC 1983, 993 (1000); VILA RIBAS, in: CCJC 1987, 4297 (4305).

818 YZQUIERDO TOLSADA, in: RCDI 1991, 443 (485).

819 Hierzu bereits zuvor, S. 164.

820 PUIG BRUTAU, Fundamentos (1983), Bd. 2/3, S. 133.

821 STS (sala 1) 19.06.1984 (RJ 3250); ebenso STS 9.1.1985 (RJ 167); STS (sala 1) 10.5.1984 (RJ 2405); STS (sala 1) 16.12.1986 (RJ 7447); STS (sala 1) 20.7.1992 (RJ 6438); STS (sala 1) 28.12.1998 (RJ 10161). Die Rechtsprechung des *Tribunal Supremo* vertritt auch zu dieser Frage keine einheitliche Linie. YZQUIERDO TOLSADA formuliert pointiert, es gäbe „Urteile für jeden Geschmack", YZQUIERDO TOLSADA, Responsabilidad del profesional liberal (1989), S. 216; ebenso VILA RIBAS, in: CCJC 1987, 4297 (4305).

822 STS (sala 1) 20.7.1992 (RJ 6438); STS (sala 1) 9.1.1985 (RJ 167). Vgl. auch ZELAYA ETCHEGARAY, Responsabilidad del empresario (1995), S. 645.

823 STS (sala 1) 9.1.1985 (RJ 167).

Innerhalb dieser Auffassungsgruppe, welche die deliktische und die vertragliche Haftung nicht in einem Exklusivitätsverhältnis sieht, gilt es zu differenzieren.

Nach einer Ansicht[824], die von einer Anspruchskonkurrenz ausgeht, hat der Geschädigte zwar ein Wahlrecht zwischen beiden möglichen Ansprüchen. Habe er sich aber für einen Anspruch entschieden, seien sowohl er als auch der Richter hieran gebunden. Der Alternativanspruch könne jedoch, da es sich um einen solchen eigenständiger Art handele, in einem neuen Verfahren geltend gemacht werden, wenn der Geschädigte im ersten Verfahren mit seinem Begehren zurückgewiesen worden sei[825]. Die neue Klage wäre nicht aufgrund entgegenstehender Rechtskraft unzulässig[826].

Andere nehmen eine Gesetzeskonkurrenz bzw. Anspruchsnormenkonkurrenz an[827]. Der Geschädigte sei nicht gezwungen, sein Begehren auf eine konkrete Anspruchsgrundlage zu stützen. Selbst eine aus der Sicht des Gerichts falsche Einordnung des Anspruchs durch den Kläger würde nicht schaden. Hierzu wird auf den Rechtssatz *iura novit curia* verwiesen[828]. Der Richter sei darin frei, die Grundlage für die angestrebte Rechtsfolge alternativ auf eine deliktische oder vertragliche Grundlage zu stützen.

b) Stellungnahme

Die in Frankreich vorherrschende Annahme eines „*non cumul*", die auch in Spanien teilweise vertreten wird[829], stellt einen Sonderweg dar, der auch von vielen anderen durch den *Code civil* geprägten Rechtsordnungen abgelehnt wird[830].

---

824 GARCÍA VALDECASAS, in: RDP 1962, 831 (837 ff); ROMEO CASABONA, El medico ante el derecho (1985), S. 101; SANTOS BRIZ, Responsabilidad civil (1993), Bd. 1, S. 715. In diese Richtung weisende neuere Rechtsprechung: STS (sala 1) 19.10.1987 (RJ 7299); STS (sala 1) 16.12.1986 (RJ 7447); STS (sala 1) 9.1.1985 (RJ 167); STS (sala 1) 19.6.1984 (RJ 3250).

825 YZQUIERDO TOLSADA, in: RCDI 1991, 443 (483 f.).

826 YZQUIERO TOLSADA, Responsabilidad del profesional liberal (1989), S. 217; dagegen etwa STS (sala 1) 5.10.1983 (RJ 5230).

827 VILA RIBAS, in: CCJC 1987, 4297 (4305 ff.); PANTALEÓN PRIETO, in: CCJC 1984, 1257 (1267). Hingegen sieht YZQUIERDO TOLSADA den Weg über eine Anspruchsnormenkonkurrenz als *desideratum*, das sich jedoch nicht aus der aktuellen Gesetzelage ergebe. YZQUIERDO TOLSADA, Responsabilidad del profesional liberal (1989), S. 218.

828 PANTALEÓN PRIETO, in: CCJC 1984, 1257 (1267).

829 BLANCO GÓMEZ, Concurrencia de responsabilidad (1996), S. 173; SÁNCHEZ VAZQUEZ, in: RDP 1972, 963 (977); YZQUIERDO TOLSADA, in: RCDI 1991, 443 (485 f.); derselbe, Responsabilidad del profesional liberal (1989), S. 218; RODRIGO BERCOVITZ, in: CCJC 1983, 993 (1000); VILA RIBAS, in: CCJC 1987, 4297 (4305).

830 CAVANILLAS MUGICA/ TAPIA FERNANDEZ, Concurrencia de responsabilidad (1992), S. 66.

Auch in Frankreich selbst stößt der Ansatz zunehmend auf Kritik[831]. Die Nachteile dieser Theorie gestehen in Spanien selbst diejenigen zu, die sie für dogmatisch richtig halten[832]. Der Schutz des Geschädigten wird abgeschwächt, was unter Praxisgesichtspunkten und auch rechtspolitisch fragwürdig erscheint. Ferner ist die klare Einordnung einer Schädigungshandlung in den vertraglichen oder deliktischen Bereich oft nicht zu leisten[833]. Die sich hieraus ergebenden Unsicherheiten stellen eine zusätzliche Belastung für den Geschädigten dar, der Gefahr läuft, eine andere Zuordnung vorzunehmen als dies der Auffassung des Gerichts entspricht. Die Klage des Geschädigten würde abgewiesen, obwohl ein Schadensersatzanspruch im Ergebnis besteht. Die Erfahrungen aus Frankreich zeigen, daß mit diesem Ansatz eine erhöhte Belastung der Gerichte verbunden ist[834].

Aus Gründen der Prozeßökonomie verbietet es sich ferner, von einer Anspruchskonkurrenz auszugehen. In diesem Fall wäre der Geschädigte gezwungen, den Rechtsweg ein zweites Mal zu beschreiten, wenn die Auffassung der Gerichts bezüglich der juristischen Einordnung der Schädigung mit der Auffassung der Klägers auseinanderfiele, obschon auch das Gericht im Ergebnis von der Existenz des Schadensersatzanspruchs überzeugt gewesen sein mag.

Zusammenfassend sprechen mithin Gründe der Prozeßökonomie, der Rechtssicherheit und die schutzwürdigen Interessen des Geschädigten dafür, von einer Gesetzes- bzw. Anspruchsnormenkonkurrenz auszugehen. Stimmt das Gericht mit dem Geschädigten darin überein, daß ein Anspruch auf Schadensersatz besteht, mag es der Rechtsprechung überlassen bleiben, den Anspruch juristisch einzuordnen. Dabei stehen die vertragliche und die deliktische Haftung nebeneinander, soweit die jeweiligen Haftungstatbestände erfüllt sind.

2. Verhältnis der Haftung von Geschäftsherr und Hilfsperson

Fraglich ist auch, in welchem Verhältnis die Ansprüche des Geschädigten gegen den Geschäftsherrn zu seinen Ansprüchen gegen den Erfüllungsgehilfen stehen.

Für die Haftung des Erfüllungsgehilfen gilt zunächst, daß gegen diesen ein Anspruch auf vertraglicher Grundlage nicht in Betracht kommt. Denn die Hilfsperson ist im Verhältnis zu den Vertragsparteien Dritter und gerade nicht in die Ver-

---

[831] Vgl. CAVANILLAS MUGICA/ TAPIA FERNANDEZ, Concurrencia de responsabilidad (1992), S. 64.

[832] YZQUIERDO TOLSADA, in: RCDI 1991, 443, (485 f.).

[833] YZQUIERDO TOLSADA, in: RCDI 1991, 443 (453).

[834] CAVANILLAS MUGICA/ TAPIA FERNANDEZ, Concurrencia de responsabilidad (1992), S. 64.

tragsbeziehung integriert[835]. Jedoch steht einer eigenen Haftung der Hilfsperson neben dem Geschäftsherrn dann nichts entgegen, wenn die Voraussetzungen für eine unmittelbare deliktische Haftung aus Art. 1902 Cc.[836] vorliegen. Die deliktische Haftung des unmittelbaren Schadensverursachers und die vertragliche Haftung des Schuldners für seine Erfüllungsgehilfen bestehen nebeneinander[837]. Auch kann die Hilfsperson dem Geschäftsherrn gegenüber keinen Freistellungsanspruch geltend machen, selbst dann nicht, wenn es sich um ein Arbeitsverhältnis handelt[838]. Im Ergebnis dürfen die Ansprüche des Gläubigers jedoch nicht doppelt befriedigt werden[839].

3. Zusammenfassung der Unterschiede vertraglicher und deliktischer Haftung

Die wichtigsten Unterschiede zwischen einer vertraglichen und einer deliktischen Haftung des Geschäftsherrn faßt das *Tribunal Supremo* in seiner Entscheidung vom 18.10.1983[840] zusammen: Unterschiedlicher Ursprung der Anspruchsgrundlagen, Geschäftsfähigkeit als Voraussetzung für eine spätere vertragliche Haftung, unterschiedliche Verjährungsfristen, Beweislast bezüglich des Verschuldens bei der deliktischen Haftung, Verschuldensmaßstäbe, Umfang der Schadensersatzpflicht, gesamtschuldnerische Haftung (responsabilidad solidaria) bei der deliktischen Haftung.

In einer Entscheidung aus dem gleichen Jahr nennt das *Tribunal Supremo* auch die Gemeinsamkeiten beider Anspruchsgrundlagen[841]: Verletzungs- bzw. Schadenserfordernis, Zurechnung des Schadens, Haftung im Sinne einer Schadensersatzpflicht als Rechtsfolge.

Im übrigen erfaßt die vertragliche Haftung für Erfüllungsgehilfen auch Personengruppen, die aus der deliktischen Gehilfenhaftung ausgeklammert sind, weil es an dem dort erforderlichen Abhängigkeitsverhältnis fehlt. Insoweit ist der Anwendungsbereich der vertraglichen Haftung gegenüber der deliktischen Haftung weiter.

Als wesentlicher Unterschied ist zu betonen, daß im Rahmen der deliktischen Haftung die Schadensersatzpflicht des Geschäftsherrn neben der des unmittelba-

---

835 JORDANO FRAGA, Responsabilidad contractual (1987), S. 561 f.

836 Das gleiche gilt auch für die Haftung nach dem Strafgesetzbuch, Art. 120 *Código penal*.

837 SIERRA PÉREZ, Responsabilidad del empresario (1997), S. 132; JORDANO FRAGA, Responsabilidad por auxiliares (1994), S. 252.

838 Siehe schon oben, S. 98.

839 SIERRA PÉREZ, Responsabilidad del empresario (1997), S. 132.

840 STS (sala 1) 18.10.1983 (RJ 5332).

841 STS (sala 1) 5.7.1983 (RJ 4072); ebenso STS (sala 1) 19.6.1984 (RJ 3250).

ren Schadensverursachers steht. Hingegen hat der Geschädigte gegen den Erfüllungsgehilfen unter vertraglichen Gesichtspunkten keinerlei Ansprüche, weil die Hilfsperson Dritter im Verhältnis zu den Vertragsparteien ist[842]. Mithin kann man die deliktische Gehilfenhaftung als eine Haftungsverstärkung im Interesse des Geschädigten werten. Der Geschädigte erhält mit dem Geschäftsherrn einen zusätzlichen Schuldner. Dagegen stellt sich die vertragliche Haftung für Erfüllungsgehilfen als eine Haftungsverlagerung auf den Geschäftsherrn dar. Die Hilfsperson als unmittelbarer Schädiger tritt gegenüber dem Geschäftsherrn und dessen Haftung zurück. Dennoch ist die Haftung des Geschäftsherrn originär und leitet sich nicht von einer Haftung der Hilfsperson ab[843].

Ein letzter Unterschied zeigt sich im Hinblick auf die Verjährungsfristen. Bei deliktische Ansprüchen beträgt die Verjährungsfrist lediglich ein Jahr (Art. 1968 Abs. 2). Hingegen verjähren vertragliche Ansprüche erst binnen 15 Jahren (Art. 1964 Cc.)[844]. Diese 15-Jahresfrist ist auch im Hinblick auf die Haftung für Erfüllungsgehilfen maßgeblich, da diese vertraglicher Natur ist.

---

842 JORDANO FRAGA, Responsabilidad contractual (1987), S. 561 f.

843 Vgl. hierzu SIERRA PÉREZ, Responsabilidad del empresario (1997), S. 136.

844 ATÁZ LÓPEZ, Medicos y responsabilidad civil, S. 256; CAVANILLAS MÚGICA/ TAPIA FERNÁNDEZ, Concurrencia de responsabilidad (1992), S. 51.

D. Ergebnisse

I. Deliktische Haftung

Die einschlägige Regelung zur deliktischen Haftung für Hilfspersonen im *Código civil* findet sich in Art. 1903 Abs. 4. Die Regelung des Art. 1903 Abs. 4 Cc. ähnelt in ihrem Aufbau der französischen Regelung des Art. 1384 *Code civil* und weist eine kasuistische Struktur auf. Nach ihrem Wortlaut ist die Regelung primär auf Arbeitsverhältnisse ausgerichtet und behandelt die Haftung des Unternehmers (*empresario*) für seine Mitarbeiter (*dependiente*). Diese Beschränkung wird heute als zu eng bewertet und die Norm in einem weiten Sinne ausgelegt. Dennoch erfaßt die Regelung das deliktische Verhalten von Hilfspersonen über Arbeitsverhältnisse hinaus nur dann, wenn ein vergleichbares hierarchisches Verhältnis zwischen Geschäftsherr und Hilfsperson besteht. Maßgeblich ist die Weisungsgebundenheit der Hilfsperson.

Eine abstrakte Regelung der deliktischen Gehilfenhaftung, wie diese in § 831 BGB enthalten ist, findet sich im *Código civil* hingegen nicht. Da das spanische Zivilgesetzbuch insgesamt eine geringere Abstraktionshöhe aufweist, fügt sich die kasuistische Regelung grundsätzlich in die Gesamtstruktur des Gesetzeswerks ein. Dennoch wäre eine abstrakte Regelung der deliktischen Gehilfenhaftung nicht systemfremd. Insbesondere im Hinblick auf die Einleitungsformel des Art. 1903 Abs. 1 Cc. wird vereinzelt vertreten, diese als abstrakte Anspruchsgrundlage zu verstehen. Inspiriert wurde diese Auffassung durch die französische Rechtsprechung, die hinsichtlich der vergleichbaren Einleitungsformel des Art. 1384 *Code civil* einen derartigen Schluß gezogen hat. Für das spanische Recht jedenfalls kommt der erwähnten Einleitungsformel lediglich deklaratorischer Charakter zu.

Durch die Kasuistik der Regelung ergeben sich Abgrenzungsschwierigkeiten, die im deutschen Recht unbekannt sind. Schwierig gestaltet sich insbesondere die haftungsrechtliche Behandlung leitender Angestellter, die im Sinne der Norm entweder unter den Begriff des Direktors (*director*) zu subsumieren sind, der selbst für Dritte haftet, oder aber als gewöhnliche Mitarbeiter (*dependientes*) einzustufen sind. Im deutschen Recht besteht eine derartige Grauzone aufgrund der Regelung der §§ 31, 89 BGB und der hierzu ergangenen Judikatur nicht. Hingegen war die Rechtsprechung des *Tribunal Supremo* gezwungen, eine umfangreiche Kasuistik zu entwickeln.

Überschreitet die Hilfsperson die ihr erteilten Weisungen oder stellt die Schädigung in anderer Weise ein Exzeßverhalten dar, schließt dies die Haftung des Geschäftsherrn in der Regel nicht aus. Die Grenze für die Haftung des Geschäftsherrn kann nicht genau definiert werden. Auch in Deutschland ist es bislang nicht gelungen, ein sachliches Kriterium zu finden, um die Fälle abzugrenzen, die nicht mehr dem Verantwortungsbereich des Geschäftsherrn zuzurechnen sind[845]. Der Verantwortungsbereich des Geschäftsherrn ist jedoch in jedem Fall weit festzulegen. Denn die grundsätzliche Überlegung, daß der Geschäftsherr nach Sinn und Zweck einer gesetzlichen Gehilfenhaftung gerade für das pflichtwidrige Verhalten seiner Hilfsperson einstehen müsse, gilt für beide Rechtsordnungen gleichermaßen.

Die Haftung nach Art. 1903 Cc. erfordert ebenso wie § 831 BGB ein Verschulden des Geschäftsherrn, das sich regelmäßig in einem unsorgfältigen Verhalten bei der Auswahl oder Überwachung der Hilfspersonen manifestiert. Gemäß Art. 1903 Abs. 6 Cc. besteht für den Geschäftsherrn die Möglichkeit, sich zu exkulpieren und dadurch die gegen ihn gerichteten Ansprüche des Geschädigten abzuwenden. Die Rechtsprechung des *Tribunal Supremo* setzt die Erfordernisse an die Exkulpation derart hoch, daß diese heute in Spanien ohne nennenswerte praktische Bedeutung ist.

Die Voraussetzungen des § 831 BGB sind insoweit vergleichbar. Grundsätzlich setzt auch nach deutschem Recht die Haftung des Geschäftsherrn dessen Verschulden voraus. Dabei wird die in § 831 Abs. 1 S. 1 BGB vorgesehene Exkulpationsmöglichkeit nach der Rechtsprechung ebenfalls von strengen Voraussetzungen abhängig gemacht[846]. Dennoch reichen die Vorbehalte der deutschen Rechtsprechung nicht so weit, daß die Exkulpationsmöglichkeit wie in Spanien faktisch nicht mehr bestünde.

Ein bedeutender Unterschied zum deutschen Recht zeigt sich im Hinblick auf das Erfordernis eines eigenen Verschuldens der Hilfsperson als Haftungsvoraussetzung. Nach dem spanischen Recht muß dieses zu dem Verschulden des Geschäftsherrn hinzutreten, um dessen Haftpflicht zu begründen. Das BGB differenziert die Haftung des Geschäftsherrn für eigenes Verschulden und seine Haftung aufgrund der Zurechnung fremden Verschuldens. § 831 BGB stellt ausschließlich eine Regelung für eigenes Verschulden des Geschäftsherrn dar. Hingegen muß sich der Geschäftsherr im Rahmen seiner Haftung aus § 278 BGB das Verschulden seiner Hilfsperson zurechnen lassen, wobei es auf sein eigenes Verschulden gerade nicht ankommt. Demgegenüber erweist sich Art. 1903 Abs. 4 Cc. als eine Mischform. Die Haftung beruht sowohl auf einem eigenen Verschulden des Geschäftsherrn als auch auf der Zurechnung fremden Verschuldens.

---

845 STEIN, in: Münch-Komm., zu § 831, Rz. 48.

846 Vgl. LARENZ/ CANARIS, Schuldrecht (1994), Bd. 2/ 2, S. 381; KÖTZ, Deliktsrecht (1998), Rz. 282.

Gemäß Art. 1904 Cc. kann der Geschäftsherr gegen die Hilfsperson Regreß nehmen. Die Regelung sieht lediglich einen Totalregreß vor. Für eine Haftungsaufteilung zwischen dem Geschäftsherrn und der Hilfsperson läßt sich dem Gesetz kein Hinweis entnehmen. Weder die spanische Gesetzgebung noch die Rechtsprechung haben bislang die Besonderheiten berücksichtigt, die sich aus Billigkeitsgesichtspunkten aus einem Arbeitsverhältnis ergeben können. Ein sog. Freistellungs- und Erstattungsanspruch, wie ihn die Rechtsprechung des BAG unter Berücksichtigung der Schwere des gegen die Hilfsperson gerichteten Verschuldensvorwurfs entwickelt hat, ist in Spanien unbekannt. In der Praxis ist der Regreß gegen einen Arbeitnehmer in Spanien dennoch ein seltener Ausnahmefall.

Eine Ausnahme von der strengen Regreßhaftung des Arbeitnehmers gilt lediglich für Lehrer, vgl. Art. 1904 Abs. 2 Cc. Diese haften lediglich im Falle eines vorsätzlichen oder grob fahrlässigen Verhaltens. Die Haftung von Lehrern nach dieser Regelung unterscheidet sich jedoch ohne sachlichen Grund von der Haftung anderer Arbeitnehmer. Der Hintergrund der Privilegierung von Lehrern gegenüber anderer Arbeitnehmer beruht allein auf dem Druck, den die Lehrergewerkschaften auf den Gesetzgeber ausgeübt haben. Daher erscheint es jedenfalls richtig, die Haftungsprivilegierung ebenfalls auf solche Berufsgruppen analog anzuwenden, die den Lehrern unmittelbar vergleichbar sind (z.B. Kindergärtner). Es erscheint darüber hinaus geboten, die Haftungsprivilegierung auch auf andere abhängige Arbeitsverhältnisse anzuwenden.

Eine zivilrechtliche Einstandspflicht für das Verhalten von Hilfspersonen enthält auch das spanische Strafgesetzbuch (*Código penal*). Trotz der Kritik an einer zweigleisigen Regelung der Geschäftsherrnhaftung in Straf- und Zivilgesetzbuch hat der spanische Gesetzgeber die Regelung im Rahmen der großen Strafrechtsreform des Jahres 1995 nicht nur beibehalten, sondern vielmehr in Art. 120 *Código penal* n.F. einer überarbeiteten Regelung zugeführt. Die Gehilfenhaftung nach Art. 120 des *Código penal* ist rein zivilrechtlich einzuordnen. Anders als die Haftung nach dem Zivilgesetzbuch, setzt Art. 120 *Código penal* eine strafbare Handlung der Hilfsperson voraus. Der entscheidende Unterschied zu der Regelung des Art. 1903 Cc. ist die Subsidiarität der Haftung des Geschäftsherrn gegenüber der Schadensersatzpflicht, welche der Hilfsperson selbst obliegt.

II. Haftung innerhalb von Sonderbeziehungen

Das Anwendungsfeld der deliktischen Gehilfenhaftung ist in Spanien ungleich größer als in Deutschland, denn das spanische Recht enthält keine abstrakte Regelung der Haftung für Erfüllungsgehilfen. Daß das Bestehen einer Sonderverbindung, insbesondere eines Vertrages, Besonderheiten im Hinblick auf die Haftung für eingesetzte Hilfspersonen bergen kann, wird selten erkannt. Die Rechtsprechung bringt das Deliktsrecht pauschal zur Anwendung, wenn durch den Einsatz von Hilfspersonen ein Dritter zu Schaden kommt. Hierdurch wird dem Geschäftsherrn auch im Rahmen einer Vertragsbeziehung eine Exkulpationsmöglichkeit gewährt, wenn er Dritte in die Verbindlichkeit integriert. Dies ist paradox, denn im Falle eigenen Handelns steht dem Schuldner eine derartige Exkulpationsmöglichkeit nicht zu. Bei ausschließlicher Anwendung der deliktischen Anspruchsgrundlagen kann sich der Schuldner durch den Einsatz Dritter einen Vorteil verschaffen, für den eine Berechtigung nicht erkennbar ist.

Die Rechtsprechung des *Tribunal Supremo* umgeht diese haftungsrechtliche Schieflage dadurch, daß sie die Voraussetzungen einer Exkulpation praktisch nie anerkennt. Damit wird zwar im Ergebnis eine Haftungssituation hergestellt, an deren Billigkeit keine Zweifel bestehen. Die Vorgaben der gesetzlichen Regelung werden indes fast vollständig aufgehoben und das Maß zulässiger Rechtsfortbildung überschritten.

Richtigerweise ist für das spanische Recht von der Existenz eines ungeschriebenen Rechtssatzes bezüglich der Haftung des Geschäftsherrn für Erfüllungsgehilfen auszugehen. Insbesondere das spanische Zivil- und Handelsgesetzbuch enthalten zahlreiche Tatbestände, in denen einzelne Konstellationen der Haftung eines Geschäftsherrn für Dritte, derer er sich im Rahmen einer Verbindlichkeit bedient, einer Regelung zugeführt werden. Eine vergleichende Auswertung dieser Einzelnormen ergibt, daß es sich dabei nicht um eine abgeschlossene Gruppe von Sondertatbeständen handelt. Vielmehr sind die erwähnten Normen positivrechtliche Ausprägungen eines übergeordneten allgemeinen Rechtssatzes. Der Inhalt dieses allgemeinen Rechtssatzes erschließt sich wiederum aus einer vergleichenden Betrachtung der angesprochenen Einzelnormen. Diese weisen in ihren Grundzügen einheitliche Voraussetzungen auf. Wer sich eines Dritten zur Erfüllung seiner Verbindlichkeiten bedient, haftet ohne Rücksicht auf ein eigenes Verschulden für die von diesem schuldhaft verursachten Schäden unabhängig davon, ob die Hilfsperson sich in einem Abhängigkeitsverhältnis zu dem Geschäftsherrn befand.

Ferner können die bestehenden Sondertatbestände zur Haftung für Erfüllungsgehilfen auf vergleichbare Sachverhalte analog angewandt werden. Dies erfordert eine Vergleichbarkeit der jeweiligen Norm mit dem ungeregelten Sachverhalt im Einzelfall. Einzelne Normen können nicht pauschal in allen Fällen der Haftung für Erfüllungsgehilfen herangezogen werden. Dies gilt selbst dann, wenn die Vergleichsnorm einen grundsätzlich weiten Tatbestand aufweist, wie etwa im Falle des Auftragsrecht nach Art. 1721 *Código civil*.

E. Ausblick und Lösungsvorschläge *de lege ferenda*

Die Regelungen des *Código civil* zur Haftung für Hilfspersonen erscheinen in zwei Punkten reformbedürftig.

Im Rahmen der deliktischen Haftung für Erfüllungsgehilfen soll das Erfordernis eines Verschulden des Geschäftsherrn in Art. 1903 Cc. entfallen. Zweitens bedarf es im *Código civil* einer allgemeinen Regelung zur Haftung für Erfüllungsgehilfen, die im Rahmen einer Sonderverbindung zum Einsatz kommen.

I. Deliktische Haftung

Das Verschuldensprinzip im Anwendungsbereich der Haftung für Hilfspersonen kann den Anforderungen einer modernen Wirtschaftsordnung nicht mehr genügen. Dies ist keine Feststellung, die sich auf das spanische Recht begrenzt. Die Verschuldenshaftung nimmt heute vielfach eine Aufgabe wahr, auf die sie nicht zugeschnitten ist. Sie muß dort ergänzend eingreifen, wo objektive Zurechnungsgrundsätze nicht existieren oder versagen, obwohl sie auf die technischen Risiken der modernen Gesellschaft nicht zugeschnitten ist[847]. Dieses Problem ist in Spanien besonders deutlich, da Gefährdungshaftungstatbestände in Spezialgesetzen noch rar sind[848].

Die Rechtsprechung des *Tribunal Supremo* hat dies erkannt und durch die Anhebung der Exkulpationsvoraussetzungen über ein realistisches Maß hinaus praktisch eine verschuldensunabhängige Einstandspflicht des Geschäftsherrn für seine Hilfspersonen geschaffen. VON CAEMMERER[849] weist dagegen auf die grundsätzliche Gefahr hin, daß die Verschuldenshaftung denaturiert und zu einer Haftung für „*negligence without fault*"[850] umgestaltet werde. Dies beschreibt die gegenwärtige Situation, die durch die Rechtsprechung des *Tribunal Supremo* geschaffen wurde, in zutreffender Weise. Verschuldensvorwürfe werden in Bereichen konstruiert, in denen niemandem ernsthaft ein Sorgfaltsverstoß angelastet werden kann.

Für diese Rechtsprechung streiten allein Aspekte materieller Gerechtigkeit im Einzelfall. Die Einzelfallgerechtigkeit wird um den hohen Preis erworben, daß das Verschulden als haftungsbegründendes Kriterium ausgehöhlt wird. Der normative Aussagewert des Verschuldens und damit der geforderten Sorgfaltsanforderungen wird durch die erhebliche Ausweitung des Begriffs relativiert und un-

---

847 V. CAEMMERER, in: RabelsZ 42 (1978), 5 (11f.).

848 Vgl. CAVANILLAS MUGICA, Transformación de responsabilidad (1987), S. 117.

849 Vgl. v. CAEMMERER, in: RabelsZ 42 (1978), 5 (12).

850 Dieser pointiert paradoxe Begriff stammt von EHRENZWEIG, vgl. v. CAEMMERER, in: RabelsZ 42 (1978), 5 (12).

greifbar. Damit werden aber sowohl dem Unternehmer objektive Anhaltspunkte dafür genommen, wie er sich sorgfaltsgemäß zu verhalten hat als auch dem Richter faßbare und nachvollziehbare Kriterien verloren gehen[851]. Die Entscheidungen zu Fällen der Gehilfenhaftung wirken daher oft willkürlich.

Eine Lösung kann nur in einem Tätigwerden des Gesetzgeber liegen. Die Mißstände, die sich gegenwärtig insbesondere in dogmatischer Hinsicht ergeben, können nur durch die Einführung einer verschuldensunabhängigen Haftung für Hilfspersonen behoben werden. Die Haftungswirklichkeit würde hierdurch zwar nicht verändert, denn die Gerichte urteilen derzeit so, als sei die verschuldensunabhängige Haftung des Geschäftsherrn bereits eingeführt. Dennoch würde die Rechtsprechung in ihrem Vorgehen legitimiert und die Rechtssicherheit insgesamt gesteigert. Für eine verschuldensunabhängige Haftung spricht ferner, daß der Geschäftsherr, insbesondere der Unternehmer, die Risiken seiner Aktivität am ehesten einschätzen, sich gegen diese versichern und die Kosten für das versicherbare Risiko auf die Verbraucher umlegen kann. ALONSO OLEA spricht in diesem Zusammenhang bildlich von einer „Externalisierung" des unternehmerischen Risikos[852]. Im Regelfall wird vermittels der Versicherungsverträge auch der Rückgriff auf die einzelnen Arbeitnehmer ausgeschlossen[853]. Mittelbar könnte auf diesem Wege also auch der zuvor angesprochenen Schutzwürdigkeit der Arbeitnehmer unter Regreßgesichtspunkten entsprochen werden. Eine zusätzliche Aktivität des Gesetzgebers in diesem Bereich kann hierdurch allerdings nicht ersetzt werden. Lediglich vereinzelt finden sich noch Stimmen, welche die aktuelle Rechtslage ausdrücklich verteidigen[854].

Die zuvor getroffenen Feststellungen sind um so mehr zu unterstreichen, als für den gegenwärtigen Zeitpunkt in Spanien einer Änderung der Haftungslage denkbar erscheint. Im Rahmen der parlamentarischen Debatten betreffend die Änderungen des *Código civil* durch Gesetz vom 7.1.1991 wurde eine Änderung des Art. 1903 Cc. im Sinne der Einführung einer verschuldensunabhängigen Haftung zwar diskutiert, jedoch vom sozialistischen Flügel jedenfalls für jenen Moment abgelehnt. Dennoch wurde die Fragestellung im Hinblick auf eine mögliche zukünftige umfassende Zivilrechtsreform ausdrücklich offen gehalten[855]. Durch die spanischen Parlamentswahlen Anfang 2000 hat sich die politische Lage in Spanien wesentlich geändert. Die konservative Partei, *Partido Popular*, verfügt seit-

---

[851] ZELAYA ETCHEGARAY, Responsabilidad del empresario (1995), S. 40.

[852] ALONSO OLEA, Responsabilidad del empresario (1990), S. 92.

[853] Vgl. SIERRA PÉREZ, Responsabilidad del empresario (1997), S. 141 Fn. 138, mit weiteren Nachweisen.

[854] GARCÍA CANTERO, in: Centenario (1990), Bd. 2, S. 875 (881).

[855] Vgl. SIERRA PÉREZ, Responsabilidad del empresario (1997), S. 142, Fn. 140.

dem über die absolute Mehrheit im Parlament. Das Anliegen der Fraktion scheint in Richtung einer verschuldensunabhängigen Gehilfenhaftung zu tendieren. Dies wurde bereits in den parlamentarischen Debatten um die Reform der Haftung für Lehrer deutlich[856].

II. Haftung innerhalb von Sonderverbindungen

Regelungsbedarf besteht auch hinsichtlich einer Haftung des Geschäftsherrn für Erfüllungsgehilfen, die im Rahmen einer Sonderverbindung eingesetzt werden. Zwar ergibt sich die verschuldensunabhängige Einstandspflicht des Geschäftherrn für seine Erfüllungsgehilfen bereits aus einem allgemeinen Rechtssatz. Dennoch ist dessen Positivierung notwendig. Denn der Rechtssatz zur Haftung für Erfüllungsgehilfen findet bislang nur selten Anwendung und wird oftmals auch gänzlich verkannt. Nur durch die gesetzliche Festschreibung einer Haftung für Erfüllungsgehilfen im allgemeinen läßt sich vermeiden, daß der Anwendungsbereich der bestehenden Vorschriften zur deliktischen Haftung überdehnt wird. Denn das Fehlen einer Regelung zur Erfüllungsgehilfenhaftung hat dazu geführt, das Deliktsrecht pauschal und undifferenziert auch innerhalb bestehender Sonderverbindungen anzuwenden. Die Grenzen des Wortlautes des Art. 1903 Cc. läßt die Rechtsprechung des *Tribunal Supremo* teilweise vollständig außer acht. Dies gilt insbesondere hinsichtlich des Verschuldenserfordernisses, das die Judikatur entgegen dem eindeutigen Wortlaut der Norm praktisch abgeschafft hat.

Zwar weist die Rechtsprechung des *Tribunal Supremo* in einzelnen Urteilen selbst auf die Existenz eines allgemeinen Rechtssatzes zur Haftung für Erfüllungsgehilfen in Spanien hin. Dieses Kriterium wird aber jeweils nur als zusätzlicher Aspekt angeführt, um eine Einstandspflicht des Geschäftsherrn grundsätzlich zu rechtfertigen. Im Ergebnis werden als Grundlage der Haftung regelmäßig deliktische Normen herangezogen. Eine eigenständige Berücksichtigung des allgemeinen Rechtssatzes durch die Rechtsprechung und eine differenzierte Anwendung deliktischer und vertraglicher Anspruchsgründe für die Haftung von Hilfspersonen steht nicht in Aussicht. Einerseits würde das Gericht dadurch seine bisherige Rechtsprechung in Frage stellen. Zum anderen besteht aus pragmatischer Sicht auch kein Veränderungsbedarf, denn die Haftungsergebnisse sind in der Regel angemessen. Dennoch ist eine Regelung durch den Gesetzgeber unverzichtbar. Denn aus dogmatischer Sicht ist die Rechtsprechung des *Tribunal Supremo* nicht haltbar. Gerade dies ist aber eine wichtige Voraussetzung für Rechtssicherheit und Rechtsklarheit. Nur eine dogmatisch konsequente Rechtsprechung ist für den einzelnen Bürger transparent und vorhersehbar. Juristische

[856] Vgl zu den parlamentarischen Debatten insoweit ANGEL YÁGÜEZ, Tratado de responsabilidad civil (1993), S. 533. Zur Reform der Haftung für Lehrer vgl. oben, S. 98.

Dogmatik und Rechtssicherheit stehen insoweit in einer engen Wechselbeziehung.

Eine gesetzliche Regelung müßte die Elemente enthalten, welche sich bereits aus dem bestehenden allgemeinen Rechtssatz ergeben. Maßgeblich ist das Bestehen einer Sonderverbindung, die sowohl in Form eines Vertrages als auch einer vertragsähnlichen Beziehung zwischen zwei Parteien möglich ist. Schadensverursacher muß ein Dritter sein, welcher vom Schuldner zur Erfüllung seiner Verbindlichkeiten eingesetzt wird. Dabei kommt es weder auf das Bestehen einer Weisungsgebundenheit oder eines anders gearteten Abhängigkeitsverhältnisses noch auf ein Verschulden des Geschäftsherrn an.

Zusammenstellung und Übersetzung der wesentlichen spanischen Gesetzesregelungen

Constitución Española (Verfassung)

Art. 117

V. *El principio de unidad jurisdiccional es la base de organización y funcionamiento de los Tribunales.* (...)

Das Prinzip einer einheitlichen Rechtsprechung ist die Organisations- und Funktionsgrundlage der Gerichte.

Código civil (Zivilgesetzbuch)[857]

Art. 3

1. *Las normas se interpretarán según el sentido propio de sus palabras, en relación con el contexto, los antecedenes históricos y legislativos, y la realidad social del tiempo en que han de ser aplicadas, atendiendo fundamentalmente al espíritu y finalidad de aquéllas.*

Normen werden gemäß dem Wortsinn, unter Berücksichtigung des Zusammenhangs, der historischen und gesetzgeberischen Vorgeschichte sowie der sozialen Wirklichkeit der Zeit, in der sie angewendet werden müssen, ausgelegt, wobei grundsätzlich Sinn und Zweck jener Gesetze zu beachten sind.

2. (...)

Art. 4

1. *Procederá la aplicación analógica de las normas cuando éstas no contemplen un supesto específico, pero regulen otro semejante entre los que aprecie identidad de razón.*

Eine analoge Anwendung der Normen ist statthaft, wenn diese zwar einen bestimmten Sachverhalt nicht berücksichtigen, jedoch einen anderen regeln, sofern der Gesetzeszweck gleich ist.

2. *Las leyes penales, las excepcionales y las de ámbito temporal no se aplicarán a supuestos ni en momentos distintos de los comprendidos expresamente en ellas.*

---

[857] Die deutschen Übersetzungen aus dem *Código civil* sind angelehnt an Peuster, Spanisches Zivilgesetzbuch (1979).

Strafgesetze, Ausnahmeregelungen sowie Gesetze mit zeitlich beschränkter Geltung werden nicht auf andere Sachverhalte oder Zeitpunkte angewandt als die, die ausdrücklich von ihnen erfaßt sind.

3. *Las disposiciones de este Código se aplicarán como supletorias en las materias reglas por otras leyes.*

Die Bestimmungen dieses Gesetzbuchs werden in den Rechtsbereichen, die durch andere Gesetze geregelt sind, ergänzend angewandt.

Art. 1092

Las obligaciones civiles que nazcan de los delitos o faltas se regirán por las disposiciones del Código Penal.

Zivilrechtliche Verbindlichkeiten, die sich aus Straftaten oder Übertretungen ergeben, richten sich nach den Bestimmungen des Strafgesetzbuches.

Art. 1101

Quedan sujetos a la indemnización de los daños y perjuicios causados los que en el cumplimiento se sus obligaciones incurrieren en dolo, negligencia o morosidad, y los que de cualquier modo contravinieren al tenor de aquéllas.

Diejenigen, die sich bei der Erfüllung ihrer Verbindlichkeit vorsätzlich, fahrlässig oder säumig verhalten, oder die auf irgendeine Weise dem Inhalt der Verbindlichkeit zuwiderhandeln, sind zum Ersatz der verursachten Schäden und Nachteile verpflichtet.

Art. 1270

I. *Para que el dolo produzca la nulidad de los contratos, deberá ser grave y no haber sido empleado por las dos partes contratantes.*

Damit die Arglist die Unwirksamkeit der Verträge herbeiführt, muß sie schwerwiegend sein und darf nicht von beiden Vertragsparteien eingesetzt worden sein.

II. *El dolo incidental sólo obliga al que lo empleó a indemnizar daños y perjuicios.*

Eine beiläufige Arglist verpflichtet lediglich denjenigen, der sie eingesetzt hat, zum Ersatz von Schäden und Nachteilen.

Art. 1550

Cuando en el contrato de arrendamiento de cosas no se prohíba expresamente, podrá el arrendatario subarrendar en todo o en parte la cosa arrendada, sin perjuicio de su responsabilidad al cumplimiento del contrato para con el arrendador.

Wenn es im Mietvertrag nicht ausdrücklich untersagt ist, kann der Mieter die Mitsache ganz oder teilweise untervermieten, unbeschadet seiner Verantwortlichkeit auf Erfüllung des Vertrages gegenüber dem Vermieter.

Art. 1564

El arrendatario es responsable del deterioro *causado por las personas de su casa.*

Der Mieter haftet für Schäden, die durch Personen seines Hauses worden sind.

Art. 1596

El contratista es responsable del trabajo ejecutado por las personas que ocupare en la obra.

Der Unternehmer haftet für die Arbeit der Personen, die er beim Werk beschäftigt.

Art. 1601

I. *Los conductores de efectos por tierra o por agua están sujetos en cuanto a la guarda y conservación de las cosas que se les confían, a las mismas obligaciones que respecto a los posaderos se determinan en los artículos 1783 y 1784.*

Die Frachtführer von beweglichen Sachen auf dem Land oder auf dem Wasser sind, soweit es den Schutz und die Aufbewahrung der Sachen angeht, die ihnen anvertraut werden, denselben Pflichten unterworfen, die hinsichtlich der Gastwirte in den Artikeln 1783 und 1784 festgelegt werden.

II. (...)

Art. 1766

El depositario está obligado a guardar la cosa y restituirla, cuando le sea pedida, al depositante, o a sus causahabientes, o a la persona que hubiese sido designada en el contrato. Su responsabilidad, en cuanto a la guarda y la pérdida de la cosa, se regirá por lo dispuesto en el Título I de este libro.

Der Verwahrer ist verpflichtet, die Sache aufzubewahren und sie, wenn sie von ihm herausverlangt wird, dem Hinterleger, seinen Rechtsnachfolgern oder derjenigen Person herauszugeben, die im Vertrag bestimmt worden ist. Seine Haftung richtet sich, soweit es die Aufbewahrung und den Verlust der Sache angeht, nach dem Bestimmungen im ersten Titel dieses Buches.

Art. 1783

Se reputa también depósito necesario el de los efectos introducidos por los viajeros en las fondas y mesones. Los fondistas y mesoneros responden de ellos como tales depositarios, con tal que se hubiese dado conocimiento a los mis-

mos, o a sus dependientes, de los efectos introducidos en su casa, y que los viajeros, por su parte, observen las prevenciones que dichos posaderos o sus sustitutos les hubiesen hecho sobre cuidado y vigilancia de *los efectos.*

Ebenso als notwendige Hinterlegung wird die Hinterlegung der Wertsachen angesehen, die von den Reisenden in den Gast- und Wirtshäusern eingebracht werden. Die Gastwirte und Wirtsleute haften für sie als notwendige Verwahrer, vorausgesetzt, daß sie oder ihre Angestellten von der Einbringung der Wertsachen in Kenntnis gesetzt worden sind, und daß die Reisen ihrerseits die Hinweise beachten, die ihnen besagte Wirte oder ihre Untergebenen über Aufbewahrung und Beachtung der Wertsachen gegeben haben.

Art. 1784

*La responsabilidad a que se refiere el artículo anteri*or comprende los daños hechos en *los efectos de los viajeros, tanto por los criados o dependientes de los fondistas o mesoneros como por los extraños; pero no los que provengan de robo a mano armada, o sean ocasionados por otro suceso de fuerza mayor.*

Die Haftung, auf die sich der vorhergehende Artikel bezieht, erfaßt sowohl diejenigen Schäden an den Wertsachen der Reisenden, die von den Dienern oder Angestellten der Gastwirte oder Wirtsleute, als auch die, die von Außenstehenden zugefügt worden sind; aber nicht die Schäden, die von einem bewaffneten Raubüberfall herrühren oder durch ein anderes Ereignis höherer Gewalt verursacht worden sind.

Art. 1902

El que por acción u omisión causa daño a otro, interviniendo culpa o negligencia, está obligado a reparar el daño causado.

Wer durch Tun oder Unterlassen vorsätzlich oder fahrlässig einem anderen einen Schaden zufügt, ist zum Ersatz des verursachten Schadens verpflichtet.

Art. 1903

I. *La obligación que impone el artículo anterior es exigible, no sólo por los actos u omisiones propios, sino por los de aquellas personas de quienes se debe responder.*

Die Verpflichtung die der vorausgehende Artikel bestimmt, gilt nicht nur für eigenes Tun und Unterlassen, sondern auch das derjenigen Personen für die man einzustehen hat.

II. *Los padres son responsables de los daños causados por los hijos que se encuentren bajo su guarda.*

Die Eltern sind für die durch ihre Kinder verursachten Schäden verantwortlich, soweit diese sich unter ihrer Obhut befinden.

III. *Los tutores lo son de los perjuicios causados por los menores o incapacitados que están bajo su autoridad y habitan en su compañía.*

Die Vormünder sind es für die Schäden, welche von den Minderjährigen oder Geschäftunfähigen verursacht worden sind, die unter ihrer Gewalt stehen und mit ihnen zusammenwohnen.

IV. *Lo son igualmente los dueños o directores de un establecimiento o empresa respecto de los perjuicios causados por sus dependientes en el servicio de los ramos en que los tuvieran empleados, o con ocasión de sus funciones.*

Ebenso sind verpflichtet die Inhaber oder Direktoren eines Unternehmens oder einer Einrichtung im Hinblick auf die Schädigungen die von ihren Mitarbeitern bei Erfüllung von Aufgaben für die sie angestellt sind oder im Zusammenhang mit ihren Aufgaben verursacht wurden.

V. *Las personas o entidades que sean titulares de un Centro docente de enseñanza no superior responderán de los daños y perjuicios que causen sus alumnos menores de edad durante los períodos de tiempo en el que los mismos se hallen bajo el control o vigilancia del profesorado del Centro, desarrollando actividades escolares o extraescolares y complementarias.*

Die Personen oder Gesellschaften, welche Träger einer Lehranstalt nicht höherer Art sind, haften für die Schäden und Nachteile, die von ihren minderjährigen Schülern, in der Zeit in welcher sie sich unter der Kontrolle oder der Aufsicht des Lehrpersonals der Lehranstalt befinden, verursacht werden, soweit jene schulischen oder ergänzenden außerschulischen Tätigkeiten nachgehen.

VI. *La responsabilidad de que trata este artículo cesará cuando las personas en él mencionadas prueben que emplearon toda la diligencia de un buen padre de familia para prevenir el daño.*

Die Haftung nach diesem Artikel erlischt, wenn die genannten Personen beweisen, daß sie die Sorgfalt eines guten Familienvater angewendet haben, um den Schaden zu verhüten.

Art. 1904

El que paga el daño causado por sus dependientes puede repetir de éstos lo que hubiese satisfecho.

Wer den durch seine Mitarbeiter verursachten Schaden bezahlt, kann von diesen zurückfordern, was er entrichtet hat.

Art. 1964

La acción hipotecaria prescribe a los veinte años y las personales que no tengan señalados término especial de prescripción a los quince.

Der Hypothekenanspruch verjährt in 20 Jahren und die persönlichen Ansprüche, für die keine besondere Verjährungsfrist angezeigt ist, in 15.

Art. 1968

Prescriben por el transcurso de un año:

Mit Ablauf eines Jahres verjähren:

1. (...)

2. *La acción para exigir la responsabilidad civil por injuria o calumnia y por las obligaciones derivadas de la culpa o negligencia de que se trata en el artículo 1902, desde que lo supo el agraviado.*

Der Anspruch auf Geltendmachung der zivilrechtlichen Haftung wegen Beleidigung oder Verleumdung oder wegen der aus Verschulden oder Fahrlässigkeit abgeleiteten Verbindlichkeiten, um die es sich in Art. 1902 handelt, und zwar von dem Augenblick an, in dem der Verletzte es wußte.

Código penal (Strafgesetzbuch)

Art. 109

II. *El perjudicado podrá optar, en todo caso, por exigir la responsabilidad civil ante la Jurisdicción Civil.*

Der Geschädigte kann sich in jeden Fall dafür entscheiden, die zivilrechtlichen Haftung vor der Zivilgerichtsbarkeit geltend zu machen.

Art. 120

Son también responsables civilmente, en defecto de los que lo sean criminalmente:

Es haften zusätzlich zivilrechtlich, bei Ausfall derjenigen die strafrechtlich verantwortlich sind:

Nr. 4 *Las personas naturales o jurídicas dedicadas a cualquier género de industria o comercio, por los delitos o faltas que hayan cometido sus empleados o dependientes, representantes o gestores en el desempeño de sus obligaciones o servicios.*

Die natürlichen und juristischen Personen, die irgendeine Art von Industrie oder Handel betreiben, für die Delikte oder Vergehen die von ihren Mitarbeitern oder Angestellten, Vertretern oder Agenten bei Ausübung ihrer Verpflichtungen oder Dienstleistungen begangen wurden.

Art. 125

Cuando los bienes del responsable civil no sean bastantes para satisfacer de una vez todas las responsabilidades pecuniarias, el Juez o Tribunal, previa audiencia al perjudicado, podrá fraccionar su pago, señalando, según su prudente arbitrio y en atención a las necesitades del perjudicado y a las posibilidades económicas del responsable, el período e importe de los plazos.

Wenn das Vermögen des zivilrechtlich Haftenden nicht ausreicht, um seine Zahlungsverpflichtungen auf ein Mal zu erfüllen, kann der Richter, nach vorheriger Anhörung des Geschädigten, Ratenzahlung bestimmen. Hierbei kann er nach seinem sorgfältigen Ermessen und unter Berücksichtigung der Bedürfnisse des Geschädigten sowie der wirtschaftlichen Möglichkeiten des Haftenden die Zeitabstände und die Höhe der Raten festlegen.

Código de Comercio (Handelsgesetzbuch)

Art. 618

El capitán será responsable civilmente para con el naviero, y éste para con los terceros que hubieran contratado con él:

Der Kapitän haftet gegenüber dem Reeder zivilrechtlich und dieser haftet gegenüber Dritten, die einen Vertrag mit ihm geschlossen haben:

1. *De todos los daños que sobreviniere al buque y su cargamento por impericia o descuido de su parte.*

Si hubiere mediado delito o falta, lo será con arreglo al Código Penal.

Für alle Schäden, die das Schiff oder die Ladung durch Unerfahrenheit oder Unachtsamkeit von seiner Seite erleidet. Liegt ein Delikt oder Vergehen zugrunde, sind die Vorschriften des Strafgesetzbuchs maßgeblich.

4. *De los daños y perjuicios que se causaren por discordias que se susciten en el buque o por faltas cometidas por la tripulación en el servicio y defensa del mismo, si no probare que usó oportunamente de toda la extensión de su autoridad para prevenirlas o evitarlas.*

Für die Schäden und Nachteile die durch Streitigkeiten an Bord oder durch Fehler der Besatzung bei dem Dienste auf dem Schiff oder bei seinem Schutz verursacht wurden, es sei denn, er beweist, daß er in geeigneter Weise seine gesamte Autorität eingesetzt hat um dem zuvorzukommen oder es zu verhindern.

Ley de enjuiciamento criminal (Strafprozeßordnung)

Art. 108

La acción civil ha de entablarse juntamente con la penal por el Ministerio fiscal, haya o no en el proceso acusador particular; pero si el ofendido renunciare expresamente su derecho de restitución, reparación o indemnización, el Ministerio fiscal se limitará a pedir el castigo de los culpables.

Die Staatsanwaltschaft hat die zivilrechtlichen Ansprüche zusammen mit der Strafanklage zu erheben, unabhängig davon, ob ein Privatankläger an dem Verfahren teilnimmt; verzichtet der Geschädigte indes ausdrücklich auf Wiederherstellung, Reparation oder Schadensersatz, wird sich die Staatsanwaltschaft darauf beschränken, eine Bestrafung der Schuldigen zu fordern.

Art. 112

I. *Ejercitada sólo la acción penal, se entenderá utilizada también la civil, a no ser que el dañado o perjudicado la renunciase o la reservase expresamente para ejecitarla después de terminado el juicio criminal, si a ello hubiere lugar.*

Mit der Einleitung des Strafverfahrens gelten die zivilrechtlichen Ansprüche als gleichsam erhoben, es sei denn, der Verletzte oder Geschädigte verzichte auf diese ausdrücklich oder behielte sie sich vor, um sie nach Abschluß des Strafverfahren weiter zu verfolgen, wenn hierzu Raum bliebe.

II. (...)

Schriften der Deutsch-Spanischen Juristenvereinigung

Band	2	Eva Romanski: Sozialstaatlichkeit und soziale Grundrechte im Grundgesetz der Bundesrepublik Deutschland und in der spanischen Verfassung. 2000.
Band	3	Alexander von Kuhlberg: Änderung und Revision der spanischen Verfassung vom 29. Dezember 1978. 2000.
Band	4	Kai Christian Fischer: Verbraucherschutz im spanischen Vertragsrecht im Lichte der europäischen Rechtsangleichung. Eine Studie mit rechtsvergleichenden Bezügen zum deutschen Recht. 2000.
Band	5	Miguel Félix Rodríguez y Rowinski: Die Haftung für Hilfspersonen im spanischen Recht. 2001.